A pesquisa
e o ensino em
Língua Portuguesa
sob diferentes olhares

Blucher

A pesquisa
e o ensino em
Língua Portuguesa
sob diferentes olhares

ANNA MARIA MARQUES CINTRA
LÍLIAN GHIURO PASSARELLI
Coordenadoras

ANNA MARIA MARQUES CINTRA
CAMILA PETRASSO
CIRLEI IZABEL DA SILVA PAIVA
CRISTIANO ROGÉRIO ALCÂNTARA
ÉDINA MARIA PIRES DA SILVA
ERNANI TERRA
FLAVIA MICHELETTO XAVIER
KHALIL SALEM SUGUI
LEANDRO TADEU ALVES DA LUZ
LIGIA COLONHESI BERENGUEL
LIGIANE CRISTINA SEGREDO
LÍLIAN GHIURO PASSARELLI
MÁRCIO ROGÉRIO DE OLIVEIRA CANO
RENATA FERREIRA TACINI
SANDRO LUIS DA SILVA
TAMARA DE OLIVEIRA
VILMÁRIA GIL DOS SANTOS
Autores

A pesquisa e o Ensino em Língua Portuguesa sob diferentes olhares

©2012 *Anna Maria Marques Cintra, Camila Petrasso, Cirlei Izabel da Silva Paiva, Cristiano Rogério Alcântara, Édina Maria Pires da Silva, Ernani Terra, Flavia Micheletto Xavier, Khalil Salem Sugui, Leandro Tadeu Alves da Luz, Ligia Colonhesi Berenguel, Ligiane Cristina Segredo, Lílian Ghiuro Passarelli, Márcio Rogério de Oliveira Cano, Renata Ferreira Tacini, Sandro Luis da Silva, Tamara de Oliveira, Vilmária Gil dos Sant*

Editora Edgard Blücher Ltda.

Blucher

Rua Pedroso Alvarenga, 1245, 4º andar
04531-012 – São Paulo – SP – Brasil
Tel.: 55 11 3078-5366
contato@blucher.com.br
www.blucher.com.br

Segundo o Novo Acordo Ortográfico, conforme 5. ed. do *Vocabulário Ortográfico da Língua Portuguesa*, Academia Brasileira de Letras, março de 2009

É proibida a reprodução total ou parcial por quaisquer meios, sem autorização escrita da Editora.

Todos os direitos reservados pela Editora Edgard Blücher Ltda.

Impressão e acabamento: Yangraf Gráfica e Editora

Ficha catalográfica

A pesquisa e o ensino em língua portuguesa sob diferentes olhares / Anna Maria Marques Cintra, Lílian Ghiuro Passarelli (coordenadoras). - São Paulo: Blucher, 2012.

Diversos autores.

Bibliografia.

ISBN 978-85-212-0690-3

1. Língua portuguesa - Estudo e ensino 2. Língua portuguesa - Pesquisa 3. Gramática – Estudo e ensino 4. Leitura 5. Redação acadêmica I. Título II. Cintra, Anna Maria Marques III. Passarelli, Lílian Ghiuro

12-0126	CDD 469.07

Índices para catálogo sistemático:
1. Língua portuguesa - Estudo e ensino 469.07
2. Língua portuguesa - Pesquisa 469.07

Conteúdo

Apresentação.. 7

Parte 1. PESQUISA E ENSINO GRAMATICAL.. 15

1. Metodologia qualitativa na área de Língua Portuguesa 17
   Anna Maria Marques Cintra

2. Crenças de futuros professores de português sobre gramática e seu ensino 25
   Leandro Tadeu Alves da Luz

3. A pedagogia do léxico e da gramática: ensinando Língua Portuguesa em nova
   perspectiva 39
   Ligiane Cristina Segredo

4. A gramática a serviço da leitura de enunciados de exercícios de Língua
   Portuguesa...51
   Édina Maria Pires da Silva

5. Relação entre ensino de gramática e escrita sob novas perspectivas.................63
   Vilmária Gil dos Santos

6. Um olhar reflexivo sobre o ensino de Língua Portuguesa 73
   Flavia Micheletto Xavier

Parte 2. PRODUÇÃO TEXTUAL E GÊNEROS TEXTUAIS 87

7. Ensino de produção textual: da 'higienização' da escrita para a escrita
   processual 89
   Lílian Ghiuro Passarelli

8. Gêneros jornalísticos em livros didáticos de Língua Portuguesa 107
   Márcio Rogério de Oliveira Cano

9. Por uma nova direção no ensino de Língua Portuguesa 119
   Ligia Colonhesi Berenguel

10. Reflexões sobre a prática pedagógica nas aulas de leitura e escrita acadêmica.... 129
    Tamara de Oliveira

11. Redação *versus* produção textual: uma questão de nomenclatura?................ 141
    Lílian Ghiuro Passarelli e Camila Petrasso

Parte 3. LEITURA 153

12. Subjetividade em textos jornalísticos 155
Ernani Terra

13. A leitura nos caminhos da formação inicial do professor de Língua Portuguesa . 165
Cirlei Izabel da Silva Paiva e Sandro Luis da Silva

14. Literatura infantil e formação do leitor: percursos e experiências 181
Cristiano Rogério Alcântara

15. O leitor: sujeito ativo 191
Renata Ferreira Tacini

16. Leitura: uma abordagem filosófica 201
Khalil Salem Sugui

NOTA SOBRE OS AUTORES 209

Apresentação

Essa publicação é resultado de pesquisas e reflexões realizadas pelo *Grupo de Pesquisa Estudos de Linguagem para o Ensino de Português* (GELEP), da PUC-SP, cadastrado no Diretório de Grupos de Pesquisa do CNPq desde 2001.

Em 2008, foram reunidos trabalhos de alguns de seus membros, mais a transcrição de palestra do Prof. Dr. João Wanderley Geraldi, realizada no 1º Seminário de Agenda do Grupo, em 2003, para a publicação do livro *Ensino de Língua Portuguesa: Reflexão e ação*, pela Editora da Pontifícia Universidade Católica de São Paulo, EDUC.

Os encontros quinzenais entre pesquisadores, profissionais, estudantes de graduação e pós-graduação colocam em comum propostas encaminhamentos e resultados de investigações, além de abrir espaço para a discussão de livros que possam ser problematizados e relacionados com questões presentes no ensino da Língua Portuguesa em diferentes níveis.

Graças à dinâmica adotada, quando do preparo e da elaboração dos artigos aqui presentes, ocorre não só grande troca de ideais, desencadeando solução de problemas, mas também geração de novas e inesperadas questões, confirmando a importância do diálogo que envolve aspectos disciplinares e interdisciplinares do ensino da Língua Portuguesa, para uma articulação da teoria com a prática e a construção de propostas, a partir das pesquisas em andamento.

Na ocasião em que o Grupo sentiu que já era o momento de planejar nova publicação do GELEP, inicialmente pensamos focalizar uma única temática, mas pouco a pouco, vimos que era preciso contemplar a diversidade temática em torno da pesquisa e do ensino da Língua Portuguesa, respeitando a própria forma de trabalho do Grupo.

Assim, reunimos trabalhos que, sempre voltados ao ensino de Língua Portuguesa, versam sobre pesquisa, ensino gramatical, produção textual, gêneros textuais e leitura, eixos que foram acomodados nos três grandes blocos que organizam a apresentação dos artigos.

Cabe ressaltar que numa sociedade como a nossa em que mudanças ocorrem com muita rapidez, tornando obsoletas ou apenas aparentemente obsoletas teorias e práticas de ensino, o GELEP desempenha papel fundamental, na medida em que cada um de nós, embora muitas vezes ansiosos para concordar, discordar ou apresentar novidades, tem de ouvir o outro, saber se colocar diante de discordâncias, de complementações, fazendo da interlocução momentos de aprendizagem.

Pesquisa e ensino gramatical

Metodologia qualitativa na área de Língua Portuguesa, de Anna Maria Marques Cintra, apresenta o que implica a pesquisa qualitativa, cujo trabalho com exemplos ou casos típicos, observa fenômenos ocorrentes na sociedade, identifica regularidades e tendências que podem orientar ações, em razão dos quadros sociais nos quais a pesquisa se dá. Em busca de medidas aproximadas, em vez de medidas exatas, esclarece que a condição básica para a confiabilidade de uma pesquisa qualitativa está no rigor com que os dados são coletados, com a seleção de usos exemplares ou típicos que passem pelo crivo de análises fundadas em bases teóricas sólidas. Destaca a autora que, entre as metodologias qualitativas, a que se destaca é a Pesquisa Participante que abriga variáveis como o Estudo de Caso, a Pesquisa Etnográfica e a Pesquisa Colaborativa. Ao finalizar, a autora esclarece que as variáveis metodológicas de pesquisa qualitativa se tangenciam por apresentar entre si particularidades e questiona se a predominância de metodologias qualitativas em suas variáveis deveria ser assumida como marca das pesquisas em Língua Portuguesa e serem trabalhadas no sentido de atingir, mesmo que paulatinamente, transformações no seu ensino.

Crenças de futuros professores de português sobre gramática e seu ensino, de Leandro Tadeu Alves da Luz, admite que a supremacia do ensino só gramatical vem sendo questionada e que esse questionamento já começa a repercutir em alguns concursos e vestibulares, com a presença de questões de interpretação de texto. Acredita que pouco a pouco o ensino da língua comece a se voltar para a comunicação, transformando práticas tradicionais, o que deverá repercutir positivamente no trabalho de leitura e produção textual que ainda é acanhado na nossa escola. Ciente dessas ideias, toma como objetivo central da aula de português formar cidadãos capazes de ler, interpretar e produzir textos e traz para esse artigo resultados de uma investigação na qual buscou conhecer o momento em que o aluno está se tornando professor, para observar suas crenças sobre o papel da gramática no ensino de Língua Portuguesa.

Em **A pedagogia do léxico e da gramática: ensinando Língua Portuguesa em nova perspectiva**, Ligiane Cristina Segredo funda--se em orientações da Educação Linguística do futuro professor de Língua Portuguesa formado em curso de Letras licenciatura única e em curso de dupla licenciatura. O texto expressa investigação feita em universidade do interior paulista que considerou o léxico e a gramática na formação de egressos dos cursos. As análises mostram que a licenciatura única apresentou-se com vantagem em relação à dupla licenciatura, na media em que léxico e gramática receberam tratamento específico.

A gramática a serviço da leitura de enunciados de exercícios de Língua Portuguesa, de Édina Maria da Silva Cardoso Pires, demonstra que a organização sintática dos elementos da oração constitui um dos fatores de dificuldade de compreensão leitora de alunos do Ensino Médio em enunciados de exercícios de Língua Portuguesa. Em vista disso, estabelece como objetivo verificar a competência lexical dos alunos na leitura e a compreensão dos enunciados. Observa que a ordem inversa, e/ou expressões intercaladas dificultam a compreensão, exigindo a intervenção do professor. Mas defende que se ensine o aluno a ler e compreender todo tipo de enunciado.

Relação entre ensino de gramática e escrita sob novas perspectivas, de Vilmária Gil dos Santos, faz considerações sobre o ensino da gramática e sobre estudos publicados que se colocam como inovadores na descrição e no ensino gramatical. Opta por se debruçar sobre partes da *Nova Gramática do Português Brasileiro*, de Ataliba de Castilho, na busca de demonstrar seu caráter efetivamente inovador, o que faz dela uma obra que oferece nova forma de compreender fenômenos gramaticais.

Um olhar reflexivo sobre o ensino de Língua Portuguesa, de Flavia Micheletto Xavier, apresenta parte de sua pesquisa que analisou o ensino de Língua Portuguesa no curso de Hotelaria do SENAC. Considerando os dados levantados, grande parte do trabalho volta--se para aspectos gramaticais, analisados sob olhar da abordagem comunicativa para fins específicos. Tendo por esteio teórico a linguística textual, aliada à teoria funcional da gramática e à pragmática, foram selecionados três conjuntos de dados analisados segundo um procedimento qualitativo e exploratório: o programa da disciplina Língua Portuguesa, entrevistas realizadas com professores que ministram disciplinas de formação básica e produções textuais dos estudantes do primeiro ano. Os dados obtidos mostraram que, de um modo geral, o ensino de Língua Portuguesa no ensino superior em foco, atende melhor ao preparo acadêmico geral do aluno que a uma formação voltada para o fim específico do curso, levando a pesquisadora a ponderar sobre a validade de um ensino da língua mais centrado numa abordagem comunicativa, para fins específicos.

Produção textual / gêneros textuais

Ensino de produção textual: da 'higienização' da escrita para a escrita processual, de Lílian Ghiuro Passarelli, faz uma análise partindo de uma posição crítica em relação à higienização do texto produzido por alunos e defende a escrita processual como mais produtiva e adequada. Discute a importância do professor ser um mediador na produção escrita dos alunos e apresenta alguns relatos, com base em resultados de intervenções feitas junto a alunos universitários e a professores da escola básica. Esses relatos mostram que, por um lado, o jovem estudante faz diferença entre escrever e fazer redação e, por outro, o professor, ainda que alertado sobre o frágil efeito de práticas higienizadoras, no aprendizado da escrita, acabam, em sua maioria, manifestando-se por elas quando inqueridos. Com o intuito de melhor esclarecer o que e como se trabalha na perspectiva processual, apresenta cada uma das etapas da escrita, oferecendo subsídios ao professor para rever e superar prática higienizadora.

Gêneros jornalísticos em livros didáticos de Língua Portuguesa, de Márcio Rogério de Oliveira Cano, discute como são tratados gêneros jornalísticos transcritos para livros didáticos. Com base no *Guia de Livros Didáticos* que orienta escolhas em escolas públicas, selecionou duas coleções destinadas ao Ensino Fundamental, ciclo II: uma indicada com poucas ressalvas e outra com muitas ressalvas. A análise mostra que o texto descontextualizado do seu veículo original perde suas características e passa a ser utilizado para fins que não têm uma relação direta com o ensino dos gêneros jornalísticos como: uso com cunho moralizante, com finalidade de ensinar gramática e produção de textual, demonstrando que a dificuldade de deslocar um gênero do seu *locus* natural leva a subverter suas características.

Por uma nova direção no ensino de Língua Portuguesa, de Ligia Colonhesi Berenguel, discute problemas do ensino de Língua Portuguesa, assumindo a escola como lugar privilegiado para o ensino da linguagem, particularmente da língua escrita, de sorte a preparar estudantes para diferentes papéis sociais, já que a tarefa de traduzir pensamentos para o papel desenvolve cognitivamente os indivíduos. Entende a autora como fundamental que nas aulas os alunos sejam levados a vivências diversas que lhes propiciem diferentes usos da língua escrita, numa perspectiva interacionista. O texto apresenta vários equívocos da escola, em especial por trabalhar a língua escrita fora de contextos de comunicação social. Considera necessário um deslocamento do ensino na direção do texto como objeto e não como pretexto para uma volta a velhas práticas.

Reflexões sobre a prática pedagógica nas aulas de leitura e escrita acadêmica, Tamara de Oliveira parte dos dados do MEC sobre avaliação de 2 mil instituições de ensino superior que mostram resultados preocupantes sobre leitura e escrita, para traçar como objetivo uma reflexão analítica sobre aspectos presentes em práticas pedagógicas que não apresentam a língua[gem] como objeto direto de estudo. A coleta de dados se deu por meio de entrevistas com três professoras e levou a pesquisadora a defender o ensino da escrita desencadeado por gêneros textuais pertinentes aos fins específicos, tendo em vista a escrita e a reescrita de textos.

Redação *versus* produção textual: uma questão de nomenclatura?, de Lílian Ghiuro Passarelli e Camila Petrasso, baseado em parte do trabalho de conclusão de curso em que foram orientadora e orientanda, respectivamente, questiona por que os alunos não gostam de escrever, descreve como se dá o ensino de escrita na escola atualmente e o que implica, para o ensino da escrita, a distinção entre os termos redação e produção textual.

Leitura

Subjetividade em textos jornalísticos, de Ernani Terra, demonstra como uma leitura pode identificar marcas de subjetividade em textos jornalísticos, nos quais a objetividade e a imparcialidade seriam esperadas como traços característicos. O estudo procura demonstrar como as categorias que respondem pela argumentatividade no texto podem contribuir para que o leitor identifique opiniões objetivas só na aparência. Com a intenção de apresentar subsídios a professores de língua materna, o autor procura desvendar para o leitor trechos de textos jornalísticos, nos quais aspectos gramaticais podem demonstrar a subjetividade, ainda que o texto se coloque teoricamente perante seus interlocutores como uma exposição objetiva.

A leitura nos caminhos da formação inicial do professor de Língua Portuguesa, de Cirlei Izabel da Silva Paiva e Sandro Luis da Silva, propõe que a formação inicial do futuro professor de português leve em conta práticas reflexivas, marcadas pela articulação entre teoria e prática, como iniciativa capaz de conduzir a melhores resultados. Os autores restringem a discussão do tema à leitura, defendendo que haja no curso de Letras um trabalho com estratégias, de sorte que o futuro professor sinta-se preparado para levar o que aprendeu a seus alunos da escola básica, em especial fazendo-os vivenciar estratégias e procedimentos de leitura que se mostraram produtivos em sua formação inicial. Além das considerações teóricas, os autores discutem o resultado de indagação feita a nove professores de curso de Letras, de três instituições de ensino.

Literatura infantil e formação do leitor: percursos e experiências, de Cristiano Rogério Alcântara, discute a leitura em Ensino Fundamental de nível 1, com a explicitação de aspectos que considera fundamentais na prática de leitura, para que as crianças se envolvam com o trabalho, em lugar de apenas cumprir uma obrigação ditada pelo professor, como frequentemente acontece. Procura demonstrar na prática como se deu uma leitura proposta a alunos de quarta série em escola pública que compartilharam atividades com uma segunda série da mesma escola e tiveram a oportunidade de ver duas versões do filme, relativas à história lida. A experiência compartilhada com as crianças mostrou que as estratégias utilizadas permitiram mesmo a extensão de aspectos da atividade para o ambiente familiar de alguns alunos.

O leitor: sujeito ativo, de Renata Ferreira Tacini, admite que os alunos na escola básica são colocados diante de uma diversidade de gêneros textuais que precisam compreender e que as habilidades exigidas estão sendo avaliadas nos exames nacionais. Retoma proposta de Isabel Solé que acredita que hoje, pelo fato de as crianças estarem muito expostas a textos de circulação social, é imprescindível que a escola não só ensine a ler, como também ensine ao aluno diferentes formas para ele se tornar leitor competente, ou seja, sujeito capaz de efetivar processamentos cognitivos de informações presentes no texto.

Leitura: uma abordagem filosófica, de Khalil Salem Sugui, apresenta o valor do conhecimento tácito na aquisição das faculdades linguísticas. À luz da teoria de Michael Polanyi, evidencia a complexidade das dimensões cognitivas implícitas, consolidadas nos campos da intuição e da percepção extrassensorial. Rumando a questões filosóficas e espirituais, nutre-se de referenciais teóricos clássicos, como Isaac Newton, Galileu Galilei, Platão e Aristóteles, entrevistos por uma visão epistemológica sobre a linguagem humana.

Parte 1: Pesquisa e ensino gramatical

1

Metodologia qualitativa na área de Língua Portuguesa

Anna Maria Marques Cintra

Folheando o livro *O caminho desde a estrutura*, publicado pela Editora da UNESP, nos deparamos com um artigo de Thomas Kuhn, escrito dezenove anos depois da conhecida obra, *Estrutura das Revoluções Científicas,* datada de 1962[1]. O artigo, denominado *O que são as revoluções científicas*, foi traduzido do livro *The Road since Structure*, como vem enunciado na edição brasileira.

1: A primeira edição brasileira saiu pela Editora Perspectiva, em 1978.

Nele o autor advoga a existência de dois tipos de desenvolvimento científico: o normal e o revolucionário, e entende que a maioria das pesquisas científicas bem sucedidas situam-se na ciência "normal" que é marcada por um desenvolvimento que poderia ser comparado à produção de tijolos, ou produtos, uma vez que vão sendo acumulados ou adicionados ao acervo do conhecimento científico da sociedade (KUHN, 2006, p. 23-24).

Mas além do desenvolvimento normal, menciona um desenvolvimento menos comum, que não tem caráter cumulativo e exibe episódios que "fornecem pistas únicas sobre um aspecto central do conhecimento científico" (p. 24), uma vez que são "descobertas que não podem ser acomodadas nos limites dos conceitos que estavam em uso antes de elas terem sido feitas" (p. 25).

Reitera, pois, o que já dizia em 1962, ou seja, que são as descobertas da ciência revolucionária que levam a sociedade científica a mudanças de paradigma com mudanças na forma de pensar e de descrever fenômenos, daí admitir, no novo texto, que melhor seria chamá-las de "invenção" que de descobertas.

Essa reiteração, de certa forma, nos permite dizer que o conceito de paradigma, pelo menos para quem o cunhou e difundiu permaneceu o mesmo, diferente do que vem ocorrendo há anos em várias áreas, inclusive nos estudos de linguagem, em que qualquer situação que mostre um parâmetro, um modelo, é chamada de paradigma.

Embora saibamos que a língua muda, que conceitos não são imutáveis, ainda nos incomoda o uso, diríamos, banalizado do termo, por duas razões: primeiro por ser claro o conceito do autor e, a rigor, nada de novo ter sido colocado no lugar; segundo por serem as pesquisas nas áreas de Ciências Humanas ainda carentes de terminologias consistentes.

Ao se referir às "invenções" diz:

> *Quando mudanças referenciais desse tipo acompanham mudanças de lei ou de teoria, o desenvolvimento científico não pode ser inteiramente cumulativo. Não se pode passar do velho ao novo simplesmente por um acréscimo ao que já era conhecido. Nem se pode descrever inteiramente o novo no vocabulário do velho ou vice-versa." (KUHN, 2006, p. 25-26)*

Sintetizando as características de uma mudança revolucionária, ele ressalta o caráter holístico das descobertas que não se dão de forma gradual, pela acumulação de saberes, mas como um todo e assinala que a mudança de significado de termos, nesses casos, torna-se inevitável com as descobertas ou "invenções", já que as palavras e expressões passam a sofrer alterações em seus referentes. Para o autor, de certa maneira, o mesmo fenômeno ocorre na ciência normal, só que por meio de mudanças mais restritas.

Em relação à linguagem nas pesquisa revolucionárias, afirma que:

> *[...] de modo geral, o caráter distintivo da mudança revolucionária na linguagem é que ela altera não apenas os critérios pelos quais os termos se ligam à natureza, mas também, por extensão, o conjunto de objetos ou situações a que esses termos se ligam. (KUHN, 2006, p. 42)*

Ao afirmar que o holismo está arraigado à natureza da linguagem, toma a própria linguagem como uma moeda de duas faces: uma voltada para fora, isto é, para o mundo; e outra voltada para dentro, como reflexo do mundo na sua estrutura referencial (KUHN, 2006, p. 43).

Dessa forma, quando a aprendizagem nos impõe mudanças de termos, produto de novas descobertas científicas, observamos que, juntamente com a linguagem, mostra-se um novo conhecimento de mundo e, em boa parte do aprendizado, esses dois conhecimentos são simultâneos, reafirmando as duas faces da linguagem. Foi o que vimos, por exemplo, com o Estruturalismo de Saussure, nos estudos linguísticos.

No caso das pesquisas sobre Língua Portuguesa, parece não haver dúvidas de que, na melhor das hipóteses, elas representam um trabalho cumulativo, próprio da ciência normal.

Mas, não se verificam, com o impacto esperado, muitas mudanças de procedimentos, como consequência dos avanços de uma ciência revolucionária. Basta observarmos que houve mudanças significativas nas ciências sociais e humanas, a ponto de leis de várias naturezas que eram fundamentais no passado, tornarem-se, hoje, *probabilísticas, aproximativas, provisórias*. Com efeito, o século XX brindou a humanidade com a *Teoria das construções dissipativas* e o *Princípio da ordem através de flutuações,* do químico Ilya Prigogine *apud* Santos (1988), que abriu novos espaços de reflexão em todas as áreas.

É evidente que os estudos da linguagem ganharam novos aportes teóricos, especialmente com a pragmática, com os estudos de língua oral, de língua em uso etc., longe de teorias positivistas que dominaram os estudos por longos anos. Mas foi a partir daí mesmo que se evidenciou um quadro bastante preocupante, uma vez que diante de tantas pesquisas sobre língua e linguagem, ainda não se fazem perceber, com clareza, com impacto, muitas e significativas transformações no ensino de língua materna.

Em que pesem mudanças de concepção, ainda são encontrados cursos ensinando leis fonéticas, sem o cuidado de mostrar seu caráter probabilístico; ensinando análise sintática como nos idos de 1960, descuidando do trabalho com o texto, com a comunicação; ensinando gramática por meio de regras, descontextualizadas, sem alertar os usuários da língua para a existência de variantes linguísticas.

Talvez seja preciso, como assinala Santos (1988, p. 6), referindo-se à ciência em geral, que o cientista da educação linguística volte-se para coisas simples, retomando a sugestão de Einstein que acreditava na força de se fazer perguntas tão simples, quanto aquelas que só uma criança poderia fazer, para que se pudesse avançar no conhecimento.

Sabemos, no entanto, que não é fácil fazer perguntas simples. Lembra-nos o próprio Santos (1988, p. 8) que simples é *uma pergunta que atinge o magma mais profundo da nossa perplexidade individual e coletiva com a transparência técnica de uma fisga*. E fisgar questões que dizem respeito à língua, que, naturalmente, perpassa a variabilidade cultural, a variabilidade dos valores educacionais, da tecnologia, da política não tem sido tarefa simples para formular perguntas significativas.

Sem muita dificuldade, vemos que nossas pesquisas não têm atingido o magma mais profundo da nossa perplexidade, já que, por vezes, elas nos fornecem informações novas, que dizem respeito apenas a pequenos agrupamentos sociais, sem provocar transformações educacionais de relevância.

E essa situação, a cada dia, parece se tornar mais evidente pelo contraste entre uma sociedade veloz, em contínuas transformações geradas pelo mundo tecnológico, e uma "sociedade" educacional que não acompanha as mudanças de pensar e agir de crianças e jovens.

Se no passado a escola era o local privilegiado onde se obtinha informação, hoje não é mais, uma vez que novos saberes vão se impondo, de uma forma ou de outra e, perplexos, ainda não sabemos muito bem como lidar com essa realidade.

Nessa nova sociedade complexa e instigante, a ciência tem dado sinais da transição, sinais que, provavelmente, a levarão para sistemas abertos como produtos da história. Como menciona Santos (1988, p. 28), ao recorrer à teoria das estruturas dissipativas e ao princípio da ordem através de flutuações, de Prigogine, uma nova concepção da matéria e da natureza imporá algumas mudanças significativas que provocarão trocas do tipo

> *Em vez da eternidade, a história; em vez do determinismo, a imprevisibilidade; em vez do mecanicismo, a interpenetração, a espontaneidade e auto-organização; em vez da reversibilidade, a irreversibilidade e a evolução; em vez da ordem, a desordem; em vez da necessidade, a criatividade e o acidente.*

Com efeito, nesse universo turbulento e mutante em que nos encontramos, vemos como fraca em nossa área, por exemplo, a presença da pesquisa quantitativa, o que, a par do momento histórico, poderia ser explicado pelo fato de a maior parte das pesquisas se darem na academia, em prazos predeterminados pelo sistema nacional de Pós-Graduação, além de haver, entre nós, uma reação quase aversiva a metodologias quantitativas que impõem, naturalmente, fórmulas e cálculos matemáticos de probabilidade.

Mas em que pese a pouca frequência de pesquisas quantitativas na área, temos visto pesquisas com metodologias qualitativas, valendo-se de dados quantitativos, a partir de universos bastante restritos, sendo apresentados por meio de números absolutos, em geral marcados por percentuais, que nada significam, pois distantes de universos ou amostra significativas, ou mesmo de testes de validação de pequenas amostras.

Embora haja temáticas que necessitariam de pesquisas quantitativas, na nova ordem do século XXI, como já se evidenciava no final do século XX, prevalece entre nós uma forma de pensar e fazer ciência, segundo a qual o contexto histórico e suas convenções culturais têm consequências no fazer científico, alterando o plano positivista e indutivista então estabelecido e colocando em seu lugar, por razões subjetivas, ou em função do referencial teórico adotado, diferentes formas de observar e classificar fatos e fenômenos, a ponto de, hoje, a ciência admitir que o real é aquilo que passa pela subjetividade do cientista.

Capítulo 1 - Metodologia qualitativa na área de Língua Portuguesa   21

Essa nova realidade, construída pouco a pouco, em meados do século passado, fez com que ganhasse espaço na ciência uma concepção menos dogmática e propensa a levar em conta a relatividade das conclusões. Assim, por exemplo, estudos de física defenderam que não seria possível conhecer ao mesmo tempo e com precisão requerida, a velocidade e a posição do movimento de um elétron no interior de um átomo. E isso não por deficiência de instrumentos, mas pela natureza das partículas.

Foi num cenário de mudanças que ganhou força a pesquisa qualitativa, com novos focos de estudo com a atuação participante do pesquisador-observador, com a introdução de novas metodologias na coleta de dados e de novas formas de análise dos dados em questão. Mas isso sem descuidar da identificação de um ou mais problemas, de hipóteses, de condições conjunturais, associadas ao poder pessoal de crítica e criação do pesquisador.

A pesquisa qualitativa trabalha com exemplos ou com casos típicos, o que implica a observação de fenômenos ocorrentes na sociedade, a identificação de regularidades e tendências que podem orientar ações, em razão dos quadros sociais nos quais a pesquisa se dá.

Nelas, como nas pesquisas quantitativas permanecem fundamentais precisão, fidedignidade e relevância dos dados, assim como análises criteriosas. De fato, os dados têm de ser reunidos com precisão, o que pode significar a utilização de mesmos critérios, e a pesquisa tem de trabalhar com dados confiáveis e representativos do pequeno universo, submetendo-os ao mesmo conjunto de categorias analíticas.

Como a pesquisa qualitativa não visa a generalizações cabais, costuma-se dizer que ela busca, antes, medidas aproximadas que medidas exatas. Assim, com base em investigação qualitativa, um linguista poderia concluir que há, no Brasil, grupos com tendência ao uso do pronome reto em construções em que a gramática tradicional exigiria o oblíquo, como "Eu vi ele na rua". No entanto, não poderia concluir que toda a sociedade brasileira abre mão do uso do pronome oblíquo em toda e qualquer situação.

Vale lembrar que é condição básica para a confiabilidade de uma pesquisa qualitativa que o pesquisador trabalhe com dados coletados com grande rigor, selecionando usos exemplares ou típicos que passem pelo crivo de análises fundadas em bases teóricas sólidas.

Entre as metodologias qualitativas, tem se destacado entre nós a Pesquisa Participante que, a nosso ver, comporta variáveis como, por exemplo, o Estudo de Caso, a Pesquisa Etnográfica e a Pesquisa Colaborativa.

A Pesquisa Participante, conquanto muito apreciada na nossa área, oferece certa dificuldade para o pesquisador, pois ele assume, concomitantemente, o papel de profissional e de investigador científico e tem de se manter em permanente atenção para que suas ações e reflexões não seja embaralhadas no dia a dia.

Como toda pesquisa, essa exige, além da delimitação rigorosa do objeto, a definição prévia do grau de participação do observador, incluindo aí a duração das observações, sua prontidão para o exercício da tarefa e para as formas de registro de que vai se valer.

Admitem os adeptos desse tipo de pesquisa que, por meio dela, o pesquisador chega mais perto da realidade do sujeito, ao observar a ocorrência de determinado fenômeno em situação normal de trabalho. Mas não se pode deixar de admitir que o contato direto do pesquisador com os dados da pesquisa e, mais ainda, com os informantes, pode acarretar problemas. Assim, eventualmente, a presença do pesquisador pode provocar uma alteração no ambiente natural do grupo, ou no comportamento das pessoas observadas. Além disso, não se pode desconsiderar que o próprio pesquisador pode se envolver de tal forma, que sua visão do problema acabe distorcida, ou submetida a uma interpretação muito pessoal, capaz de gerar representação, apenas, parcial da realidade.

Mas há quem refute esses possíveis problemas sob a alegação de que o ambiente social apresenta-se sempre com relativa estabilidade, sendo, praticamente, impossível que ele seja alterado pela presença de um observador, ou que um observador bem preparado não disponha de meios para controlar seu próprio envolvimento.

O grau de participação do observador, nesse tipo de pesquisa, vai da imersão total, ao distanciamento relativo. E seu papel vai da explicitação plena de sua tarefa no grupo, até a não revelação total, o que, evidentemente, poderá acarretar problemas éticos

O registro de todos os dados é sempre imprescindível, além do dia, hora, local e duração da observação, mesmo que depois não os venha a utilizar na totalidade. Abandonar dados é possível; coletá-los *a posteriori*, não. E entre as técnicas utilizadas, são frequentes a observação, a entrevista, o questionário, a análise documental.

De maneira geral, ler e observar podem ser tratados no mesmo patamar, já que observar corresponde a uma forma de ler um dado objeto, uma dada situação, atribuindo-lhe sentido. Isso tira da observação a ideia de ato puramente objetivo e a coloca como tributária das possibilidades de compreensão e interpretação do observador.

O Estudo de Caso, a rigor, se constitui numa abordagem intuitiva, derivada da observação participante. Na prática, é uma pesquisa em que o objeto estudado é tratado como único, com valor intrínseco, como representação singular de uma realidade, como situação exemplar, historicamente situada. Portanto não se pode tomar qualquer situação e dizer que se vai fazer um estudo de caso.

Esse cuidado, no entanto, nem sempre tem sido observado em pesquisas ditas Estudo de Caso na nossa área.

A Pesquisa Etnográfica, por sua vez, costuma ser muito apreciada na área, pelo fato de contemplar a dinâmica de um ambiente em observação, por meio de descrições das ações dos indivíduos, de sua linguagem, de suas formas de comunicação, de sua cultura.

Vale destacar que essa metodologia permite ao pesquisador ampliar seu olhar para além do objeto específico de estudo. Assim, se o objeto é a leitura ou a escrita, o pesquisador observa, registra e analisa também o comportamento dos agentes da leitura ou da escrita. Portanto, trata-se de metodologia que alarga o espectro de observação, de registro e análise, sem perder de vista o objeto principal.

Funciona, pois, como recurso para aclarar a dinâmica das relações e as interações que fazem parte do dia a dia num dado ambiente, na medida em que busca analisar o conjunto de indivíduos e cada um, em particular, valendo-se, muitas vezes, da comparação de dados.

Por fim a Pesquisa Colaborativa, metodologia que se caracteriza pelo cruzamento de diferentes saberes, de diferentes áreas. Toma-se como base que, se os modos de conhecer são permeados e construídos pelas relações entre pessoas, a partir de negociações de várias naturezas, então esses modos são colaborativos.

Evidencia-se que essa metodologia tangencia as metodologias anteriores, mas caracteriza-se por assumir que seu sujeito é também o objeto da pesquisa. E a construção do sujeito/objeto é um processo partilhado não só pelo grupo em foco, como também por outros grupos afins.

Podemos dar como exemplo o que ocorre no Colaboratório da ECA-USP que envolve pesquisadores investigando a informação para a educação em diferentes grupos, mas sob a mesma perspectiva de análise. Assim, com destaque especial para a leitura, recentemente foi investigada a leitura num orfanato em Atibaia, numa fazenda em Itu, num acampamento de Sem Terra, numa escola estadual. Paralelamente, desenvolve-se um trabalho de investigação na Estação Memória, com idosos do Alto de Pinheiros, sediada na própria ECA e na Estação Conhecimento Einstein (crianças de 6 a 15 anos) que funciona na Favela de Paraisópolis. Esses grupos interagem de diferentes formas sendo uma delas os diálogos que podem reunir os membros do Colaboratório e, eventualmente, envolver grupos de Paraisópolis ou de favela vizinha que trabalham com questões afins.

A metodologia colaborativa, por trabalhar a participação em obras de construção, funciona como rede, em que cada nó é ponto para expansão e a agregação de novos grupos, de novas ações. Isso faz das pesquisas alguma coisa destinada a não ficar nas estantes de bibliotecas, mas algo para ir a campo e, em colaboração, transformar, realidades em diferentes níveis sociais. O trabalho de colaboração, marcado pela pesquisa, pelo diálogo permite enxergar melhor a problemática e propicia a intervenção.

É qualitativa porque não visa quantidades, mas busca estudos interpretativos e culturais abordados a partir de uma bricolagem de procedimentos que pode levar a estudos de caso, observações participativas etc.

Finalizando dizemos que as variáveis metodológicas de pesquisa qualitativa aqui mencionadas, se tangenciam, apresentando entre si particularidades. Embora sejam utilizadas com rigor, permanecerão sempre no âmbito das pesquisas qualitativas como pesquisas normais, cumulativas, segundo a terminologia de Kuhn (2006). E a questão que fica é: a predominância de metodologias qualitativas em suas diferentes variáveis deveria ser assumida como marca das pesquisas em Língua Portuguesa e serem trabalhadas no sentido de atingir, mesmo que paulatinamente, transformações no seu ensino?

REFERÊNCIAS

KUHN, T.S. **O caminho desde a estrutura**. São Paulo: Editora UNESO, 2006.

SANTOS, B.S. **Um discurso sobre a ciência**. Lisboa: Afrontamento, 1987.

2

Crenças de futuros professores de português sobre gramática e seu ensino

Leandro Tadeu Alves da Luz

CONSIDERAÇÕES INICIAIS

Há algum tempo seria absurdo questionar o *status* da gramática no ensino de Língua Portuguesa. O bom professor de português era aquele que sabia de cor os prefixos de origem grega e/ou latina, aquele que sabia a classificação de todas as orações subordinadas, que conhecia a regência de todos os verbos. Do mesmo modo, o bom aluno era aquele que conseguia, nas provas, reproduzir o conhecimento aprendido durante as aulas de análise sintática, de crase ou pontuação, por exemplo. Os concursos públicos e as provas de vestibular reforçavam a posição de supremacia da gramática. Atualmente, porém, esta supremacia vem sendo questionada e esse questionamento já começa a repercutir em alguns concursos e vestibulares, com uma presença mais significativa de questões de interpretação de texto. Aquilo que os alunos nos bancos das escolas já se perguntavam havia muito tempo, finalmente, chegou à academia: afinal, para que serve a gramática?

Que garantias há de que saber regras, decorar classificações, memorizar verbos defectivos ou abundantes auxilia o aluno a ler e escrever melhor? Afinal, nós, professores de português, estamos formando usuários da língua ou legisladores dela?

A verdade é que, após anos de supremacia gramatical, estamos percebendo, enfim, que sequências infinitas de orações para serem analisadas não formam um leitor crítico. Corrigir cada vírgula mal empregada ou cada acentuação inadequada no texto do aluno não lhe garante uma escrita eficiente. Estamos percebendo, quero crer, que o ensino da gramática por si não leva o aluno a lugar algum.

É natural do homem certa resistência a mudanças. Obviamente com algo tão enraizado em nosso cotidiano como a necessidade de regras não seria diferente. A gramática ainda será ensinada em aulas de português pelo simples prazer (ou desprazer) de se ensinar por muito tempo, infelizmente, mas sou otimista ao vislumbrar que em diversos contextos de ensino-aprendizagem de Língua Portuguesa já se apontam transformações no sentido de agregar sentido às regras, significado aos conceitos. Sentidos e significados que fazem toda a diferença na hora de ler, interpretar e produzir um texto. Vale ressaltar que é exatamente este o objetivo central da aula de português: formar cidadãos capazes de ler, interpretar e produzir qualquer tipo de texto com competência. (POSSENTI 1996, TRAVAGLIA 1997).

Das várias personagens envolvidas no processo de ensino-aprendizagem de português – pesquisadores, escritores, professores, alunos – talvez sejam os professores os mais resistentes ao fim da supremacia da gramática, talvez pelo conforto de ensinar regras prontas, por comodismo ou ainda por uma formação pouco crítica que não contribuiu para que se quebrassem paradigmas, mas, antes, serviu para reforçar antigos modelos de ensino-aprendizagem com aulas cansativas, cadernos repletos de exercícios repetitivos e redações nas quais ninguém dizia nada a ninguém.

Pensando nisso, resolvi investigar o momento em que o aluno está se tornando professor e observar suas crenças sobre o papel da gramática no ensino de Língua Portuguesa. Este trabalho tem como objetivo, portanto, investigar as crenças de alunos formandos de um curso de Letras de uma universidade particular da cidade de São Paulo sobre gramática. Vale dizer que o objetivo não é, de forma alguma, determinar que sejam estas as crenças de futuros professores, posto que, para tal, seria necessária uma investigação mais abrangente, o que não é meu objetivo.

Para realizar esta pesquisa foi elaborado um inventário com dez asserções com as quais os informantes deveriam concordar ou não numa escala de cinco alternativas: concordo totalmente, concordo, não concordo nem discordo, discordo e discordo completamente. Os dados levantados foram, então, tabulados e uma análise deles será apresentada a seguir. Antes, porém, de discutir os resultados, penso ser importante traçar alguns esclarecimentos teóricos sobre o conceito de crenças aqui empregado e sobre sua importância para os estudos da linguagem.

CRENÇAS: TEORIA E IMPORTÂNCIA

A definição do conceito de crenças é bastante complexa (PAJARES, 1992). De modo geral, elas podem ser entendidas como um conjunto de significações provenientes das interpretações de nossas experiências na vida. É como se vivendo, experienciando e interpretando as experiências, fôssemos desenvolvendo uma teoria de como a vida é ou como deveria ser (LUZ, 2007).

Adotando Barcelos (2004, 2003, 2001) como principal referencial a respeito de crenças, esta pesquisa entende crenças a partir de uma visão sociológica, o que, alguns teóricos têm chamado de representações (CASTRO 2004, CELANI e MAGALHÃES 2000)

De acordo com Castro (2004, p. 41) "as representações são as significações construídas pelos indivíduos, como resultado de sua participação nas atividades das diversas formações sociais às quais pertencem".

A respeito do ensino de Língua Inglesa, Castro (2004, p. 42) afirma ainda que

As representações sobre ensinar e aprender dos futuros professores de Inglês são amplamente construídas e reconstruídas como resultado de sua participação nas atividades dos contextos escolares nos quais tem lugar sua formação linguístico-textual, ou seja, nas aulas de Língua Inglesa dos cursos de Letras.

As crenças e/ou as representações sociais tratam, enfim, das significações que são adquiridas ao longo de uma vida em contato com outras vidas, com o meio e com as situações. O indivíduo vai estabelecendo relações e vai construindo um arcabouço de significações a partir de tais relações. Este arcabouço de significações está sendo chamado, neste artigo, de crenças.

Há termos que podem ter definições semelhantes a de crenças, mas que, numa análise um pouco mais aprofundada, revelam diferentes conotações. É o caso de opinião e conhecimento. Opiniões nada têm a ver com crenças, primeiramente por serem superficiais e descompromissadas e, segundo, porque não nascem, necessariamente, de experiências vividas, isto é, qualquer um pode dar sua opinião sobre a violência no Rio de Janeiro sem jamais ter visitado a cidade maravilhosa. Outra diferença é que, exatamente por serem superficiais, todos temos consciência de nossas opiniões, diferentemente das crenças que, em muitas situações, não sabemos que as possuímos. Agimos, muitas vezes, movidos por nossas crenças, sem saber disso.

Quanto ao conhecimento, Pajares (1992) propõe uma distinção entre o que ele chama de sistema de crenças e sistema de conhecimento. Segundo o autor (PAJARES, 1992, p. 314) "crenças, atitudes e valores formam um sistema individual de crenças". Apesar de individual, vale lembrar que esse sistema se forma ao longo da vida e das experiências sociais de cada um. Só é individual no sentido em que pertence a cada indivíduo particularmente, que cada indivíduo pode interpretar a realidade que o cerca e suas experiências de contato com esta realidade de forma distinta e única.

O sistema de conhecimento, por sua vez, não permite a liberdade de interpretações, tampouco a individualidade de que fala Pajares (*op. cit.*). Dentro do sistema de conhecimento as verdades existem ou não e, se existem, são coletivas, isto é, aceitas como sendo verdadeiras por um grupo ou uma comunidade.

Para Pajares (1992) esse sistema de crenças é construído por um processo de aculturação e se trata de uma construção social.

A relação entre crenças e conhecimento, pelo que indicam as pesquisas, faz-nos pensar que as crenças funcionam como um filtro de informações, isto é, todo novo conhecimento proposto vai passar antes pelo filtro daquilo que acreditamos, daquilo que é o resultado da nossa interpretação de tudo que foi vivido. Como a escola entra muito cedo em nossas vidas, nossas crenças envolvendo a sala de aula e o professor estão muito cristalizadas e, a menos que a formação inicial[2] represente um impacto realmente significativo, o aluno vai sair da graduação e reproduzir em sala de aula atitudes que refletem mais suas crenças do que seu conhecimento teórico.

2: Licenciatura em Letras.

Como garantir, então, este impacto nos nossos cursos de formação inicial? Como garantir que os alunos tenham suas crenças questionadas? É importante ressaltar que o propósito das pesquisas sobre crenças não é julgar se elas são corretas ou não, se estão certas ou erradas. O objetivo é perceber quais crenças estão por trás das ações docentes. Em tese, o professor deveria ser guiado pelo conhecimento advindo de seus estudos. Toda vez que o professor age em sala de aula sem saber por que está agindo, ele certamente está sendo guiado por suas crenças e isso é arriscado, porque ele pode cair na armadilha de reproduzir modelos didáticos ultrapassados e ineficazes.

Esta discussão nos remete novamente à necessidade de uma graduação que promova a reflexão sobre as crenças dos estudantes em formação. A este respeito, Luz (2006, p. 42) afirma

> *É preciso, pois, pensar num processo de formação inicial que, ao invés de apresentar respostas prontas, pesquisas acabadas, conhecimento construído, o que só reforça a crença de que ensino é transmissão de conhecimento pronto; apresente dúvidas, questionamentos, propostas de elaboração de pesquisas, que desafie, enfim, desestabilizando o que o aluno acredita, não para menosprezar seus conhecimentos prévios, mas para fazer com que ele olhe para estes conhecimentos com um olhar reflexivo e (re) construtivo.*

Insisto na importância de que o estudante de Letras tenha oportunidades de conhecer e questionar suas crenças ainda durante o processo de formação inicial, pois elas interferem na forma de pensar, de construir conhecimento e de agir como pessoa e como profissional (FARRELL e PARTICIA 2005, SILVA 2004, BARCELOS 2004, 2003, MASSAROLLO e FORTKAMP 2002, GIMENEZ 1994, PAJARES 1992) e é na graduação, mais incisivamente, que o futuro profissional faz escolhas que vão definir, ou pelo menos, apontar caminhos para toda a sua carreira.

Se as crenças estão presentes nas formas de pensar e de agir como pessoa e como profissional, e se formar um professor significa mais do que transmitir conhecimentos prontos (LUZ, 2012 no prelo), então o conhecimento e o entendimento das próprias crenças são fundamentais para que este professor não se torne um repetidor de modelos, mas sim, um conhecedor de padrões diversos para fazer escolhas mais conscientes entre eles.

Conhecer crenças permite que o lado mais humano do profissional e de sua formação se faça presente. Significa resgatar uma história de vida, uma história de contato intenso com a escola que se inicia muito antes de qualquer pensamento de se tornar professor.

Sobre Gramática e seu Ensino

É bastante comum o reducionismo da noção de gramática à de gramática normativa, quando, na verdade, esta é apenas uma das modalidades da gramática, Travaglia (1997) apresenta pelo menos onze diferentes tipos de gramática e a escola insiste em trabalhar somente com a normatização, que é excludente e controversa. Excludente porque reforça a ideia de que o aluno não conhece sua própria língua (GUEDES, 2006) e, porque, embora não diretamente injuntiva, acaba, por meio das exceções e dos exemplos, ditando o que é certo e o que é errado. Controversa porque sabemos que, mesmo entre os teóricos e gramáticos, não há consenso a respeito de diversos aspectos de nossa gramática (MENDONÇA, 2006).

Segundo Neves (2006), as gramáticas ocidentais seguem o modelo grego. Lá, a normatividade era importante para proteger a língua dos falares bárbaros, mas por que a normatividade hoje?

Rocha (2007) questiona veementemente o ensino de gramática, mas, enfatiza, por outro lado, a importância de se ensinar a norma culta padrão. O autor é enfático ao afirmar que o aluno tem o direito a conhecer a norma do dominante e que esse conhecimento deve acontecer por meio de atividades epilinguísticas e não meramente metalinguísticas, como se tem feito. Isto é, as aulas de português devem ser compostas de atividades com a língua e não sobre a língua. O aluno deve escrever, ler, interpretar, transformar, reescrever, *refalar* e não classificar, analisar, ou seja, perder tempo com ações que não lhe farão entender o real funcionamento da língua e suas múltiplas funções e possibilidades.

O autor afirma, ainda, que a gramática não só é dispensável, mas também prejudicial ao aluno. O fato é que o tempo que se perde com análise morfológica ou sintática, o tempo que se gasta decorando regras e exceções, que se dedica a exercícios repetitivos e sem significado deveria ser revertido para momentos de contato intenso com as práticas de escrita e leitura. Os alunos deveriam experimentar as possibilidades que a Língua Portuguesa oferece, manipulá-la, formar e transformar orações. O aluno deveria aprender que a língua não é inocente, que tudo o que se diz tem um interesse, uma motivação, um desejo de se interferir no outro, no interlocutor, seja um simples 'bom dia' ou um manifesto literário, o objetivo é sempre argumentar (ABREU, 2009).

O Instrumento: Conteúdo e Aplicação

Como dito anteriormente, o instrumento utilizado para coleta de dados desta pesquisa foi um inventário de crenças composto por dez asserções com as quais os informantes deveriam concordar ou não. Para cada asserção, o informante poderia escolher uma das cinco alternativas que variavam desde concordo totalmente até discordo completamente.

Para análise dos dados, pretendo apresentar cada uma das asserções e suas respostas mais recorrentes. As asserções, vale dizer, foram elaboradas a partir de conversas com colegas professores de português e com alunos do curso de Letras. Em princípio, haveria mais asserções, mas, enfim, optei por um número menor de afirmações que pudessesem, por sua vez, ser agrupadas em algumas categorias e que fossem, também, representativas das principais indagações acerca do ensino de gramática nas aulas de português.

As categorias contempladas no inventário são as seguintes: o conceito de bom (boa aula, bom professor, bom livro didático, bom aluno); a relação entre gramática e as habilidades de leitura e escrita e a função da gramática na vida do aluno. Há, ainda, uma asserção de caráter mais pessoal, questionando se o aluno se sente ou não preparado para dar aulas de gramática na educação básica.

O instrumento foi aplicado em 30 alunos do último semestre de um curso noturno de Letras em uma universidade particular da cidade de São Paulo.

Análise dos Dados

A primeira categoria, aquela que trata do conceito de 'bom' traz as seguintes asserções:

Uma boa aula de português deve ter exercícios de gramática:

( ) CT ( ) C ( ) NCND ( ) D ( ) DC

Um bom professor de português precisa saber gramática:

( ) CT ( ) C ( ) NCND ( ) D ( ) DC

Capítulo 2 - Crenças de futuros professores de português sobre gramática e seu ensino **31**

Um bom aluno de português tem de fazer exercícios de gramática:

( ) CT   ( ) C   ( ) NCND   ( ) D   ( ) DC

Um bom livro didático de português deve trazer exercícios de gramática:

( ) CT   ( ) C   ( ) NCND   ( ) D   ( ) DC

Um bom texto é aquele que não tem erros de gramática:

( ) CT   ( ) C   ( ) NCND   ( ) D   ( ) DC

As respostas dadas foram as seguintes:

	CT	C	NCND	D	DC	TOTAL
ASSER. 1	6	14	2	7	1	30
ASSER. 2	18	11	1	0	0	30
ASSER. 3	3	16	4	3	4	30
ASSER. 4	4	20	3	1	2	30
ASSER. 5	2	5	7	13	3	30

É possível perceber, na tabela acima, a predominância de respostas CT e C, isto é, a maioria dos informantes concorda ou concorda totalmente com as asserções. 20 informantes concordam que uma boa aula de português deve ter exercícios de gramática. Em relação ao professor, temos quase uma unanimidade, pois 29, dos 30 informantes, pensam que o bom professor de português precisa saber gramática. Tal predominância permanece nas asserções 3 e 4, que falam do bom aluno e do bom livro didático, ou seja, novamente a gramática aparece como elemento garantidor da qualidade. Apenas a asserção de número 5, sobre a qualidade do texto, apresenta a maioria discordando de que a gramática seja importante.

Os dados revelam a manutenção do *status* da gramática como o elemento que garante a qualidade da aula de português, como o elemento que mede o conhecimento e a capacidade do professor e do aluno e como elemento chave na escolha de um bom livro didático.

Certamente as crenças sobre gramática são bastante antigas e acompanham o aluno em toda sua formação desde a educação básica. É, portanto, estremamente difícil reverter algo que está tão inerente ao universo do aluno (PAJARES, 1992). Foram anos cultivando a ideia de que para saber português era necessário saber a nomenclatura gramatical, que para falar e/ou escrever bem era preciso saber fazer análise sintática e morfológica. Anos sentindo que só o professor de português sabia português e mais ninguém, porque saber português significava saber gramática.

Outra questão que merece cuidado diz respeito à relação desse futuro professor com sua visão de si mesmo, pois dos 30 informantes, apenas 10 responderam que se sentem preparados para dar aulas de português, ou seja, a maioria está saindo da graduação com a sensação de despreparo. Acredito que essa sensação se deve, exatamente, ao fato de as aulas no curso de Letras não terem sido um curso intensivo de gramática, como muitos esperavam. Isso nos leva a pensar que as aulas de português da graduação não foram suficientes para produzir nos alunos uma nova visão de ensino de português e não foram, tampouco, suficientes para sanar as dúvidas em relação à gramática. Na visão desses alunos, o curso de Letras certamente não satisfez as suas expectativas e eles não poderão ser bons professores de português, uma vez que não conseguem se ver dominando os conteúdos que seus professores da educação básica demonstravam dominar.

A solução reside, entre outras coisas, numa tomada de consciência generalizada, isto é, o professor formador precisa reconhecer as expectativas dos alunos-futuros professores e lidar com elas abertamente, trazendo para as aulas a discussão sobre o papel da gramática no ensino de português. Assim o aluno tomará consciência de suas crenças e de que não se pode deixar guiar por elas cegamente. Se, de posse do conhecimento teórico, esse aluno fizer a opção de ensinar gramática por si, será uma escolha consciente. O erro está não na escolha do modelo de aula, mas na manutenção inconsciente desse modelo.

Dezenove informantes concordam que o bom aluno é aquele que sabe gramática. Sabemos que, na verdade, o bom aluno de português é aquele que consegue interpretar um texto com criticidade e consegue expressar-se com competência escrevendo ou falando. De nada serve ao bom usuário da língua saber se está usando uma oração adjetiva explicativa ou restritiva, ou se está usando vírgula porque o aposto deve vir entre vírgulas. A ele é importante, sem dúvida, saber que nos gêneros do discurso jornalístico, por exemplo, as explicações sobre o autor de um fato ou sobre o fato em si devem estar entre vírgulas. O nome técnico dessa explicação – aposto – não lhe serve de nada. A nomenclatura deve ser usada quando contribuir para a compreensão do fato linguístico, caso contrário não faz sentido.

Creio que o exemplo acima deixa claro que a posição por mim defendida não é jamais o abandono à norma culta, muito pelo contrário. Defendo que o aluno domine a norma culta assim como que conheça outras normas do falar e do escrever. Entretanto, defendo que esse domínio seja desenvolvido no uso efetivo da língua, isto é, lendo e escrevendo e não decorando regras ou nomenclatura. Defendo (como também o fez o professor Bernard Schneuwly em conferência de abertura do II SIELP — Simpósio Internacional de Ensino de Língua Portuguesa — na Universidade Federal de Uberlândia em maio de 2012) que o aluno aprenda a escrever escrevendo e a ler lendo e que, no efetivo exercício de ler e escrever textos que lhe sejam significativos, ele aprenda a articular a língua com competência, seguindo a estrutura que o gênero exigir, ou seja, adequando seu conhecimento de língua aos seus objetivos de comunicação e de convívio social.

Na verdade, estou falando de uma mudança de olhar, o que se propõe hoje é um momento de análise linguística na aula de português e não aula de gramática como sinônimo de aula de português, como se tem feito há tanto tempo em detrimento de uma aprendizagem realmente eficiente (MENDONÇA, 2006).

Estranhamente, os informantes, em sua maioria discordam que o bom texto é aquele que não tem erro de gramática. Há, nessa asserção, um número significativo de informantes que não concordam nem discordam. Penso que aqui se percebe alguma influência do curso de formação. A ênfase no curso de Letras estudado é na formação do leitor e na leitura e produção de textos. O texto, quero dizer, está no centro da atenção dos professores formadores de modo geral. Talvez por isso, os alunos-informantes tenham demonstrado uma tendência pouco menos tradicional. O bom texto, sabemos, é aquele que representa com eficiência as necessidades de expressão do autor, é aquele em que se percebe uma boa articulação das partes que o compõem com a finalidade de descrever algo, de argumentar, de contar uma história ou expor uma ideia. Há que se adequar, como disse anteriormente, a língua ao propósito comunicativo, ao gênero a ser produzido, à esfera social na qual o texto vai circular. Para tal, o aluno precisa desenvolver um conhecimento textual e não só gramatical, isto é, para se escrever bem um manual de instrução ele precisa conhecer um manual de instrução, precisa saber qual é a estrutura composicional, o conteúdo temático e o estilo do manual (BAKHTIN, 2003), precisa saber que tipo de linguagem utilizar (aqui enxergo um papel para o ensino da norma – adequação da língua ao uso social dela), que objetivos alcançar etc. O aluno precisa ler, não decorar regras. Insisto na leitura, não numa leitura superficial, vazia de objetivos, ou pior, com objetivos inúteis. Mas ler para aprender aquilo que o texto tem a ensinar, sua informação propriamente dita e ler para aprender como a informação foi construída no texto.

Gostaria de fechar a análise desta primeira categoria com a citação de Guedes (2006, p. 35) que corrobora o que venho defendendo. Para o autor:

Nela [aula de português] o aluno fica sabendo que a língua que fala está errada e descobre que não é ali que vai aprender a usar uma língua certa, pois o que aprende na aula de português só serve para a prova de português. Se precisar escrever um requerimento para a delegacia do consumidor solicitando providências contra a loja que não quer trocar o liquidificador estragado que lhe vendeu, ou pede ajuda ou aprende a fazer isso sozinho (...) o aprendizado da ortografia, da acentuação vai ter apenas a descartável finalidade de passar no vestibular.

A próxima categoria do inventário trata, exatamente, da relação entre gramática e as habilidades de leitura e escrita. Fazem parte desta categoria as seguintes asserções:

A gramática ajuda a escrever melhor:

( ) CT   ( ) C   ( ) NCND   ( ) D   ( ) DC

A gramática ajuda a falar melhor:

( ) CT   ( ) C   ( ) NCND   ( ) D   ( ) DC

A gramática é o elemento mais importante da aula de português:

( ) CT   ( ) C   ( ) NCND   ( ) D   ( ) DC

As respostas dadas pelos informantes foram as seguintes:

	CT	C	NCND	D	DC	TOTAL
ASSER. 6	8	17	2	3	0	30
ASSER. 7	8	17	2	1	1	29
ASSER. 8	1	2	5	14	8	30

Esta categoria reforça o que foi percebido na anterior: prevalece a supremacia da gramática. Novamente percebemos que ela é colocada como elemento central na construção das competências de falar e escrever bem. 25 dos 30 informantes concordam ou concordam totalmente que a gramática ajuda a escrever e a falar melhor.

Sabemos, entretanto, que não existe nenhuma garantia de que saber gramática ajudará, efetivamente, o aluno a produzir bons textos orais e escritos (NEVES, 2006).

O que temos, novamente, é a resistência de uma crença que, certamente, acompanha o aluno desde o início de sua educação formal.

Os informantes, entretanto, em sua maioria, afirmam que a gramática não é o elemento central da aula de português. Essa informação é avessa a tudo o que foi dito anteriormente, o que revela ausência de uma base efetivamente sólida sobre isso. O conhecimento teórico não é suficiente para se estabelecer um posicionamento firme, afinal, a gramática é ou não é importante? Se não é, por que relacionar o bom professor, o bom aluno, o bom livro didático, o falar e o escrever bem a ela? Se é, por que não admitir, enfim, que ela é o elemento mais importante da aula de português?

A próxima categoria trata da função da gramática na vida real, fora da escola e traz as seguintes asserções:

Saber gramática ajuda profissionalmente:

( ) CT   ( ) C   ( ) NCND   ( ) D   ( ) DC

Saber gramática melhora o convívio social:

( ) CT   ( ) C   ( ) NCND   ( ) D   ( ) DC

As respostas dadas pelos informantes foram as seguintes:

	CT	C	NCND	D	DC	TOTAL
ASSER. 9	3	18	5	4	0	30
ASSER. 10	1	9	9	8	3	30

Esta é a categoria em que houve maior equilíbrio nas respostas dadas. Percebemos que 21 dos 30 informantes concordam ou concordam totalmente que saber gramática ajuda profissionalmente. Neves (2006) afirma que o povo acaba reforçando a supremacia da gramática mais que os próprios gramáticos, principalmente por acreditar que falar e escrever bem gramaticalmente lhes garante ascensão social. Sabemos que, obviamente, o domínio da norma culta padrão é essencial. O que questiono é a forma como essa norma vem sendo trabalhada nas aulas de português.

A décima asserção nos revela que não há uma crença generalizada sobre o papel da gramática no convívio social. Parece-me que o informante pensa que no âmbito profissional, não há dúvida de que saber gramática é importante, ao passo que para as relações mais informais ela não é tão importante.

Nesse sentido é possível notar que os alunos futuros professores percebem a coexistência de várias normas. Há, sem dúvida, a norma culta padrão, que predomina nos espaços formais e há as outras normas presentes no cotidiano das pessoas. O bom usuário da língua é aquele capaz de se comunicar competentemente nas mais variadas situações de comunicação, isto é, utilizando as normas formais e informais, cultas e coloquiais, certas e certas, pois não há erro, há variação, o que só enriquece qualquer idioma vivo.

CONSIDERAÇÕES FINAIS

Correndo o risco de negar meu otimismo inicial, percebo que há um fracasso quase generalizado no ensino de língua materna nos Ensinos Fundamental e Médio. São 12 anos estudando português na educação básica, com a maior carga horária semanal e, apesar disso, percebemos, em muitos alunos ingressantes no ensino superior, uma enorme dificuldade para se expressar adequadamente por meio da escrita, bem como para ler e construir sentidos a partir da leitura.

Creio que a gênese dessa problemática está exatamente, na ênfase dada ao ensino da gramática normativa nas aulas de português. Como Rocha (2007) alerta, o tempo gasto com análises deveria ser utilizado em prática intensa de leitura e de escrita.

Insisto, à guisa de conclusão, que não estamos formando legisladores da língua na nossa educação básica nem superior, mas, sim, usuários dela. Vale ressaltar, entretanto, que o professor de português precisa ter domínio das normas da língua, obviamente, o que ele não deve fazer é transmiti-las aos alunos (e nem aprendê-las) de forma mecânica, vazia de significados e com um fim em si mesma.

Devemos, finalmente, em nossas aulas de português, promover leitura e escrita e não aprendizagem repetitiva de leis da língua; leis que muitas vezes não estão claras nem para quem as formulou.

REFERÊNCIAS

ABREU, Antônio S. **A arte de argumentar**: gerenciando razão e emoção. 13ª ed. Cotia: Ateliê Editorial, 2009.

BAKHTIN, M. **Estética da criação verbal**. São Paulo: Martins Fontes, 2003.

BARCELOS, Ana M. F. Crenças sobre aprendizagem de línguas, Linguística Aplicada e ensino de línguas in: **Linguagem Ensino**, Vol. 07, n. 1. pp. 123 – 156 Pelotas: Educat, 2004.

_____, A. M. As crenças de professores a respeito das crenças sobre aprendizagem de línguas de seus alunos in: GIMENEZ, T. (org.) **Ensinando e aprendendo inglês na universidade:** formação de professores em tempos de mudança. Londrina: ABRAPUI, 2003.

_____, A. M. Metodologia de pesquisa das crenças sobre aprendizagem de línguas: Estado da arte in: **Revista Brasileira de Linguística** Aplicada, v. 1, n.1, 71 – 92, 2001.

BROWNLEE, J., DART, B., BOULTON-LEWIS, G & McCRINDLE, A. The integration of preservice teachers' naïve and informed beliefs about learning and teaching.in: **Asia-Pacific journal of teacher education**, Vol. 26, No. 2, 1998.

CASTRO, Solange T. R. Representações de alunos de Inglês de um curso de Letras in: **the ESPecialist**, vol. 25 n. Especial, p. 39 – 57, 2004.

CELANI, M. A. A. e MAGALHÃES, M. C. C. Representações de professores de inglês como língua estrangeira sobre suas identidades profissionais: Uma proposta de reconstrução in: MOITA LOPES, L. P. e BASTOS, L. C. (orgs.). **Identidades**: Recortes multi e interdisciplinares. Campinas, Mercado de Letras, 2000.

FARRELL, Thomas S. C. e PARTICIA, Lim P. C. Conceptions of Grammar Teaching: A case study of Teachers' Beliefs and Classroom Practices in: **TESLEJ**, vol. 09, n. 02, 2005.

Capítulo 2 - Crenças de futuros professores de português sobre gramática e seu ensino **37**

GIMENEZ, T. **Learners becoming teachers:** an explanatory study of beliefs held by prospective and practicing EFL teachers in Brazil. Tese de Doutorado não publicada. Lancaster University, 1994.

GUEDES, Paulo C. **A formação do professor de português**: que língua vamos ensinar? São Paulo: Parábola Editorial, 2006.

LUZ, Leandro T. A. **Escrevendo vidas:** análise de narrativas sobre leitura na formação inicial do professor de português, no prelo.

_____, Discutindo o conceito de crenças na formação inicial do professor de línguas: Reflexões sobre um conceito em consolidação in: **Trabalhos em Linguística Aplicada** – UNICAMP, 2007.

_____, Leandro T. A.**Crenças sobre escrita e seu ensino: implicações para o processo de formação inicial do professor de inglês como língua estrangeira**. Dissertação de mestrado – UEL – Londrina – PR, 2006.

MASSAROLLO, J., FORTKAMP, M. B. M. **Professores, alunos e suas crenças sobre o processo de ensino, desenvolvimento e avaliação da produção oral em LE**. Anais em CD do III FILE. Pelotas: Scriptore, 2002.

MENDONÇA, M. Análise linguística no Ensino Médio: um novo olhar, um outro objeto in: BUNZEN, C. e MENDONÇA, M. (orgs.) **Português no Ensino Médio e formação do professor**. São Paulo: Parábola Editorial, 2006.

NEVES, Maria H. de M. **Que gramática estudar na escola?** Norma e uso na Língua Portuguesa. 3 ed. São Paulo: Contexto, 2006.

PAJARES, M. Frank. **Teacher's beliefs and educational research**: cleaning up a messy construct. Review of Educational Research, v. 62, pp. 307 – 332, 1992.

POSSENTI, S. **Por que (não) ensinar gramática na escola**. Campinas – SP: Mercado de letras, 1996.

ROCHA, Luiz C. de A. **Gramática nunca mais**: o ensino da língua padrão sem o estudo da gramática. 2ed., São Paulo: Martins Fontes, 2007.

SILVA, Vera L. T. Um olhar sobre as crenças de egressos de um curso de Letras – língua estrangeira sobre a fluência oral in: ROTTAVA e LIMA (orgs.) **Linguística Aplicada**: relacionando teoria e prática no ensino de línguas. Ijuí – RS: Ed. Unijuí, 2004.

TRAVAGLIA, Luiz C. **Gramática e interação**: uma proposta para o ensino de gramática no 1º e 2º graus. São Paulo: Editora Cortez, 1997.

3

A pedagogia do léxico e da gramática: ensinando Língua Portuguesa em nova perspectiva

Ligiane Cristina Segredo

INTRODUÇÃO

Para investigar o léxico e a gramática num curso de formação de professores de língua materna, escolhemos uma universidade particular do interior do Estado de São Paulo e elegemos como *corpus* a fala da coordenadora do curso de Letras e de professoras formadas pelo curso. De posse dos dados, perguntamo-nos: o curso de Letras dessa instituição de ensino superior forma professores de Língua Portuguesa que, efetivamente, dominam o léxico e a gramática? Os egressos do curso de Letras dessa Universidade foram preparados para ensinar o léxico e a gramática nas escolas e formar poliglotas na sua própria língua como propõe a Educação Linguística?

Para responder a essas perguntas, primeiramente selecionamos os estudos teóricos para o embasamento necessário, adotando, assim, como autores de base Travaglia (2003), Bechara (2006) e Antunes (2007). Posteriormente, demos a palavra à coordenadora do curso e às professoras egressas do curso de Letras. Com isso, buscamos basicamente informações relativas à formação do professor de Português como língua materna.

Vale ressaltar que não se tem a pretensão de esgotar todas as informações obtidas; busca-se apenas refletir sobre a formação oferecida ao professor de Português, no que se refere ao léxico e a gramática.

A Educação Linguística: pressupostos teóricos

Sabemos que a língua e a linguagem são elementos essenciais para a vida em sociedade, uma vez que são elas que possibilitam a comunicação eficiente. Assim, para vivermos em uma sociedade em que a oralidade e a escrita se fazem presentes, é fundamental sermos usuários linguisticamente competentes.

O objetivo da escola, no que se refere à língua e à linguagem, é, ou deveria ser, formar cidadãos capazes de se expressar, oralmente e por escrito, de maneira adequada e competente, a fim de que possam se inserir e atuar na sociedade em que vivem.

Acreditamos que a Educação Linguística, doravante EL, pode contribuir significativamente nesse sentido. Por isso, ressaltamos o estudo de Travaglia (2003, p. 26), em que a EL é entendida como

> *o conjunto de atividades de ensino/aprendizagem, formais ou informais, que levam uma pessoa a conhecer o maior número de recursos da sua língua e a ser capaz de usar tais recursos de maneira adequada para produzirem textos a serem usados em situações específicas de interação comunicativa para produzir efeito(s) de sentido pretendido(s).*

Sendo assim, a EL pode contribuir para o desenvolvimento do que a linguística chama de competência comunicativa, por meio da utilização do maior número possível de recursos da língua, interagindo de maneira adequada em cada situação comunicativa e formando o bom usuário da língua, como sendo o indivíduo capaz de utilizar, de modo adequado, os recursos disponíveis para a construção de textos apropriados aos objetivos comunicativos pretendidos, em cada situação específica de interação, ou seja, em diferentes contextos.

Referindo-se ao bom usuário, Bechara (2006, p. 13-14) enfatiza que

> *cada falante é um poliglota na sua própria língua, à medida que dispõe da sua modalidade linguística e está à altura de descodificar mais algumas outras modalidades linguísticas com as quais entra em contato, quer aquela utilizada pelas pessoas culturalmente inferiores a ele, como aquelas a serviço das pessoas culturalmente superiores a ele.*

É importante destacar que a EL, além de ser um processo de ensino e aprendizagem, que visa a tornar o indivíduo um cidadão capaz de utilizar a língua materna nas mais diversas esferas da vida, apresenta-se, ainda, como lembra Palma *et al* (2008), como uma área de pesquisa em relação ao ensino de língua materna. Por isso, possui bases linguísticas e pedagógicas que focalizam a necessidade de haver uma articulação harmoniosa entre conhecimentos linguísticos e conhecimentos pedagógicos. Com base em Figueiredo (2004) destacam as quatro dimensões em que a EL deve se processar, para a efetiva formação do

Capítulo 3 - A pedagogia do léxico e da gramática

usuário linguisticamente competente. Essas quatro dimensões são: a *pedagogia do oral*, a *pedagogia da leitura*, a *pedagogia da escrita* e a *pedagogia do léxico e da gramática*.

Cumpre salientar que nesse texto nos restringimos somente à pedagogia do léxico e da gramática.

A PEDAGOGIA DO LÉXICO E DA GRAMÁTICA

Sabemos que a comunicação humana acontece através de discursos que se materializam em textos. O homem sempre falou e continua falando, escreveu e continua escrevendo por meio deles, jamais por frases desconexas. Todavia, algumas escolas ainda insistem em ensinar Língua Portuguesa a partir de palavras e frases descontextualizadas.

É consensual que, para uma comunicação eficiente, é imprescindível dominar algumas habilidades como a leitura, a escrita, a fala e a escuta. O problema reside na crença de que para ler, escrever, falar e escutar basta saber gramática. Antunes (2005, p. 169) é categórica: "Não se pode fazer texto algum sem gramática. Mas faz sentido também a certeza de que não se faz texto algum apenas com gramática".

Com essas palavras, a autora não nega a importância da gramática, mas mostra que a língua, para além da gramática possui outros elementos, que também precisam ser conhecidos. Isso significa que a gramática sozinha nunca foi suficiente para o desempenho comunicativo dos usuários da língua.

Para aclarar melhor a insuficiência da gramática, basta dizer que os sentidos de um texto não estão na sua superfície. Isso não quer dizer que ela seja irrelevante; pelo contrário, a superfície do texto tem uma função mediadora que funciona como pistas orientadoras da produção de sentidos. Por essa razão, a gramática é relevante para leitura e produção de textos.

Certas categorias gramaticais, como pronomes, preposições, conjunções, numerais, advérbios, por exemplo, promovem e sinalizam a continuidade do texto, o que permite dizer que os recursos gramaticais não servem somente para controlar o uso da norma culta, mas cumprem outras funções. Dentre elas, destaca-se a estruturação coesiva e coerente dos textos, pois a gramática regula um conjunto de sinais que podem funcionar como expressão de um dizer sociocomunicativo relevante.

A propósito, Antunes (2005, p. 166) conceitua gramática como "compêndio descritivo-normativo que existe com a função de apresentar a descrição das classes gramaticais, uma por uma, e as regras que disciplinam o uso da chamada norma culta". Trata-se, pois, de um conjunto de possibilidades que regulam o funcionamento social de uma língua.

A gramática regula o desempenho do falante para que a interação seja eficiente, afinal, pode haver sérios problemas na interação verbal, decorrentes de escolhas linguísticas mal feitas. Por isso, todo texto, quer seja oral, quer seja escrito, apresenta um vasto componente gramatical imprescindível para que o interlocutor seja capaz de produzir sentido.

Assim como a gramática, o léxico também tem função relevante para a articulação e consequente coesão do texto, uma vez que a proximidade semântica entre as palavras de um texto não serve somente para dar significado ao que se pretende dizer, mas, junto aos recursos gramaticais, funciona como pistas para o estabelecimento do tema. As palavras tecidas e entretecidas são responsáveis pela arquitetura do texto, uma vez que a associação entre elas dá ao texto continuidade e unidade.

Considerando que o uso adequado do léxico e da gramática são elementos estratégicos para a construção de um texto, pode-se dizer que é fundamental a administração consciente e adequada dos seus diferentes recursos na organização textual, cabendo, pois, orientação nesse sentido ao aprendente.

Muitas são as considerações a serem feitas acerca do ensino do léxico e da gramática na escola. A primeira delas, tomada como básica, pode ser assim mencionada: o ensino de língua na escola deve propiciar condições para o desenvolvimento pleno da EL, o que é possível quando se abandona a prática tradicional de metalinguagem de análise gramatical, extremamente enraizada nas salas de aula e exercícios pouco eficientes com o léxico.

A EL, que objetiva tornar indivíduos bons usuários da língua materna, só alcançará seu propósito se for realizada em uma perspectiva textual, visto que a comunicação humana se efetiva por meio de discursos materializados em textos e os recursos da língua funcionam dentro deles para a produção de efeitos de sentido.

Dessa forma, o primeiro equívoco no ensino do léxico e da gramática é a separação de texto e gramática. Segundo Travaglia (2003, p. 54), essa atitude "tem prejudicado o trabalho em sala de aula e criado a síndrome da incompetência que leva tantos falantes de Português a dizerem 'não sei Português'".

Isso ocorre porque o ensino se estrutura apenas na perspectiva formal de identificação e classificação de unidades gramaticais, ensinando língua materna como algo desconhecido aos seus falantes. Os exercícios gramaticais não tornam o indivíduo um usuário competente da língua.

Isso não quer dizer que o ensino de gramática não deva existir. Pelo contrário, é necessário ensinar gramática na escola, porém dentro de textos e não por meio de frases descontextualizadas e desprovidas de finalidade comunicativa. Nas salas de aula não deve haver espaço apenas para o ensino de gramática tradicional, em que se classificam palavras, frases e períodos, desconsiderando a prática de textos em situação social de interação.

Capítulo 3 - A pedagogia do léxico e da gramática **43**

Nesse sentido, Travaglia (2003, p. 57) diz que

Estruturamos, assim, uma proposta para o ensino de gramática, que se integra verdadeiramente com o ensino de produção e compreensão de textos e com o ensino do léxico/vocabulário e que é capaz de atuar para o desenvolvimento da competência comunicativa dos alunos e, por isso mesmo, promover um ensino de gramática pertinente para a vida das pessoas.

Antunes (2007) também faz algumas considerações a respeito do ensino do léxico e da gramática nas escolas, enfatizando que o grande equívoco é a crença de que, para garantir a eficiência nas atividades de falar, escutar, ler e escrever, basta estudar gramática, o que não é verdade. Trata-se do contrário: é fundamental saber falar, ler e escrever para estudar gramática.

Isso leva a dizer que a proposta para o ensino do léxico e da gramática de acordo com a EL é colocar o texto como eixo central, considerando os inúmeros conhecimentos envolvidos na produção textual. Por essa razão, Antunes (2007, p.139) afirma que,

evidentemente, tudo pode ser visto nos textos. Lá é que todo tipo de fenômeno ocorre [...] o importante é começar. E continuar. Persistentemente. [...] é uma questão de ir experimentando a prática de "destrinchar" o texto, de olhá-lo por dentro, ano após ano. Somente assim se desenvolverá, com sucesso, a agudeza para perceber o sentido e as intenções do que é dito nos textos, de todos os tipos.

Cumpre salientar que é necessário, por meio do ensino do léxico e da gramática, combater o preconceito linguístico, tal como pressupõe a EL, estudando a língua do ponto de vista da adequação e inadequação e não do erro, considerando que todas as variedades linguísticas são válidas. Dessa forma, a norma culta é ensinada, devido a sua importância política, econômica e social, porém fica nítido que é apenas uma variedade da língua.

Além disso, espera-se no ensino do léxico e da gramática que a reflexão linguística efetivamente aconteça. Isso é possível através de pesquisas realizadas em perspectiva textual, como o estudo das diferenças de sentido das palavras (sinônimos, antônimos, parônimos, processos de formação de palavras, entre outros).

Palma *et al* (2008, p. 226), ao citar Figueiredo (2004), destacam que a pedagogia do léxico e da gramática requer do futuro professor o conhecimento dos estudos científicos acerca do léxico e da gramática e também dos processos de transposição didática desse conhecimento para a escola básica, levando o aluno a:

- refletir sobre a seletividade e uso dos recursos léxico-gramaticais nas produções linguísticas;
- tornar o aprendente capaz de reconhecer a importância do funcionamento lexical, seja na produção oral, seja na escrita, seja no processo de leitura;
- tornar o aprendente capaz de reconhecer e utilizar adequadamente diferentes tipos de gramática, como a teórica (normativa e descritiva) e a reflexiva;
- tornar o aprendente capaz de realizar atividades epilinguísticas;
- tornar o aprendente capaz de realizar atividades metalinguísticas.

Em síntese, quando a escola consegue ir muito além da gramática, está contribuindo para o desenvolvimento da EL, ou seja, contribuindo para a formação do usuário linguisticamente competente. Para conseguir ir muito além da gramática, possibilitando a efetiva formação do poliglota na própria língua, por meio das quatro dimensões da EL, é fundamental que o professor seja bem formado. Por essa razão, decidimos investigar o ensino do léxico e da gramática em um curso de formação de professores.

Apresentação do "*corpus*" e procedimentos de análise

Para investigar o ensino do léxico e da gramática na universidade, decidimos entrevistar a coordenadora do curso de Letras de uma universidade particular do interior de São Paulo e aplicar questionário a seis professoras formadas por esse mesmo curso.

É pertinente ressaltar que não foi possível realizar entrevista com as professoras, uma vez que, além do pouco tempo que disponibilizavam, todas as envolvidas são moradoras de diferentes cidades do interior de São Paulo, não sendo fácil o acesso a elas. Assim, o questionário foi a solução possível, já que chegaria a elas e retornaria pelo correio eletrônico de forma rápida e eficaz.

Três das seis professoras são formadas em Letras licenciatura plena em Português e Inglês (*P 1, P 2, P 3*) e três em Letras licenciatura plena somente em Português (*P 4, P 5, P 6*), ou seja, embora formadas pelo Curso de Letras da mesma universidade, isso ocorreu em momentos distintos: antes e depois da separação das licenciaturas.[3]

O estudo realizado seguiu os seguintes passos: (1) entrevista com a coordenadora do curso de Letras; (2) aplicação de questionário a professoras egressas do curso; (3) análise das informações obtidas a fim de investigar o ensino do léxico e da gramática na universidade, mais especificamente no curso de Letras; (4) refletir, consequentemente, sobre esse ensino nas escolas de educação básica.

3: O Curso de Letras aqui em pauta até 2002 ofereceu a dupla habilitação, formando professores de Português e Inglês. A partir de 2003, passou a oferecer o Curso de Letras Português separadamente do de Inglês.

Capítulo 3 - A pedagogia do léxico e da gramática   45

O ENSINO DO LÉXICO E DA GRAMÁTICA: UMA ANÁLISE

Para observarmos dados relativos ao ensino do léxico e da gramática no curso selecionado, demos a palavra primeiramente à coordenadora do curso de Letras, doravante *CCL*, e posteriormente às professoras egressas, referidas, como já mencionado, por *P1*, *P2*, *P3*, *P4*, *P5* e *P6*.

COM A PALAVRA, A COORDENADORA DO curso DE LETRAS

No que concerne ao ensino do léxico, a coordenadora afirmou que em nenhum dos dois cursos houve uma disciplina específica. No curso de dupla habilitação, o léxico era contemplado somente por possibilitar o estudo de vocabulário. Nesse sentido, a *CCL* afirmou que

Ele foi trabalhado em uma disciplina que abordava questões gramaticais, chamada Estruturas Fundamentais da Língua Portuguesa, mas não se atingia a teoria do léxico, era mais por uma questão de vocabulário. Isso acontecia principalmente na língua estrangeira. Não se pensava em teoria e aplicação.

No curso de Português, o léxico permeia várias disciplinas, não mais por uma simples questão de vocabulário, mas sim por uma questão de produção de sentido, aspecto central para a leitura, produção de textos e análise linguística. Ela destacou que

Ele é trabalhado em uma série de disciplinas como em Semântica e Pragmática, em que é estudada a significação das palavras por meio da noção de homonímia, contradição, sinonímia, paráfrase, polissemia, ambiguidade, antonímia, hiperonímia, acarretamento, paranomásia, implícitos, pressuposição, subentendido e implicatura, em Estudos do Texto, uma vez que a coesão, além de elementos gramaticais, traz também elementos lexicais, e, ao se estudar a coesão, estuda-se também o léxico, em Linguagem e Sociedade e Prática de ensino: variação linguística, já que nessas disciplinas são destacadas diferentes variedades da língua juntamente com a Norma Padrão, e isso implica um estudo do léxico. Ele também é abordado em Linguagem: atividade discursiva, pois para fazer análise do discurso recorre-se ao léxico.

Observamos que o curso de Letras habilitação em Português passou a oferecer ao professor em formação uma abordagem lexical, por meio de cinco disciplinas: *Semântica e Pragmática*, *Estudos do Texto*, *Linguagem e Sociedade*, *Prática de Ensino: variação linguística* e *Linguagem: atividade discursiva*. De modo geral, admite a coordenadora que essas disciplinas permitem uma reflexão sobre a importância dos recursos lexicais para a produção de sentido na oralidade, na leitura e na escrita, o que contribui para a EL do professor, o qual, nas escolas de educação básica, irá ensinar seus alunos a lerem e a produzirem textos orais e escritos.

Sobre a gramática, ressaltou que, no curso de dupla habilitação, o ensino era absolutamente tradicional, ou seja, era pautado na gramática normativa. A esse respeito, salientou que

> *a gramática era ensinada num formato tradicional. O curso tinha três disciplinas de linguística e o resto era morfologia e sintaxe. A base do Curso de Português - Inglês era gramatical. [...] aplicava-se só a gramática normativa, ou seja, ensinava-se a norma pela norma.*

Segundo a coordenação, o curso de Letras – Português não deixou de ensinar a gramática, todavia passou a privilegiar a análise linguística. Assim,

> *Deixou de discutir a gramática pela gramática e passou a discutir as teorias gramaticais, os diferentes tipos de gramática e em que situações que se tem esses usos. Pode-se ter a normativa, a descritiva, a funcional e a reflexiva. O importante é entender que a gramática não é uma bíblia, que se segue, que se aprende e não há contradições. A ideia é não se ter mais como se fosse algo totalmente estruturado e que não é passível de questionamento. Agora, não é mais uma questão de saber a gramática "de cabo a rabo", o importante é se questionar. Saber como cada gramática é constituída, comparar diversas gramáticas, trabalhar de uma forma mais ampla, e não como se fosse um dogma que se segue. É preciso entender que há distinções. No curso de Português, há disciplinas que não são gramaticais, mas que remetem a gramática, porém de outra maneira, fazendo análise linguística. (CCL, grifo nosso)*

Nesses dizeres, percebemos que tanto o léxico quanto a gramática não foram ensinados da mesma forma nos dois cursos. Com a separação das licenciaturas, muitas transformações ocorreram. No curso de Letras – Português, os aprendentes passaram a refletir sobre os recursos léxico-gramaticais nas produções linguísticas, aprendendo não só a utilizar esses recursos, mas também como ensiná-los em sala de aula. A esse processo dá-se o nome de pedagogia do léxico e da gramática.

Pautando-nos na fala da coordenadora, afirmamos que o curso de Letras – Português apresenta uma pedagogia do léxico e da gramática, como pressupõe a EL, afinal, coloca o texto como eixo central para o ensino de língua, abordando aspectos lexicais e gramaticais na sua constituição, o que faz com que os aprendentes reconheçam a importância do léxico e da gramática para a produção de sentido na fala, na leitura e na escrita. Além disso, o curso trabalha com os vários tipos de gramática, levando o professor em formação a refletir sobre a função de cada uma, realiza atividades linguísticas, epilinguís-

Capítulo 3 - A pedagogia do léxico e da gramática **47**

ticas e metalinguísticas, permitindo que o aprendente domine a norma culta, mas sem preconceito linguístico em relação às outras variantes, uma vez que, para ser um usuário linguisticamente competente, precisa ser capaz de fazer escolhas linguísticas adequadas a cada contexto de interação.

COM A PALAVRA, AS PROFESSORAS EGRESSAS DO curso DE LETRAS

Quanto ao léxico e à gramática, as professoras *P1*, *P2* e *P3* alegaram que estavam presentes no curso de dupla habilitação, mas não tanto quanto desejavam aqueles que escolheram o curso pela Língua Portuguesa. As palavras postas abaixo ilustram essa afirmação:

> *Algumas disciplinas da grade atendiam ao estudo do léxico e da gramática. No entanto, esses deixaram muitas lacunas. Sinto que era preciso ter acontecido mais estudo de gramática, pois os alunos formados em Letras precisam conhecer muito bem a parte estrutural da língua. (P1)*

> *Tivemos pouco foco no léxico e na gramática, de qualquer forma o conteúdo dado foi significativo. Aprendi a entender e a gostar de gramática graças às aulas que tivemos. Acho que tivemos uns dois ou três semestres sobre léxico e gramática, embora não tivesse esse nome. Achei que foi muito pouco para quem pretendia seguir a área de Língua Portuguesa. O curso, nesse sentido, deixou a desejar. Na verdade, havia muitas disciplinas para se dar num período de quatro anos. Eu achei muito pouco tempo para aprendermos bem tudo que constava na grade curricular. (P2)*

> *Embora algumas disciplinas da grade atendessem ao estudo do léxico e da gramática, penso que estes estudos ficaram a desejar, mesmo para alunos que buscavam além do que era exigido. (P3)*

As *P4*, *P5* e *P6* também afirmaram que o léxico e a gramática estavam presentes no curso de Letras - Português. Acrescentaram que, para o estudo da gramática propriamente dita, havia três disciplinas intituladas *Morfossintaxe*. Porém, para o léxico não havia nenhuma disciplina específica, mas era estudado em outras. Na fala das três professoras é perceptível a articulação entre o ensino do léxico e o da gramática:

> *Na disciplina em que trabalhamos com a Análise do Discurso, analisamos diferentes propagandas e descobrimos como o estudo do léxico pode ser revelador. Na disciplina* Linguagem e Sociedade *estudamos variação linguística, norma padrão e não padrão, isso implica o estudo do léxico juntamente com a gramática. (P4)*

Não havia uma disciplina específica para o léxico, mas nós o estudávamos em outras disciplinas como: Semântica e Pragmática, quando trabalhávamos com hipônimo e hiperônimo, antônimos e sinônimos etc., Linguagem: atividade discursiva, quando analisávamos textos e as palavras são absolutamente importantes e reveladoras de intencionalidade. *Estudamos também em* Linguagem e Sociedade *e* Prática de ensino*: Variação Linguística, quando trabalhávamos com as variações e a norma culta do Português. Já para a gramática havia três disciplinas específicas:* Morfossintaxe I, II *e* III. Nelas estudávamos, além da gramática tradicional, outros tipos de gramática como a descrita, funcional etc. *Acrescenta-se a essas três* Fonética e Fonologia. O léxico e a gramática foram abordados conjuntamente na disciplina Estudos do Texto, quando estudamos a coesão, coerência e a referenciação e percebemos que, assim como os elementos gramaticais, os lexicais também contribui para a coesão, para a coerência e para o processo referencial do texto. *Analisávamos esses elementos em muitos textos, observando como contribuíam para a produção de sentido. (P5)*

Léxico e gramática também foram muito bem trabalhados em nosso curso através das disciplinas de Morfossintaxe, que foram oferecidas durante três semestres, de semântica, de análise do discurso, entre outras. Não tínhamos uma disciplina única e exclusivamente destinada ao léxico, mas não deixávamos de estudá-lo. *Essas questões eram trabalhadas de acordo com o desenvolvimento das próprias disciplinas. A que mais me marcou, nesse sentido, foi a disciplina* Estudos do Texto, *era muito bom o que aprendíamos, englobava tudo sobre língua[gem], inclusive léxico e gramática. (P6)*

Dessa forma, o curso de Letras - Português apresenta uma pedagogia do léxico e da gramática, afinal, busca, a partir da articulação desses dispositivos, levar o aprendente a refletir sobre a seletividade e uso dos recursos léxico-gramaticais nas produções linguísticas, tornando-o capaz de reconhecer a importância do funcionamento lexical, seja na produção oral, seja na escrita, seja no processo de leitura e a utilizar adequadamente diferentes tipos de gramática, como a teórica (normativa e descritiva) e a reflexiva a fim de realizar atividades metalinguísticas e epilinguísticas.

Cumpre salientar que todas as professoras afirmaram que ensinam nas escolas de educação básica o léxico e a gramática por meio do texto. É o que se observa adiante:

Atrelados ao ensino do texto, faço os recortes para o ensino do léxico e da gramática. *(P1)*

Capítulo 3 - A pedagogia do léxico e da gramática   **49**

Quando corrijo os textos dos alunos aponto os problemas gramaticais e ensino a solucioná-los. Sempre enfatizei aos alunos a buscarem significado para as palavras desconhecidas. (P2)

Eu ensino o léxico e a gramática a partir dos textos trabalhados em sala de aula, nas produções dos alunos, na reescritura, na montagem e desenvolvimento dos projetos etc. (P3)

Meus alunos aprendem, por exemplo, a pontuar e acentuar corretamente o texto que eles mesmos elaboram. Faço transparência dos principais "erros" presentes em suas produções, sem expor o nome dos autores. Ensino desde as classes de palavras a análise sintática. As orações coordenadas e subordinadas, se bem ensinadas, refletem diretamente nas aulas de redação. O aluno precisa saber que a gramática contribui para uma escrita coerente. Ela não é sinônimo de uma simples "decoreba" a ser cobrada posteriormente na prova. As variações linguísticas, foram aprendidas através de uma pesquisa que eles fizeram sobre regionalismos. Isso ocorreu em uma aula de gramática. (P4)

Ensino o léxico e a gramática nos textos lidos e, principalmente, nos textos produzidos pelos alunos. Chamo atenção para uma construção confusa que prejudica o sentido do texto, uma preposição, uma conjunção mal empregada. Mostro como o léxico pode revelar posicionamentos e a subjetividade de quem escreve. Ressalto, sobretudo, que aspectos gramaticais articulados a aspectos lexicais contribuem para a coesão textual na progressão e manutenção da unidade temática. (P5)

Eu ensino o léxico e a gramática por meio da produção escrita. Por exemplo: ao trabalhar o gênero artigo de opinião, ensino as pessoas verbais. Quando trabalho com textos instrucionais como a Receita, ensino o uso do imperativo para a elaboração de sequências injuntivas. Enfim, a gramática é ensinada de acordo com a necessidade linguística de cada gênero textual. Na produção escrita, solicito aos alunos a revisão de seu texto, atentando- -se às normas da língua, as situações de produção escrita, o uso de norma padrão, vocabulário adequado, entre outros. (P6)

Percebemos, ao considerarmos os escritos acima, que umas professoras foram mais breves nos seus dizeres, relatando apenas que ensinam o léxico e a gramática quando utilizam o texto como objeto para as aulas de leitura e escrita, outras especificaram um pouco mais, dizendo que o léxico e a gramática podem ser estudados quando se trabalha com a variação linguística, mostrando o dinamismo da língua (*P4* e *P6*); que contribuem para a coesão na medida em que permitem que o texto progrida mantendo a unidade temática (*P5*); e que são elementos que marcam o estilo dos gêneros textuais (*P6*).

Com isso, constatamos que, para as seis professoras, de modo geral, o léxico e a gramática são recursos, dispositivos, ferramentas da língua que contribuem para a produção de sentido em textos, quer orais, quer escritos. Por essa razão, todas optam por ensiná-los por meio de textos, o que condiz com os preceitos da EL.

CONSIDERAÇÕES FINAIS

Considerando a análise e os resultados obtidos, concluímos que o curso de Letras aqui referido não apresentou sempre o mesmo tratamento ao ensino do léxico e da gramática.

Portanto, pode-se dizer que, com a separação das licenciaturas de Português e Inglês, o léxico e a gramática passaram a receber um tratamento diferenciado, possibilitando o desenvolvimento da competência léxico-gramatical do professor em formação para que esse, quando em exercício, possa desenvolver a competência de seus alunos. Trata-se da formação do professor como usuário linguisticamente competente para que ele tenha condições de formar poliglotas na sua própria língua, como pressupõe a Educação Linguística.

REFERÊNCIAS

ANTUNES, I. **Muito além da gramática:** por um ensino de línguas sem pedras no caminho. São Paulo: Parábola Editorial, 2007.

_____ . **Lutar com as palavras:** coesão e coerência. São Paulo: Parábola Editorial, 2005.

BECHARA, E. **Ensino de gramática. Opressão? Liberdade?** 12. ed. São Paulo: Ática, 2006.

PALMA, D. V., TURAZA, J. S., JÚNIOR, J. E. N. Educação linguística e desafios na formação de professores. In: BASTOS, N.B. **Língua Portuguesa: lusofonia – memória e diversidade cultural**. São Paulo: EDUC, 2008, p. 215-233.

TRAVAGLIA, L. C. **Gramática:** ensino plural. São Paulo: Cortez, 2003.

4

A gramática a serviço da leitura de enunciados de exercícios de Língua Portuguesa

Édina Maria Pires da Silva

CONSIDERAÇÕES INICIAIS

Em nossa dissertação de mestrado, defendida em dezembro de 2009, mencionamos que a organização sintática dos elementos da oração constituía um dos fatores de dificuldade de compreensão leitora de nossos alunos em enunciados de exercícios de Língua Portuguesa, doravante E.E. Contudo, naquele momento, havíamos elencado como objetivos de pesquisa verificar a competência lexical dos alunos na leitura e compreensão de E.E., assim como averiguar marcas linguísticas de subjetividade em E.E., por isso, para não fugirmos dos nossos objetivos específicos, limitamo-nos à menção desse fato em nossa pesquisa.

Desde então, percebemos que a organização dos termos da oração é estudada e analisada, sobretudo, em textos literários e publicitários, e, normalmente, com o objetivo de elucidação da mensagem poética e/ou de percepção do apelo persuasivo.

Não temos conhecimento, até o presente momento, de estudos sobre a ordem dos elementos da oração, em português, que se preocupasse com a compreensão leitora do alocutário.

Nesse caso, não podemos esquecer que o objetivo principal de uma língua é a comunicação e, por conseguinte, tudo o que é formalmente manifestado no discurso do falante terá implicações naquilo que ele comunica.

Assim, quando examinamos a compreensão leitora de E.E. de Língua Portuguesa, de alunos do 3º ano do Ensino Médio, em sala de aula, observamos que, ao se depararem com E.E., cujas orações estavam organizadas na ordem inversa, e/ou com expressões intercaladas, nossos discentes apresentavam dificuldade de compreender o que lhes pediam, e, consequentemente, éramos solicitados a esclarecer dúvidas de compreensão leitora.

Quando isso ocorria, solicitávamos a nossos alunos que lessem os E.E., em voz audível, e, neste ato de leitura, percebíamos que os discentes demonstravam falta de habilidade na construção de sentido de orações inversas e/ou diante de elementos intercalados. Já quando líamos e mostrávamos a eles que era apenas uma questão de organização do E.E., e que eles teriam somente de ler convertendo a oração inversa para a ordem canônica, as dúvidas eram sanadas.

Foi essa observação, em sala de aula, que suscitou a investigação da compreensão leitora de E.E. de Língua Portuguesa, organizados na ordem inversa e/ou com expressões intercaladas, de alunos do 3º ano, do Ensino Médio.

Dessa maneira, decidimos fazer uma análise linguística e discursiva e uma sessão de protocolo verbal de dois E.E. de Língua Portuguesa, do livro *Português Ensino Médio* Volume 3, de José de Nicola, focando a gramática a serviço da linguagem.

Partindo do pressuposto de que uma das estratégias de aprendizagem é a interação pela linguagem, por meio da interlocução entre o aluno e o autor do texto, buscamos averiguar a compreensão leitora em duas propostas de atividade de Língua Portuguesa, organizadas na ordem inversa e/ou com expressões intercaladas, evidenciando a importância desse estudo em texto com sequência instrucional.

Acreditamos que análises da língua em uso podem contribuir para a compreensão leitora e gramatical e, além disso, professores de Língua Portuguesa são desafiados a elaborar e a compreender E.E. da área e de outras áreas.

O caráter investigativo do trabalho levou-nos a selecionar dois exercícios para análise. Em sala de aula, lemos, contextualizamos historicamente e discutimos oralmente, o poema *Cântico Negro*, de José Régio, além de resolvermos os exercícios antecedentes aos selecionados para análise, que pediam aos alunos que escrevessem quem são as personagens que aparecem no poema *Painel*, também de José Régio, que dissessem qual relação se estabelece entre elas e que apontassem duas figuras de linguagem presentes no verso: "*E, sem o ver, eu vi-o, todo inteiro*". Na sequência, resolvemos os exercícios objetos de nossa análise. No primeiro exercício, o de número quatro, no livro, os alunos deveriam apontar a temática central da obra de José Régio, presente no poema *Cântico Negro* e destacar um verso que justificasse a resposta deles. Já no seguinte, o exercício cinco, os alunos teriam de perceber, no poema, uma proposta de rup-

Capítulo 4 - A gramática a serviço da leitura de enunciados de exercícios de Língua Portuguesa   **53**

tura e a busca de um ideal, além de apontar alguns elementos que justificassem a afirmação do autor do LD[4].

Transcrevemos, a seguir, os enunciados das atividades em análise, na sua íntegra.

4: Livro didático

4) *"Em 'Cântico Negro', José Régio aborda, mais uma vez, a temática central de sua obra. Qual é ela? Destaque um verso que justifique sua resposta."*

5) *"Em 'Cântico Negro' percebe-se, ao mesmo tempo, uma proposta de ruptura e a busca de um ideal. Aponte alguns elementos que justifiquem essa afirmação. (NICOLA, J. de. Português Ensino Médio.Vol. 3, p. 392, S. Paulo: Scipione, 2005.)*

A ORDEM DA ORAÇÃO

As orações em português têm uma ordem considerada "normal", que seria a ordem direta dos termos e outra, que rompe com a sequência dos termos, e é chamada de ordem inversa.

Estudos de períodos mais antigos da Língua Portuguesa dão conta de que a utilização da ordem direta da oração era comum no português arcaico. No entanto, eles admitem que a construção verbo + sujeito + complemento também era presente no português arcaico.

Terra e Nicola (2001) assumem que a oração na ordem direta apresenta lógica, modernidade e diminui os riscos de erros gramaticais.

Vale destacar, ainda, que as partes do período sintático podem ser ordenadas em função da importância, impacto, prioridade ou outro critério que as organize numa escala de valor. A parte a que se atribui maior valor é o foco da frase. A avaliação é subjetiva, pois, o que é foco para um pode não o ser para outro.

No dizer de Bechara (1999, p. 583):

Sendo a ordem direta um padrão sintático, a ordem inversa, como afastamento da norma, pode adquirir valor estilístico. E realmente se lança mão da ordem inversa para enfatizar esse ou aquele termo oracional.

Para enfatizar o foco por meio da ordem sintática da oração, deve-se ter em vista que as duas posições mais enfáticas são o começo e o final do enunciado. O começo é preferível quando se deseja fixar a atenção do alocutário de imediato com algo de impacto, que se sobressaia pela sua importância. Já o foco no final é a solução que se adota quando se pretende gerar expectativa.

O deslocamento do foco para uma posição enfática pode prejudicar a comunicabilidade do período. Em certos casos, para conciliar as duas pretensões, comunicabilidade e ênfase, é necessário reescrever o período, situando o foco numa função sintática que possa assumir posição enfática sem prejuízo de comunicabilidade.

Nossa posição como professora e pesquisadora, independente da ênfase desejada pelo locutor, é que os alunos tenham contato e saibam ler os mais variados tipos de textos, organizados tanto com orações na ordem canônica quanto na ordem inversa.

O que julgamos importante é que se ensine o aluno a ler e compreender E.E., que se mostre a ele as possibilidades de construções de orações, apontando, inclusive, a questão da ênfase que o locutor do E.E. pretende com aquela forma de organizar as orações.

A GRAMÁTICA A SERVIÇO DA LINGUAGEM

A gramática não foi criada para pôr etiquetas nas línguas, muito menos, para ocupar um suposto estágio ideal, isto é, uma dimensão estática que estaria acima de tudo e de todos, atuando soberana sobre os falantes. Como a língua é produto da fala de todos, sua existência acompanha as mudanças sociais, culturais e históricas. A gramática, por sua vez, a serviço da língua, tem a função de descrevê-la em suas particularidades, em sua variedade, nas modalidades oral e escrita, colocando-se como auxiliar da linguagem humana.

Assim, o desenvolvimento das habilidades e competências de nossos alunos para o uso do idioma exige reflexão sobre a língua e aplicação funcional das regras linguísticas.

No que se refere à leitura e compreensão de E.E., vale lembrar que, embora eles estejam relacionados ao texto em estudo, trata-se de outro texto, elaborado por outro autor, que têm estrutura e peculiaridades diferentes de uma crônica, de um fragmento de romance, de um poema, de uma notícia de jornal etc., e, como apontamos em nossa dissertação de mestrado, eles podem ser trabalhados como um gênero do discurso, uma vez que possuem uma padronização para o seu uso.

Assim, para a realização desse estudo, decidimos primeiramente trabalhar com E.E. referentes a textos estudados em sala de aula, analisando-os no plano gramatical e discursivo. Não tomamos como elemento de estudo e análise a resposta dos alunos aos E.E., uma vez que nosso interesse foi buscar entender a compreensão leitora de E.E., sem nos atermos às respostas.

Nossa segunda decisão foi trabalhar com E.E. que, do ponto de vista da construção, não apresentassem problemas de elaboração, sendo, em tese, perfeitamente adequados para leitura e compreensão por um aluno de 3º ano do Ensino Médio.

Análise

Destacamos que o E.E., número quatro, objeto de nossa investigação, foi estruturado em um parágrafo com três períodos. No primeiro período, *"Em 'Cântico Negro', José Régio aborda, mais uma vez, a temática central de sua obra"*. O adjunto adverbial de lugar, na expressão *"Em 'Cântico Negro' "*, abre a oração, antecedendo o sujeito *"José Régio"*. Além disso, o adjunto adverbial de tempo, *"mais uma vez"* está intercalado entre o verbo *"aborda"* e o objeto direto *"a temática central de sua obra"*.

O segundo período, *"Qual é ela?"*, trata-se de uma pergunta direta, e o pronome *"ela"* retoma anaforicamente *"a temática central da obra de José Régio"*. O último período, *"Destaque um verso que justifique sua resposta."*, inicia-se com o verbo no imperativo, e há um pedido para que o aluno separe um verso do poema que justifique a temática central da obra.

O E.E. de número cinco, possui dois períodos e, a exemplo, do de número quatro, inicia com um adjunto adverbial de lugar: *"Em 'Cântico Negro' "*. Em seguida, o verbo perceber, na terceira pessoa do singular, seguido pela partícula apassivadora "se" é determinante para que a oração se estruture na passiva sintética. Na sequência, há um adjunto adverbial de tempo: *"ao mesmo tempo"*, intercalado entre o verbo e o sujeito, que, por sua vez, é composto e está posposto ao verbo. No último período, *"Aponte alguns elementos que justifiquem essa afirmação"*, inicia-se com o verbo no imperativo, e há uma solicitação para que o aluno selecione elementos no texto que justifiquem a afirmação do autor do LD.

Apresentamos, abaixo, os E.E. examinados, devidamente categorizados, conforme a tipologia de perguntas estabelecida por Velásquez (2000).

Para essa autora, dentre os tipos de perguntas encontradas em LD, existem as perguntas macroestruturais que requerem a compreensão global do texto em estudo e a construção de uma representação coerente, a partir da hierarquização e da relação das ideias fundamentais presentes. Um modo habitual de formular esse tipo de pergunta é solicitar a elaboração de um resumo.

4) *"Em 'Cântico Negro', José Régio aborda, mais uma vez, a temática central de sua obra. Qual é ela? Destaque um verso que justifique sua resposta."*

Pergunta macroestrutural, pois requer a compreensão global do poema e a construção de uma representação coerente para a temática central da obra de José Régio.

5) *"Em 'Cântico Negro' percebe-se, ao mesmo tempo, uma proposta de ruptura e a busca de um ideal. Aponte alguns elementos que justifiquem essa afirmação."*

Pergunta macroestrutural, dado que requer a compreensão global do texto e a construção de uma representação coerente da proposta de ruptura e da busca de um ideal existentes no poema.

Descrição e análise de dados do protocolo verbal

O aluno, participante desta pesquisa, foi orientado, inicialmente, sobre a natureza de um protocolo verbal. Ficou combinado que leria, em voz audível, cada E.E. do poema estudado nas duas versões, e, em seguida, faria o relato sobre o que cada enunciado pedia que ele fizesse. Além disso, informamos que não deveria responder aos E.E., mas sim, deveria relatar o que compreendeu de cada enunciado. Em caso de dúvida, deveria informar o que não compreendeu no E.E., para que sua dúvida fosse anotada e explicada na sequência.

Durante a sessão de protocolo verbal, evitamos perguntas enquanto era feita a leitura, pois nossa intenção foi deixar o sujeito à vontade, não interferindo nem permitindo a interferência de terceiros no relato coletado.

Apresentamos ao aluno os E.E. escritos nas duas versões, em uma folha de papel sulfite. À direita, eles estavam digitados com a oração na ordem inversa (conforme publicado no LD); já à esquerda, eles foram reescritos e organizados na ordem direta. Então, solicitamos ao informante que lesse as duas versões, e dissesse o que aqueles E.E. estavam pedindo a ele. Por fim, solicitamos ao aluno que assinalasse, com um X, a versão que lhe parecesse mais compreensível e que justificasse sua resposta.

Transcrevemos, a seguir, os E.E. nº. 4 e nº. 5 nas duas versões, conforme apresentamos ao sujeito de nossa pesquisa, por ocasião da sessão de protocolo verbal:

Leia os enunciados abaixo, relate o que cada um está lhe pedindo para fazer, e assinale com um X aquele que é mais fácil de compreender:

Enunciado nº 4:

Em "Cântico Negro", José Régio aborda, mais uma vez, a temática central de sua obra. Qual é ela? Destaque um verso que justifique sua resposta. (   )

Enunciado nº 5:

Em "Cântico Negro" percebe-se, ao mesmo tempo, uma proposta de ruptura e a busca de um ideal. Aponte alguns elementos que justifiquem essa afirmação. (   )

José Régio aborda a temática central de sua obra mais uma vez, em "Cântico Negro". Qual é ela? Destaque um verso que justifique sua resposta. (   )

Uma proposta de ruptura e a busca de um ideal são percebidas ao mesmo tempo, em "Cântico Negro". Aponte alguns elementos que justifiquem essa afirmação. (   )

As convenções de transcrição do relato do participante são as seguintes:

✓o relato do aluno, após a leitura, está em negrito entre [...];

✓os nossos comentários estão entre (...) e a fonte não está em negrito;

Capítulo 4 - A gramática a serviço da leitura de enunciados de exercícios de Língua Portuguesa **57**

✓as pausas foram transcritas com o sinal de +++.

Aluno

Lendo o E.E. n°. 4 na ordem inversa:

Em "Cântico Negro", José Régio aborda, mais uma vez, a temática central de sua obra. Qual é ela? Destaque um verso que justifique sua resposta.

Lendo o E.E. n° 4 na ordem canônica:

José Régio aborda a temática central de sua obra mais uma vez, em "Cântico Negro". Qual é ela? Destaque um verso que justifique sua resposta.

[**O exercício quer que eu fale o que +++ quer dizer o poema +++ só, é +++ pra mim explicar com um verso daqui +++ do próprio poema.**]

(Qual dos dois você achou mais fácil a compreensão?)

(O aluno repete a pergunta da pesquisadora parcialmente e relê, baixinho, as duas versões.)

[**Qual dos dois?**]

[**A segunda eu achei mais fácil.**]

(Por quê?)

[**Porque +++ aqui +++ é +++ vindo o nome do autor na frente explica melhor +++ aqui** (indicando o E.E. na ordem canônica)**, vindo o nome dele na frente e explicando a temática, que se trata da temática, que é pra falar sobre a temática do +++, do poema. E aqui** (apontando para o E.E. na ordem inversa) **já tem: Em Cântico Negro, José Régio +++ fica mais difícil por essa parte aqui** (indicando o E.E. na ordem inversa)**.**]

Análise

O E.E. n°. 4, como dissemos anteriormente, foi estruturado em três períodos e, de acordo com a categorização que fizemos acima, é denominado como uma pergunta macroestrutural, isto é, aquela que exige do leitor a compreensão global do texto e a construção de uma representação coerente para a temática central da obra de José Régio.

Considerando o que aponta Velásquez e o relato feito pelo aluno, esse sujeito demonstra ter compreendido o E.E., pois ao relatar: [**O exercício quer que eu fale o que +++ quer dizer o poema**], admite que apontar o que diz o poema é compreendê-lo e representar coerentemente sua temática. Além disso, ao dizer: [**é +++ pra mim explicar com um verso daqui +++ do próprio poema.**] o informante tem consciência de que precisa sustentar sua resposta com, pelo menos, um verso do próprio poema.

No que se refere à escolha do E.E. mais compreensível, o aluno não titubeia e responde demonstrando certeza de que o E.E., organizado na ordem canônica é mais fácil de compreender. Ademais, ao relatar: [**vindo o nome do autor na frente explica melhor**] é como se, em outras palavras, o informante dissesse: quando o sujeito da oração vem na frente é mais fácil de compreender.

Aluno

Lendo o E.E. nº 5 na ordem inversa:

Em "Cântico Negro" percebe-se, ao mesmo tempo, uma proposta de ruptura e a busca de um ideal. Aponte alguns elementos que justifiquem essa afirmação.

Lendo o E.E. nº 5 na ordem canônica:

Uma proposta de ruptura e a busca de um ideal são percebidas ao mesmo tempo, em "Cântico Negro". Aponte alguns elementos que justifiquem essa afirmação.

[**+++Ruptura, ruptura? Essa palavra, eu não sei.**]

(Não tem problema. Vê se você consegue compreender o que é que o exercício pede pra você fazer, mesmo sem saber o significado de ruptura. Se você não conseguir, eu te dou o significado de ruptura.)

[**Eu acho que é procurar ahhh! +++ o tema central do texto. O tema central não, +++ uma ideia, uma ideia do texto, uma ideia não, no caso, o ideal do texto e justificar através de algumas afirmações que aparece no próprio poema.**]

(Ruptura significa quebra, rompimento.)

(Qual dos dois você achou mais fácil a compreensão?)

[**A segunda também.**]

(Por quê?)

[**Porque já vem explicando que, +++ logo no começo, que tem uma proposta de ruptura e não se prolonga igual no primeiro** (indicando para o E.E. na ordem inversa)**, que prolonga primeiro um pouco e depois que explica que vai haver uma ruptura. Eu acho que esse daqui** (apontando para o E.E. na ordem canônica) **é mais compreensível.**]

ANÁLISE

A exemplo do E.E. anterior, o de nº 5 inicia com uma afirmação do autor do LD e, em seguida, vem um pedido para se apontar alguns elementos do poema que justifiquem essa afirmação.

Capítulo 4 - A gramática a serviço da leitura de enunciados de exercícios de Língua Portuguesa

O E.E., em análise, também foi categorizado como uma pergunta macro-estrutural, pois requer a compreensão global do texto e a construção de uma representação coerente de uma proposta de ruptura e a busca de um ideal no poema.

No relato, o aluno diz não saber o significado de ruptura. Procuramos motivá-lo a tentar construir o sentido do E.E. mesmo sem saber o significado desse vocábulo e, se fosse necessário, diria o significado, o que efetivamente acabou ocorrendo.

Quanto à compreensão leitora, o aluno demonstrou não ter compreendido o E.E., pois a princípio, ele diz que deveria procurar o tema central do poema, em seguida, retificou sua fala e repetiu duas vezes que deveria procurar a ideia do texto, até finalmente, relatar que deveria procurar o ideal do texto, [**Eu acho que é procurar (....) o ideal do texto**]. Sendo que, na verdade, o que o E.E. pede ao aluno é que se perceba uma proposta de ruptura e a busca de um ideal simultaneamente, no poema.

Vale ressaltar, ainda, que o aluno atenta apenas para o ideal do texto, deixando de lado a proposta de ruptura. É interessante observar que, o fato de ele, inicialmente, ignorar o significado de ruptura, mesmo tendo recebido a informação do significado da palavra *a posteriori*, foi determinante para que ele não conseguisse construir o sentido completo do E.E. Aqui, confirma-se o que apresentamos em nossa dissertação de mestrado: há casos em que ignorar o significado de uma palavra do E.E. constitui-se como um elemento dificultador na compreensão leitora desse gênero textual. Além disso, a dúvida que ele apresentou no início do relato entre tema e ideia do texto [**Eu acho que é procurar ahhh! +++ o tema central do texto. O tema central não, +++ uma ideia, uma ideia do texto, uma ideia não, no caso, o ideal do texto**], deixou a impressão de que retomou o que relatou no E.E. anterior já que aquele pediu, em suma, qual era a temática central da obra de José Régio.

Com relação à versão mais fácil de compreender, o informante foi enfático: [**A segunda também.**], referindo-se à versão que está na ordem canônica e sua justificativa foi semelhante à do E.E. nº 4. Ele apontou que o fato de "*Uma proposta de ruptura*" vir logo no começo do E.E. constituiu-se como um elemento facilitador para sua compreensão leitora [**Porque já vem explicando que, +++ logo no começo, que tem uma proposta de ruptura e não se prolonga igual no primeiro** (indicando para o E.E. na ordem inversa), **que prolonga primeiro um pouco e depois que explica que vai haver uma ruptura. Eu acho que esse daqui** (apontando para o E.E. na ordem canônica) **é mais compreensível.**]. Além disso, ao empregar o advérbio [*também*] como um operador argumentativo, reafirmou o que relatou no E.E. nº 4.

A aplicação do protocolo verbal nos ajudou a verificar que o informante de nossa pesquisa compreendeu o E.E. nº 4 e não compreendeu o de nº 5, apresentando, neste último, mais obstáculos na construção de sentido, conforme se verificou em seu relato.

Isso significa dizer que um determinado texto pode-se apresentar complexo para um leitor em virtude de fatores culturais e/ou de nível linguístico. Culturais, quando o texto remete a um ambiente cultural distante no tempo e no espaço daquele em que se situa o leitor, uma vez que, para efetuar um ato de leitura compreensiva, necessita de informações que lhe tenham sido transmitidas anteriormente. De nível linguístico, quando o texto se apresenta mais elaborado com um vocabulário menos usual, encontrado apenas na língua escrita e, no nível sintático, que tem ocorrências como inversão de elementos, intercalação de segmentos e elipses, ou ainda outras construções sintáticas raras na linguagem coloquial.

Referente ao nosso trabalho, entendemos tratar-se de um E.E. mais elaborado no nível linguístico, já que apresenta um vocabulário menos usual para o informante de nossa pesquisa, além de constatarmos, no nível sintático, a inversão de elementos e a intercalação de sintagmas.

Quanto ao foco dos E.E. analisados, a despeito da subjetividade existente nesta questão, pode-se observar que o autor do LD enfatiza, nos dois E.E., o adjunto adverbial de lugar *Em 'Cântico Negro'* e os adjuntos adverbiais de tempo *mais uma vez* e *ao mesmo tempo*, respectivamente. Aquele, ao colocá-lo no início de cada E.E. e, estes, ao colocá-los intercalados. No E.E. de nº 4, entre o verbo e o complemento verbal. Já no E.E. de nº 5, entre o verbo e o sujeito. A ênfase dada a esses modificadores faz-nos compreender que o locutário (autor do LD) deseja chamar a atenção do alocutário (aluno) para o poema, ou seja, para o texto em estudo. Além disso, deseja informá-lo, por meio de uma interpretação prévia, que, *mais uma vez* seria o mesmo que dizer ao leitor: olha, isso é recorrente na obra de José Régio, e em *ao mesmo tempo* seria: olha, a proposta de ruptura e a busca de um ideal acontecem simultaneamente neste poema.

Considerações Finais

Concernente às análises realizadas, consideramos que a resolução dos E.E. de um texto depende não somente da compreensão deste, como também, da compreensão daqueles.

Podemos constatar, conforme os relatos do informante de nossa pesquisa, que E.E. organizados com as orações na ordem direta são mais fáceis de ser compreendidos pelos alunos.

Isso se deve ao fato de a comunicabilidade ser maior na ordem canônica, uma vez que facilita o processamento, já que cada função sintática está onde normalmente costuma estar, ou seja, o determinante é contíguo ao determinado, não são interpolados apostos ou outras expressões intercaladas, e, sendo mais usual, não drena a atenção para o significante.

No entanto, não podemos nos limitar a oferecer aos nossos alunos apenas as facilidades, muito pelo contrário, no nosso entender, eles devem ter contato e devem saber ler todo tipo de texto, organizados tanto com orações na ordem canônica quanto na ordem inversa.

Nossa proposta, ao término desse trabalho, é que se ensine o aluno a ler e compreender E.E., que se mostre a ele as possibilidades de construções de orações, apontando, inclusive, a questão da ênfase que o locutor pretende com aquela forma de organizar as orações. Além disso, que se demonstre a ele que o conhecimento linguístico faz-se necessário, destacando a utilidade da gramática como mecanismo para o bom entendimento do texto.

REFERÊNCIAS

BECHARA. E. **Moderna Gramática da Língua Portuguesa**. 37ª ed., Rio de Janeiro: Editora Lucerna, 1999.

NICOLA, José de. **Português Ensino Médio**, volume 3. São Paulo: Scipione, 2005.

TERRA, Ernani, e NICOLA, José de. **Gramática de Hoje**. 6ª ed., 5ª reimpr. São Paulo: Scipione, 2001.

VELÁSQUEZ, M. **Aplicación del Marco Teórico a una Investigación Empírica**. In: VIRAMONTE DE ÁVALOS, M. (Comp.) **Comprensión Lectora. Dificultades estratégicas en la resolución de preguntas inferenciales**. Buenos Aires: Ediciones Colihue, 2000.

5

Relação entre ensino de gramática e escrita sob novas perspectivas

Vilmária Gil dos Santos

CONSIDERAÇÕES INICIAIS

Encontramos diversas "receitas" de como escrever textos, em revistas, livros, artigos, e até as sugeridas por professores. Mas será que são suficientes? Qual seria a maneira mais adequada para ensinar a língua culta e conscientizar o aluno sobre o uso adequado da língua?

Este problema nos desafia para buscar possíveis respostas a partir de pesquisa teórica, fundamentada em autores dedicados ao estudo da Língua Portuguesa, como Bechara (2000), Castilho (2010), Koch (2009), Koch e Travaglia (2009), Perini (2005), Possenti (2006).

Chama nossa atenção, em primeiro lugar, o fato de um aluno estudar gramática por volta de dez anos no ensino básico e, ainda, não se apropriar de seus conceitos de forma adequada, nem ter clareza para que serve e como usá-la, quando inicia o curso superior.

Se fizermos uma reflexão retrospectiva sobre nossa própria formação, vemos que saímos do ensino básico com várias deficiências que foram aos poucos sendo sanadas, em função de termos optado pelo curso de Letras e seguido fazendo cursos após a graduação.

Mudam-se os anos, as pessoas, suas culturas, crenças, e o ambiente escolar parece não mudar.

Antigamente, éramos "obrigados" a decorar regras gramaticais, tempos verbais, grau de adjetivos etc. Hoje, sabe-se que não é decorando regras, que o aluno irá entender e aprender determinado conteúdo.

Mas, ainda assim, quando se fala de gramática, notam-se palavras negativas em relação a ela, como sofrimento, opressão, mistérios, perda de tempo etc. A começar pelos títulos de alguns livros sobre este assunto, como por exemplo, *Sofrendo a gramática* e *Ensaios sobre a linguagem* e *A língua do Brasil amanhã e outros mistérios*, ambos de Mário Perini; *Ensino da Gramática. Opressão? Liberdade?, de* Evanildo Bechara; *Por que (não) ensinar gramática nas escolas*, de Sírio Possenti.

Evidentemente não vai na menção aos títulos nenhuma crítica negativa. Trata-se apenas da constatação de um fenômeno que os autores registraram em seus livros, como meio de chamar a atenção do leitor.

Mas, por que são colocados empecilhos e obstáculos para o ensino de gramática, quando deveríamos, como professores de português, valorizá-la e dar a ela seu verdadeiro papel? Talvez nos falte entender a dimensão da afirmação de Bechara (2000, p. 13) de que *a língua não se 'impõe' ao indivíduo (embora isso frequentemente se costuma dizer): o indivíduo "dispõe" dela para manifestar uma liberdade de expressão*. Mas para que isso aconteça, é necessário oferecermos um ensino adequado.

Essa valorização e conhecimento sobre gramática devem iniciar-se pelos educadores, responsáveis por trabalhar com aspectos da língua. Para tanto, eles precisam conhecer, de forma clara, cada tipo de gramática, a finalidade de cada uma delas e fazer com que o aluno veja os recursos gramaticais como favoráveis ao uso da língua.

O nosso papel como educador é ensinar ao educando a escrever e falar adequadamente nas mais diversas situações comunicativas, de acordo com seus objetivos e, dessa forma, possibilitar a ele, bom desempenho na comunicação, seja na vida escolar, pessoal, social ou profissional. Ensinar com *práticas efetivas, significativas, contextualizadas*, como sugere Possenti (2006, p. 47).

Hoje, ao pensar em práticas significativas, é necessário considerar a mudança de hábitos pela qual estamos passando. Vivemos na era da internet, dos blogs, do Facebook, MSN, Twitter. Recebemos e enviamos mensagens, constantemente. São tantas as informações, que nem damos conta de acompanhar tudo que acontece a nossa volta.

Surge, então, a necessidade de se escrever cada vez mais rápido. Com isso, os usuários optam por abreviações, termos novos – internetês, e não se preocupam tanto com o português padrão.

Capítulo 5 - Relação entre ensino de gramática e escrita sob novas perspectivas   **65**

No livro *A revolução da linguagem*, Crystal (2005, p. 91) comenta *sobre as consequências de um novo veículo: dentro de uma língua*:

> *Os efeitos linguísticos de um novo meio de comunicação são duplos: ele inicia uma mudança no caráter formal das línguas que utilizam e oferece novas oportunidades para que as línguas o utilizem. Dos dois, o primeiro é o que tem atraído mais publicidade, por causa do tipo de linguagem encontrado na Internet e nas tecnologias relacionadas a ela, como a telefonia móvel (telefones celulares). A aparente falta de respeito pelas regras tradicionais da língua escrita tem horrorizado alguns observadores, que veem nesse fenômeno um sinal de deterioração dos padrões. As mensagens do texto são muitas vezes citadas como um problema particular. As crianças do futuro não terão mais a capacidade de escrever corretamente, diz-se.*

Apesar de entendermos que a língua é dinâmica, essa evolução está preocupando professores de língua materna. Não dá mais para ficarmos estacionados no ensino tradicional, voltado somente para aulas de gramática e redação. E nós, como profissionais da área, não podemos nos omitir em meio a uma "avalanche" de informações que a internet proporciona e a possibilidade de facilitar e acelerar o ensino com auxílio dos novos recursos audiovisuais. É preciso que nos adaptemos às mudanças e tendências, trazendo, inclusive parte da realidade para dentro da sala aula.

Bechara (2000, p. 25) cita Pagliaro (1967), para enfatizar o valor da gramática: *como em todas as ciências, o valor humano da gramática, antes de ser didático e normativo, é formativo*. Assim, necessitamos capacitar nossos alunos por meio de estratégias eficientes e eficazes, possibilitando um ensino significativo, voltado às práticas sociais.

Para que o aluno adquira o hábito de interpretar e produzir textos, adequadamente, o professor do Ensino Fundamental tem de propor atividades que auxiliem a compreender as regras gramaticais e como aplicá-las na comunicação. Quanto mais o aluno pratica, melhor o desempenho como falante e escritor.

Bechara (2000, p. 59) argumenta *que o professor de Língua Portuguesa, sem desprestigiar o valor da língua coloquial – erro, aliás, da antiga geração de mestres -, deve centrar sua atenção no padrão culto, que prestigiará a produção linguística do educando, falando ou escrevendo.*

É necessário, no entanto, o professor de língua materna não refutar a linguagem coloquial dos discentes, no sentido de desconsiderar os saberes aprendidos com os familiares e a comunidade. É preciso valorizar o que já sabem, e capacitá-los para aprender a norma culta.

A respeito da linguagem coloquial, as observações de Perini (2005, p. 34) mostram um "retrato" de como está a realidade do uso da Língua Portuguesa, no Brasil. Casos que se tornaram comuns na fala, mas condenados na escrita.

> *Imagine a pessoa falando, e verá que essa fala é perfeitamente natural. Mas escrita ela choca um pouco, porque está cheia de traços que não costumamos encontrar em textos escritos: a preposição pra (em vez de para); o infinitivo vim (em vez de vir); a construção o bairro que eu moro (em vez de o bairro onde/em que eu moro; a regência vai no jogo (em vez de vai ao jogo); as expressões fazer eles (em vez de fazê-los); busco eles (em vez de busco-os); o verbo tiver (em vez de estiver); quando eu te ver (em vez de quando eu te vir).*

Além desses casos apresentados pelo autor, nossa experiência em sala de aula verifica outros como, por exemplo, o uso de *mais* (em vez da conjunção *mas),* por contaminação da oralidade. Pessoas que escrevem dessa forma, em geral, não percebem sua escrita inadequada, pois são termos familiares para elas. Daí a necessidade do ensino de gramática, de forma que o aluno compreenda como, quando e por que usar determinadas construções.

Considerando que nosso objetivo é fazer uma reflexão sobre a relação do ensino de gramática e da escrita e que estamos cientes de que há problemas com o ensino de ambas, devido ao fato de a maioria dos alunos do Ensino Médio, do técnico e até mesmo de ensino superior não conhecerem nem dominarem a língua culta; considerando que nós, professores de Língua Portuguesa, não podemos fingir que está tudo bem, já que devemos dominar, de fato, a Língua Portuguesa para prover um ensino com recursos adequados e assegurar qualidade, resolvemos investigar estratégias adequadas ao ensino de gramática, tendo em vista a produção do texto escrito, em cursos de Língua Portuguesa para fins específicos. Nesses cursos, os alunos já concluíram o Ensino Médio, mas ainda apresentam sérias dificuldades na comunicação escrita e falada.

Considerações Teóricas

Inicialmente, buscamos subsídios para um ensino de gramática sob novas perspectivas, nos estudos de Koch (2009) que tem como base a Linguística Textual:

> *A LinguísticaTextual toma, pois, como objeto particular de investigação não mais a palavra ou a frase isolada, mas o texto, considerando a unidade básica de manifestação da linguagem, visto que o homem se comunica por meio de textos e que existem diversos fenômenos linguísticos que só podem ser explicados no interior do texto. O texto é muito mais que a simples soma de frases (e palavras) que o compõem: a diferença entre frase e texto não é meramente de ordem quantitativa; é, sim, de ordem qualitativa. (Koch, 2009, p. 11)*

Koch e Travaglia (2009, p. 102) mostram como é possível relacionar o estudo de gramática e texto em sala de aula, proporcionando maior liberdade para

Capítulo 5 - Relação entre ensino de gramática e escrita sob novas perspectivas **67**

o educador, já que não ficará preso às regras gramaticais. Assim defendem a adoção de uma perspectiva textual-interativa que parta do texto, suporte natural da língua, acreditando que só o texto possibilita a integração de diversos aspectos em situação de comunicação. A posição dos autores também se respalda na possibilidade de procedimentos textuais libertarem o professor da verdadeira prisão em que se encontra diante de um ensino que toma a *gramática como um fim em si mesmo.*

Ainda levando em conta que o ensino articulado de gramática e escrita implica que o indivíduo envolvido nesse processo compreenda as mais diversas linguagens, nos fundamentaremos em Koch (1995), tomando a linguagem como prática de ação e interação entre indivíduos na sociedade. Fazendo menção a Geraldi (1991), a autora explicita que se trata *de um jogo que se joga na sociedade, na interlocução, e é no interior de seu funcionamento que se pode procurar estabelecer as regras de tal jogo.*

Em relação à interação entre os sujeitos e a linguagem, Koch e Elias (2008, p. 10-11) argumentam que,

> *na concepção interacional (dialógica) da língua, os sujeitos são vistos como atores/construtores sociais, sujeitos ativos que – dialogicamente – se constroem e são construídos no texto, considerando o próprio lugar da interação e da constituição dos interlocutores. Desse modo, há lugar no texto, para toda uma gama de implícitos, dos mais variados tipos, somente detectáveis quando se tem, como pano de fundo, o contexto sociocognitivo dos participantes da interação.*

Nossa escolha pelo fundamento na Linguística Textual decorreu da proposta de que o texto seja trabalhado de forma contextualizada, de acordo com o mundo real, do cotidiano do aluno, o que em geral não acontece em sala de aula.

O tipo de gramática utilizado em sala de aula costuma ser a normativa. Segundo Possenti (2006, p. 64) a gramática normativa apresenta *um conjunto de regras, relativamente explícitas e relativamente coerentes, que se dominadas, poderão produzir como efeito o emprego da variedade padrão (escrita e/ou oral).* Haveria nas palavras do autor, 'relativamente explícitas' e 'relativamente coerentes', uma crítica a este tipo de gramática, por não ser bem clara?

No ensino de gramática normativa, frequentemente, é apresentado um conjunto de regras aos alunos, de forma descontextualizada do uso que eles fazem da língua, para que sejam decoradas e usadas para falar e escrever corretamente. O que não acontece, pois as regras ficam no esquecimento.

Por outro lado, sabemos que há muitos estudos sendo realizados, com expectativas de inovar e melhorar o ensino. Na revista *Língua Portuguesa* (Nov/2010, nº 61), foi publicada uma matéria com o título de capa: *Gramáti-*

cas do Futuro – As obras de linguistas que podem mudar o ensino de português, e na seção Mercado Editorial, o título *A nova era das gramáticas* – por Josué Machado.

As recentes gramáticas descritivas, apresentadas pela revista são: *Lições de Gramática de Uso* (1300 páginas), de Maria Helena de Moura Neves; *Gramática do Português Brasileiro*, de Mário Perini; e *Nova Gramática do Português Brasileiro*, de Ataliba de Castilho. Outras obras citadas como trabalhos modernos foram: *Gramática Superior da Língua Portuguesa* (a ser relançada), de José Augusto Carvalho; *Gramática do Brasileiro: Uma Nova Forma de Entender a Nossa Língua*, de Celso Ferrarezi Junior e Iara Maria Teles.

No início da matéria (*Língua*, 61, p. 46), o colunista Josué Machado comenta que o ensino tradicional e normativo já foi muito criticado por linguistas brasileiros: o *ensino era, ou é, baseado em gramáticas que tratam só da língua padrão escrita, muitas vezes com exemplos artificiais pinçados de escritores do passado, preocupados em apontar o certo e o errado.*

Também Perini critica o ensino da gramática tradicional, por não ser atualizada desde os anos 70; Neves, por sua vez, discorda do ensino centrado em definições. Para ela, a reflexão sobre textos deve levar à compreensão da gramática da língua.

Vemos que especialistas se opõem ao ensino tradicional, baseado em regras. E fazem propostas novas para melhorar o ensino de Língua Portuguesa.

Na *Lições de Gramática de Uso*, Maria Helena de Moura Neves diz que *a reflexão sobre textos deve levar à compreensão da gramática da língua*. Azeredo, em Língua (*Língua* 61, p. 47) acredita que a obra de Neves tem o mesmo fundamento científico da obra de Castilho, com a vantagem de Neves *focar nos usos correntes que registra com os usos considerados padrão.*

Para Perini (*Língua*, 61, p. 48), dentre os trabalhos sobre a língua escrita, o de Moura Neves é notável porque ela expõe o que de fato ocorre nos textos, a partir de um grande *corpus* de textos recentes, extraídos de jornais, obras literárias, o que não acontece com outras gramáticas que chegam a tratar de formas fora de uso, tratando do que deveria acontecer e não do que acontece na língua.

1. *Gramática do Português Brasileiro*, de Mário Perini: para Azeredo, a obra de Perini é mais didática e são consideradas as lacunas e limitações da gramática tradicional;

2. *Nova Gramática do Português Brasileiro*, de Ataliba de Castilho: Azeredo percebe que Castilho aborda com mais erudição os fatos da língua, atento à articulação dos aspectos gramaticais, semânticos e discursivos. Para ele, a gramática está fundamentada no português corrente, falado e escrito. Começa pelo texto, depois vai para a sentença e chega à palavra.

Capítulo 5 - Relação entre ensino de gramática e escrita sob novas perspectivas

Selecionamos a *Nova Gramática do Português Brasileiro*, Castilho (2010), para fazer uma breve análise sobre as inovações dessa obra, destacando um aspecto em que ela pode contribuir para o ensino de gramática sob novas perspectivas: o sujeito.

Ressaltamos que a obra apresenta capítulos que vão de *Como consultar esta gramática*; *O que se entende por língua e gramática*; *História do português brasileiro*, chegando até a *Reflexão gramatical.*

Observa-se que há na Gramática a preocupação em contextualizar o próprio estudo, a partir de uma viagem pela trajetória da Língua Portuguesa nos capítulos preliminares, para, somente depois, começar a tratar da parte gramatical propriamente dita.

O prefácio, escrito por Rodolfo Ilari, começa pelos comentários sobre o título da obra, afirmando ser ela *altamente inovadora* (CASTILHO, 2010, p. 25), para, em seguida, dizer, em poucas palavras, o objetivo desta:

> *Ela se propõe o objetivo clássico de esclarecer a estrutura da língua, mas o faz sem preocupações normativas; ela aborda os mesmos fenômenos sintáticos que tem constituído o cerne das gramáticas ao longo dos últimos séculos, mas o faz com preocupação de contextualizá-los no tempo e na variação sincrônica de modo a ressaltar seu caráter histórico e social; e, além disso, ela se orienta por uma concepção de linguagem que é explicitamente definida, a qual obriga a analisar o mesmo enunciado a partir de vários pontos de vista, alguns dos quais são inteiramente novos... Tudo isso, é claro, são transgressões conscientes. (CASTILHO, 2010, p. 29).*

Ilari finaliza o prefácio dizendo o que, na visão dele, há de mais ambicioso na obra de Castilho: *ela se propõe a ser uma prova concreta de que é possível fazer gramática de um modo inteiramente novo em relação ao que a tradição nos tem legado* (CASTILHO, 2010, p.29).

Lendo a Gramática, temos de concordar com Ilari, já que percebemos o modo novo para tratar a gramática, propiciando um ensino com mais criatividade e diversidade.

Na introdução, Castilho (2010, p. 31) declara que seus estudos são baseados não nas classificações em si, mas no que pode haver por trás delas. Explicita a teoria de linguagem adotada na obra, como teoria *multissistêmica* e destaca a complexidade da fala e da escrita:

> *Quando falamos ou quando escrevemos, uma intensa atividade é desencadeada em nossas mentes. Isso ocorre com enorme rapidez, acionando quatro sistemas linguísticos, cada um deles configurado por um elenco de categorias: o léxico, a semântica, o discurso e a gramática. Esses sistemas*

são articulados pelos princípios sociocognitivos que regem a conversação, a mais básica das atividades linguísticas. (CASTILHO, 2010, p. 31-32).

Feita essa apresentação geral da *Nova Gramática do Português Brasileiro*, faremos a análise de uma das classificações gramaticais abordada na obra — o estudo do *sujeito* — visto ser um termo, cujo conceito tem causado muitas polêmicas.

Castilho (2010, p. 289) inicia esse estudo, afirmando que

o conceito de sujeito tem-se revestido de certa fluidez na teoria gramatical, e diferentes estudos têm focalizado as dificuldades dos gramáticos e dos sintaticistas a esse respeito (Perini, 1985; Pontes, 1987, este , um trabalho consagrado exclusivamente ao estudo dessa função).

Talvez por esse motivo, a definição de *sujeito*, para Castilho (2010, p. 289), seja mais abrangente que as encontradas nas gramáticas tradicionais e proporciona mais possibilidades de reflexão. Do ponto de vista sintático, considera sujeito o constituinte que tem as seguintes propriedades:

I.   é expresso por um sintagma nominal;

II. figura habitualmente antes do verbo;

III. determina a concordância do verbo;

IV. é pronominalizável por *ele;*

V.   pode ser elidido.

Outros aspectos são apresentados sobre o sujeito, como suas propriedades discursivas; sondagem psicopragmática do tema-sujeito; constituição do tema-sujeito por derivação do rema; propriedades semânticas do sujeito — animacidade/não animacidade; referencialidade/não referencialidade; determinação/não determinação.

Não iremos nos debruçar sobre esses aspectos neste trabalho, mas podemos dizer que trata-se de um estudo mais aprofundado sobre o conceito de sujeito, numa perspectiva discursiva, psicopragmática e semântica.

No decorrer da explicitação desses termos, Castilho conceitua, analisa, questiona, conversa com o leitor e, consequentemente, proporciona uma reflexão sobre as possibilidades de análise do sujeito.

Para fundamentar seus argumentos, não desvaloriza as gramáticas mais antigas; antes, analisa, compara e questiona autores como: Perini (1985); Barbosa (1803,1881); Góis (1932,1940); Luft (1974); Brandão (1963); Melo (1968); Berlink (1989); Duarte (1963); Kato *et al* (1996); Muller (1896); Ilari (1987) entre outros.

Considerações Finais

Como o nosso objetivo neste trabalho foi fazer uma reflexão quanto ao ensino de gramática e escrita, buscamos mostrar ao longo do texto como tem sido o ensino de gramática na escola, atualmente, e a necessidade de se buscar novas estratégias para um ensino de melhor qualidade.

Como vimos, as estratégias passam pela busca de novas fontes de informação que possam oferecer subsídios como a gramática aqui comentada.

Apesar de muitas pessoas apenas reclamarem ou criticarem da forma como a Língua Portuguesa é ensinada na escola, nos últimos anos, percebemos que há muitos estudiosos e pesquisadores empenhados na busca constante de alternativas que possam contribuir para a melhoria do ensino e da aprendizagem da língua. As gramáticas recém lançadas no Brasil, citadas neste trabalho, mostram caminhos para inovar o ensino, com práticas contextualizadas.

Percebemos que na *Nova Gramática do Português Brasileiro* (CASTILHO, 2010), o autor demonstra que não abre mão de conhecimentos do passado, mas a partir deles, verificar como é possível avançar em análises mais profundas e mais próximas da nossa realidade.

Acreditamos que essa obra de Castilho possa ser uma direção para professores de Língua Portuguesa, no sentido de propiciar um novo olhar sobre o ensino de gramática – não como certo ou errado – mas como possibilidades de uso.

Ao pensarmos que a língua faz parte de nossas vidas e que dependemos dela para compreendermos uns aos outros e o próprio mundo, cabe a nós buscarmos formas de compreendê-la antes.

Referências

BECHARA, E. **Ensino de gramática. Opressão? Liberdade?**. São Paulo: Ática, 2000.

CASTILHO, A.T. **Nova Gramática do Português Brasileiro**. São Paulo: Contexto, 2010.

CRYSTAL, D. **A revolução da linguagem**. Trad. Ricardo Quintana. Rio de Janeiro: Jorge Zahar, 2005.

KOCH, I. **A coesão textual**. 21ª ed. São Paulo: Contexto, 2009.

_____ . **A inter-ação pela linguagem**. 2ª ed. São Paulo: Contexto, 1995.

KOCH, I.; Travaglia, L. **A coerência textual**. 17. ed. São Paulo: Contexto, 2009.

KOCH, I; ELIAS, V. **Ler e compreender: os sentidos do texto**. 2. ed. São Paulo: Contexto, 2008.

PERINI, M. **Sofrendo a gramática: ensaios sobre a linguagem**. São Paulo: Ática, 2005.

POSSENTI, Sírio. **Por que (não) ensinar gramática na escola**. Campinas, SP: Mercado das Letras: Associação de leitura do Brasil, 2006.

6

Um olhar reflexivo sobre o ensino de Língua Portuguesa

Flavia Micheletto Xavier

PRELIMINARES

Este artigo tem o propósito de mostrar parte do resultado de uma pesquisa que teve como objetivo a análise, numa situação de ensino, do caráter informativo da linguagem. O ponto de partida foi uma análise do ensino de Língua Portuguesa em curso superior.

Uma reflexão acerca de um ensino numa abordagem comunicativa pode levar a que se considere como um dos fundamentais pressupostos para retroverter o quadro crítico do ensino de Língua Portuguesa na universidade.

Tendo por esteio teórico a Linguística Textual, aliada à Teoria Funcional da Gramática e à Pragmática, propõe-se analisar o ensino de Língua Portuguesa no Curso de Bacharelado em Hotelaria do SENAC - São Paulo.

Para dar conta da proposta, selecionamos três conjuntos de dados que foram analisados segundo um procedimento qualitativo e exploratório: o programa da disciplina Língua Portuguesa, as entrevistas realizadas com professores que ministravam disciplinas de formação básica e produções textuais dos estudantes do primeiro ano. Os dados obtidos, por meio dessas análises, mostraram que, de um modo geral, o ensino de Língua Portuguesa no ensino superior atende melhor ao preparo acadêmico do aluno que a sua formação profissional. É esse fato que aponta para a importância de um ensino da língua numa abordagem comunicativa, para fins específicos.

Língua, ensino e comunicação

A preocupação do ensino de Língua Portuguesa na escola convencional está teoricamente voltada para o desenvolvimento de habilidades relacionadas à expressão oral e escrita. No entanto, na prática, o trabalho gramatical absorve o professor de tal forma que grande parte do seu tempo de ensino volta-se para a análise de termos e orações. Não que o conhecimento gramatical não seja importante na aprendizagem de uma língua, mas quem domina uma língua sabe muito mais do que gramática, e futuros profissionais precisam conhecer as maneiras como as orações podem ser utilizadas, tendo em vista conseguir efeitos comunicativos.

Acreditamos que o propósito do ensino de língua materna seja levar o aprendiz a buscar sua própria identidade, a aprimorar as suas competências. Temos, assim, que assegurar o ensino de língua como comunicação e não como um depósito de formas que poderão nunca vir a ocorrer na vida real. As formas gramaticais referem-se à citação de palavras e frases como manifestações de um sistema linguístico que está isolado do uso ocasional. Cabe lembrar que o ensino das formas parece não garantir um conhecimento de uso da língua, ao passo que o ensino de uso parece propiciar a aprendizagem de formas uma vez que essas últimas são representadas como partes necessárias do primeiro.

Em vista disso, caberia no ensino de língua materna, em qualquer nível, mas de modo particular no ensino superior, quando há uma preocupação mais concreta com a formação de profissionais, um planejamento voltado para o uso em que os exercícios formais seriam auxiliares em relação aos propósitos comunicativos do curso e não introduzidos como um fim em si mesmos. Isso põe em evidência que o ensino de Língua Portuguesa para a comunicação em sociedade exige um enfoque capaz de trabalhar com habilidades linguísticas e capacidades comunicativas em uma estreita relação.

O aluno, ao chegar num curso superior, já teve onze ou doze anos de formação geral em termos de Língua Portuguesa. Durante esse período, deve ter tido acesso a, praticamente, todo o conteúdo previsto para a educação linguística em língua materna. Logo, retomar os mesmos conteúdos, dificilmente levará a resultados satisfatórios. É, pois, em função da verificação de dificuldades e frustrações diante do ensino de Língua Portuguesa em curso superior que se busca na abordagem comunicativa alternativa voltada para necessidades do próprio curso e da formação profissional.

Evidentemente, uma abordagem para fins específicos em curso superior conta com todo um conjunto de saberes cognitivos e metacognitivos do falante, já que ele passou pela escolarização fundamental e média. Trabalhando com adultos em situação real de uso da língua, pode o professor deixar a metalinguagem da gramática pouco enfatizada. Para a concretização satisfatória dessa abordagem, a observância de dois princípios é fundamental: um ensino centrado no aluno e uma definição de conteúdos baseada nas finalidades específicas do curso.

Um ensino centrado no aluno implica uma disposição do professor para abrir mão de suas preferências em favor das necessidades do grupo; um *olhar* acuradamente voltado para o estágio de conhecimento do aluno, para seu ritmo, para suas habilidades.

Um ensino baseado nas finalidades do curso exige conteúdos adequados, muitas vezes conteúdos *reconstruídos* pelo professor, a partir de fontes seguras para que eles se ajustem ao curso.

O fato de essa concepção se basear na prática e buscar resultados concretos e avaliáveis, não significa que o trabalho seja mecanicista. Pelo contrário, a abordagem busca, em primeiro lugar, uma mudança de atitude do aprendiz frente à própria comunicação linguística, assumindo seus conhecimentos, despertando-se para novos, percebendo seu potencial e tomando consciência de si.

Essa mudança também proporciona ao professor um resgate de sua verdadeira identidade como aquele que ensina. Professor e aluno, ambos têm de assumir uma nova postura e estar motivados para alcançar estágios satisfatórios de ensino e aprendizagem uma vez que a abordagem exige um processo interacional entre aluno e professor, um processo de troca mútua em que o conhecimento prévio do aluno também precisa ser valorizado pelo professor.

Tendo em vista uma reflexão sobre uma abordagem comunicativa em contexto específico, optamos por trabalhar com a área de hotelaria, tomando como referência o curso do SENAC.

Nossa escolha pelo curso de Hotelaria do SENAC para refletir sobre o ensino da língua materna decorreu de três principais razões: primeira, por ser uma área relativamente nova no conjunto dos cursos universitários brasileiros, portanto, ainda carente de estudos no nível da Língua Portuguesa; segunda, por ser uma área na qual a comunicação verbal se faz pragmaticamente como ação, dado que o profissional interage no seu ambiente de trabalho, comunicando-se oralmente ou por escrito em diversas situações como ao recepcionar um hóspede, ao resolver um eventual problema pelo telefone ou até mesmo precisar escrever uma carta para alguma empresa que lhes presta serviço, a fim de fazer alguma reclamação; e terceira, por ser o SENAC uma escola que já tem tradição na área de hotelaria.

Evidentemente, essa nossa escolha não se vinculou ao fato de o curso ser ou não conduzido segundo uma abordagem comunicativa, uma vez que essa era justamente uma das questões a ser observada. Como dito acima, vinculou-se mais à possibilidade de desencadear uma reflexão sobre a condução das aulas de língua materna em curso para um dado fim.

5: Graduada em Letras e Pedagogia (UMC), Mestre em Educação pela PUC/SP tendo apresentado a dissertação intitulada *A Revolução Microinformática no Setor Terciário: impactos e tendências para a qualificação e para a educação;* cursa, atualmente, Doutorado também em Educação, na PUC/SP, desenvolvendo o projeto da tese *Vida Simulada: a relação entre arte e técnica para a formação e o trabalho na cultura capitalista.*

O nosso contato com o SENAC teve início com uma entrevista realizada com a Profª Rosemary Roggero[5], na qual ouvimos sábia definição: *Consciência é percepção mais ação apropriada.* De pronto, houve uma identificação nossa com a professora, pois é provável que quanto mais o indivíduo desenvolve a sua percepção no processo de comunicação, mais apropriada será sua ação comunicativa. A partir do momento em que o aluno percebe o outro e se dá conta da necessidade de uma interação eficaz, mais claro fica o papel da língua na comunicação.

Embora tenhamos coletado três conjuntos de dados, como mencionado anteriormente, neste artigo, centramos nossa atenção nas análises das produções textuais dos alunos do primeiro ano.

ANALISANDO PRODUÇÕES TEXTUAIS

Dentre as quarenta e quatro redações cedidas pela professora de Língua Portuguesa do SENAC, selecionamos de forma aleatória dez, uma vez que nossa investigação teve um caráter qualitativo e exploratório

Acreditamos ser fundamental, delinearmos, dentro dos limites impostos pela pesquisa, o contexto situacional em que os textos foram produzidos e as categorias com as quais trabalhamos.

Conforme relato que obtivemos, a professora de Língua Portuguesa, Rosemary Roggero, após ter apresentado a proposta do curso aos alunos, solicitou que produzissem um texto acerca das expectativas de sua formação profissional, considerando as características da área e da instituição escolhida, no contexto contemporâneo.

Embora essa atividade não tenha sido realizada em sala de aula, a professora discutiu o assunto com os alunos e recomendou que fizessem, no prazo de uma semana, uma pesquisa na biblioteca do SENAC. Primeiro, para que eles tivessem a oportunidade de entrar em contato com o acervo da biblioteca, coletando o material necessário para a produção textual e, segundo, para que pudessem ter respaldo conceitual, ou seja, para que os níveis de informatividade e, consequentemente, de criticidade aumentassem.

Em relação à tipologia textual, a professora deixou seus alunos à vontade, pois um dos requisitos que ela pretendia avaliar era o modo como eles se expressavam. Os alunos, por sua vez, estavam cientes de que seriam avaliados e tinham recebido o programa do curso no qual estavam explícitos os critérios que a professora iria utilizar para avaliar essa primeira atividade.

Quanto às categorias de análise, observamos as redações no plano formal e no plano da estrutura textual (coesão e coerência). No plano formal, analisamos os aspectos gramaticais, ou melhor, demos prioridade para a microestrutura. No entanto, não tratamos dos aspectos gramaticais no plano teórico, pois nosso interesse foi observar como esses aspectos interferiam no processo comunicativo.

Valemo-nos da gramática numa perspectiva funcional, segundo Dik (1997), cientes de que as *inadequações* causam ruídos na comunicação.

Dividimos os problemas em três classes. A primeira, a que chamamos de *incidência forte,* é aquela em que a *inadequação* acaba causando um distúrbio na comunicação; a segunda, denominada de *incidência média,* é aquela em que a inadequação causa certo distúrbio na comunicação, mas o leitor consegue resolvê-la dentro do próprio texto. A terceira, chamada de *incidência leve,* é aquela em que a inadequação não chega a causar distúrbio na comunicação.

Estabelecemos essas três classes, pois, em alguns casos, um deslize do estudante não prejudica o entendimento do texto, ao passo que, em outros casos, a *inadequação* quebra a progressão discursiva, gerando um distúrbio na comunicação, tornando o texto ilegível ou quase ilegível.

Apoiados no estudo dos padrões de textualidade de Beaugrande e Dressler (1993), formulamos as categorias de análise, no plano da estrutura textual, analisando, num primeiro momento, como os alunos fazem uso dos conectivos e como estabelecem conexões semânticas entre palavras. Num segundo momento, analisamos como os aspectos relativos à argumentatividade, à informatividade e à criticidade estavam organizados no texto. E, por fim, analisamos a relação título/texto.

A ANÁLISE

Em nossa análise, selecionamos aspectos que mais se evidenciaram nas produções textuais. Eventualmente, valemo-nos de aspectos, cuja incidência não fosse tão forte, mas que contribuíam para nossa reflexão.

De maneira geral, no plano formal, as inadequações gramaticais cometidas pelos alunos em seus textos se concentraram em *incidências médias* e *leves* e, muito raramente, em *incidências fortes*. Encontramos problemas em relação à pontuação (principalmente quanto ao uso da vírgula), à concordância verbal e nominal, a pronomes demonstrativo e relativo, à grafia, à acentuação, ao emprego do *porquê* e à colocação pronominal.

Algumas inadequações como:

✓ o mau uso da colocação pronominal (texto 01) – linha 19: *...não necessita ter apenas esse perfil, deve sempre manter-se atualizado...* ;

✓ a falta de acentuação (texto 02) – linha 09: *...disponiveis...* ;

✓ um problema de ortografia (texto 03) – linha 12: *A maioria forma proficionais administrativos...* ;

✓ o emprego inadequado do *porque* (texto 04) – linha 02: *...tentarei explicar o por que...* ;

não causam distúrbios na comunicação, sendo classificadas como *incidências leves,* ainda que algumas delas choquem o leitor.

Deparamo-nos também com *incidências médias,* como no texto 10, em que verificamos que o aluno fez um mau uso da concordância verbal, causou um pequeno distúrbio na comunicação, mas que foi resolvido dentro do próprio texto, após uma releitura:

...no SENAC por seus cursos na área de turismo e hotelaria terem fama, não terem sido criados da noite para o dia, além de oferecer grandes possibilidades...

No texto 02, o aluno utilizou uma vírgula inadequadamente, pois separou o sujeito do predicado:

Outras necessidades do mercado, referem-se ao conhecimento...

No caso acima, embora cientes de que essa inadequação, dentro da norma culta, é considerada grave, pois altera com a estrutura da oração, não a consideramos *incidência forte,* porque no processo de avaliação percebemos tratar-se de equívoco ou desconhecimento da regra pelo autor.

As *incidências fortes,* como já dito, foram pouco ocorrentes, mas no texto 01 encontramos ambiguidade no seguinte trecho:

A Hotelaria por ser um ramo que vive de detalhes chamou-me muito a atenção, por ser perfeccionista, em especial o curso de Bacharelado, o qual enfatiza a área administrativa.

O uso da expressão *por ser perfeccionista* gera ambiguidade, pois não fica muito claro se é o aluno ou a área de hotelaria que é perfeccionista. Acreditamos que a frase deveria ser reestruturada. Talvez a inversão pudesse facilitar o entendimento do trecho para o leitor:

Por eu ser perfeccionista, a Hotelaria chamou-me a atenção, por ser um ramo...

De um modo geral, os alunos revelaram uma grande preocupação em fazer um bom uso da norma culta, embora em alguns momentos eles tenham cometido certas falhas. Isso pode significar que têm consciência de que o mau uso da língua depõe contra o sujeito/produtor do texto, denegrindo sua imagem.

Já no plano da estrutura textual, os alunos demonstraram dificuldades em relação à articulação de parágrafos, à concatenação de ideias, à manutenção da unidade, ao uso adequado de conectivos e ao uso de argumentos consistentes, capazes de sustentar a tese lançada na introdução. Todos esses aspectos contribuem para um mau aproveitamento do texto, pois comprometem a conexão entre palavras, orações, períodos e a unidade de comunicação eficaz.

Ao nos depararmos com a introdução, verificamos que a maior parte dos alunos utilizou a introdução-enquadramento. Alguns alunos, embora tenham utilizado frases genéricas, característica típica desse tipo de introdução, revelaram uma preocupação não apenas em reelaborar e expandir o título, mas, sim, em apresentar a tese que seria desenvolvida no texto. Tal fato torna-se evidente no texto 01, em que o aluno inicia o seu parágrafo com uma frase genérica:

Atualmente, o ramo de Hotelaria e Turismo tem crescido muito.

Após a introdução, no entanto, ele apresenta dados estatísticos para a definição de sua tese:

Segundo dados da revista Hotelnews *de junho de 2000, foi na segunda metade da década de 90 que houve a explosão do número de cursos oferecidos nessa área, sendo que o número dos mesmos aumentou em 71% de 1998 para 1999. No entanto, isso não significa que profissionais qualificados, que atendam às demandas do mercado, estão sendo formados.*

Observa-se que, só a partir do trecho *No entanto, ... formados*, o aluno explicita a sua tese.

Cabe lembrar que apesar desse tipo de introdução ser o mais utilizado pelos alunos, muitos textos não fazem a distinção entre a tese e as ideias que deveriam ser secundárias. Isso fica claro no texto 07:

Decidi fazer Hotelaria devido às características do curso, pelas quais me identifiquei. O curso tem uma grande variedade de matérias e dinamismo, permite-nos pôr em prática o que aprendemos em sala de aula através de trabalhos em grupo, assuntos diretamente ligados à área de Hotelaria e também através de estágios oferecidos pela Faculdade, não é um curso apenas teórico. É notável o crescimento pela demanda de mão de obra qualificada no setor de Turismo e Hotelaria nos últimos anos, o ramo torna-se cada vez mais promissor. A cidade de São Paulo está recebendo enorme atenção de grupos importantes no setor, aumenta-se portanto a oportunidade na carreira.

Faltou relação lógica entre períodos. As orações estão soltas e entrecortadas. O aluno não conseguiu estabelecer relações de dependência, expondo seu pensamento de modo claro, coerente e objetivo.

Encontramos também introduções informativas, como no texto 06, embora no final do parágrafo o aluno até tenha tentado lançar a tese.

> *Atualmente vivemos em mundo globalizado, no qual há uma interdependência entre os povos e os países. Com esta mentalidade, a quantidade de pessoas que migram para outros lugares cresce e há criação de novos empregos para atender esta necessidade. Tanto que no Brasil o número de profissionais que trabalham na área de serviços é de aproximadamente treze milhões oitocentos e cinquenta mil cidadãos (dados do IBGE).*

Embora o parágrafo até esteja articulado de forma adequada, o aluno não chegou a definir a tese.

Em relação ao desenvolvimento, foi verificado, em poucos textos, que talvez o aluno tenha certa noção de que o parágrafo seja uma unidade de composição *constituída por um ou mais de um período, em que se desenvolve determinada ideia central ou nuclear, a que se agregam outras, secundárias intimamente relacionadas pelo sentido e logicamente decorrentes dela* (GARCIA, 1980, p. 203). Tal aspecto torna-se evidente no texto 04:

> *Primeiramente, escolhi o curso de bacharelado em hotelaria por dois principais motivos. Primeiro, eu adoro administrar, o que compreende planejar, organizar recursos humanos e materiais em busca de um objetivo, e consequentemente liderar e motivar pessoas a atingirem um resultado. Não consigo me enxergar fazendo outra coisa senão administrando. Agora, a questão é administrar o que? É aí que entra o segundo principal motivo da minha escolha: o ambiente de trabalho, adoro todas as possíveis áreas de atuação que o título de bacharel em hotelaria pode me oferecer (meios de hospedagem e restaurantes de diversos tipos, empresas de lazer e recreação, eventos, etc.), especialmente hotéis e restaurantes, onde há o encontro de tudo que eu gosto e procuro em um único ambiente de trabalho. Assim, eu consegui juntar as duas coisas que eu mais gosto, que são administrar e trabalhar em hotéis e restaurantes.*

Ainda que o parágrafo esteja um pouco longo e apresente problemas de expressão, o aluno foi capaz de organizar suas ideias, articulando bem os seus argumentos.

De um modo geral, no entanto, os alunos precisariam atribuir uma importância maior ao parágrafo, pois a má estruturação deles causa distúrbios na comunicação.

No primeiro parágrafo do texto 09:

> *Num mundo de economia globalizada, em que bilhões de dólares são trocados de mão em segundo, onde a interação e integração social se aperfeiçoam a cada dia, e as distâncias tornam-se cada vez menores pelo desenvolvimento dos meios de comunicação e transporte, e pelo avanço da*

tecnologia, as áreas ligadas ao lazer como Turismo e Hotelaria tornam-se cada vez mais importantes.

Qual seria a ideia principal? Um mundo de economia globalizada, a interação e integração social que se aperfeiçoam a cada dia, as distâncias que se tornam cada vez menores pelo desenvolvimento dos meios de comunicação e transporte, pelo avanço da tecnologia ou as áreas ligadas ao lazer como Turismo e Hotelaria que se tornam cada vez mais importantes?

É provável que haja uma relação implícita entre esses elementos, mas falta ao parágrafo qualquer traço de unidade, coerência e ênfase. Talvez fosse necessário dar-lhe uma nova estrutura. Uma das versões possíveis seria esta: *As áreas ligadas ao lazer como Turismo e Hotelaria tornam-se cada vez mais importantes num mundo de economia globalizada. A interação e integração social que se aperfeiçoam a cada dia e as distâncias que se tornam cada vez menores pelo desenvolvimento dos meios de comunicação e transporte, e pelo avanço da tecnologia são responsáveis por esse crescimento da área.*

Embora a repetição intencional represente um dos recursos mais férteis de que dispõe a linguagem para realçar ideias (Garcia,1980, p.271), nesse texto, encontramos uma redundância resultante da pobreza de vocabulário do aluno ou da falta de domínio para variar a estrutura da frase.

Quanto à conclusão, o problema parece ainda ser maior. Muitos textos não apresentam conclusão, demonstrando que, provavelmente, o aluno não sabe que a finalização de um texto exige que as ideias sejam amarradas e sintetizadas, seguindo o fio do discurso.

Tal fato evidencia-se no último parágrafo do texto 02:

Àqueles que concluirem o curso de bacharel em hotelaria, poderão: coordenar a área gastronômica do hotel, definindo cardápios e cartas de vinho, contratando cozinheiros, maitre e garçons; organizar congressos, feiras e seminários nas dependências do hotel; cuidar do transporte, da acomodação e do entretenimento dos participantes; administrar o funcionamento de hotéis, flats, parques temáticos e pousadas; planejar a captação de clientes; programar a construção e instalação de hotéis, flats e pousadas, de acordo com o potencial turístico, localização e infraestrutura do lugar; definir o público-alvo, o preço das diárias e planejar a divulgação.

Embora o aluno tenha elencado uma série de atividades que um profissional de hotelaria pode exercer, não conseguiu amarrar todas as ideias tratadas no texto.

O texto 06 também não apresenta conclusão convincente:

Entretanto algo que me não é muito favorável, é o fato de não existir muito tempo disponível para a família e para consigo mesmo. Mas os pontos positivos valem muito mais do que os negativos.

Eventualmente, a ideia contida nesse parágrafo poderia seguir ao quinto parágrafo.

Quanto à argumentação, devemos afirmar que a maior parte dos alunos se utilizou de estratégias argumentativas como uso de dados estatísticos, fatos, exemplos, basta nos voltarmos para os seguintes textos:

- ✓ texto 01 – 1º parágrafo: *Segundo dados da revista Hotelnews de junho de 2000, foi na Segunda metade da década de 90 que houve a explosão do número de cursos oferecidos nessa área, sendo que o número dos mesmos aumentou em 71% de 1998 para 1999. No entanto, isso não significa que profissionais qualificados, que atendam às demandas do mercado, estão sendo formados.*

- ✓ texto 02 – 2º parágrafo: *Os cursos na área aumentaram de 170, em 1998, para 326, em 1999, uma ampliação de 71%, mas isso não significa que o ensino esta atendendo às solicitações do mercado, 63% das vagas disponiveis são na área operacional (recepção, camareira, cozinheiras e garçons), mas somente 295 dos cursos completam esses cargos.*

- ✓ texto 04 – 3º parágrafo: *Por que o SENAC? Porque além de possuir dois hotéis escolas, o que é muito importante e valorizado no exterior, e ter convênios com diversas empresas e instituições no Brasil e no exterior, o SENAC tem toda uma tradição e know-how adquirido ao longo dos últimos dez anos, que o coloca numa posição de destaque no mercado, sendo hoje considerado um dos melhores e mais respeitados centros educacionais de turismo, hotelaria e gastronomia da América Latina.*

- ✓ texto 06 – 5º parágrafo: *Segundo dados da Embratur, surgiram cerca de vinte e quatro mil empregos na área de gerencia e administração até o ano dois mil e dois, assim sendo, os profissionais formados tem muito mais facilidade de conseguir um emprego nesta área.*

- ✓ texto 08 – 5º parágrafo: *Pioneiras em turismo e hotelaria, as faculdades SENAC fazem parceria com importantes instituições como The Culinary Institute of America, uma das escolas de gastronomia mais conceituada dos EUA e o Hocking College, importante na formação de recursos humanos relacionados ao meio ambiente.*

O fato, no entanto, de os alunos terem se utilizado de estratégias argumentativas em seus textos não garantiu um bom nível de argumentatividade. Pelo contrário, revelou a inabilidade para trabalharem com essas estratégias, pois, em sua

Capítulo 6 - Um olhar reflexivo sobre o ensino de Língua Portuguesa   83

maioria, não souberam utilizar as informações contidas nos textos para convencer o leitor de sua tese. Poucos alunos também se utilizaram da adesão inicial.

Se nos voltarmos para o texto 06, verificaremos que, embora o aluno tenha se apoiado em dados da Embratur para comprovar aquilo que estava dizendo, não conseguiu criar um argumento forte, capaz de convencer o leitor. Consta-se que não basta utilizar exemplos, dados, mas é necessário tecer comentários reflexivos sobre eles, caso contrário, de nada eles valerão.

Por outro lado, encontramos textos, como o 04, em que o 3º parágrafo, mencionado anteriormente, demonstra que o aluno soube utilizar os seus argumentos de forma clara e concisa, conseguindo a adesão do leitor.

De um modo geral, observamos que a falta de argumentos consistentes está, muitas vezes, atrelada à falta de criticidade por parte dos alunos e não à falta de informação, pois como vimos informação não faltou; o que faltou foi conseguirem, após uma reflexão, articular as suas ideias.

Com relação aos títulos das redações, assumimos com Cintra (1992) que são eles a primeira entrada do leitor no texto, pois constroem expectativas prévias e orientam o processo de construção da leitura. Logo, observar a sua adequação significa avaliar a sua funcionalidade comunicativa. Eles também monitoram a redação, contribuindo para que o autor mantenha a unidade temática e para que o leitor se mantenha fiel ao tópico apresentado.

Observamos que os títulos se enquadram na configuração sintática de frases nominais e que, no nível lexical, predominam palavras de conteúdo generalizante.

Constatamos que apenas dois textos (03 e 05) dos dez analisados não apresentaram título. Os outros oito textos apresentaram os seguintes títulos:

✓ nº 01: O profissional do presente e do futuro;

✓ nº 02: Mão-de-obra especializada;

✓ nº 04: Expectativas quanto a minha formação profissional;

✓ nº 06: O mundo dos serviços;

✓ nº 07: Profissionalização em Hotelaria;

✓ nº 08: Turismo e o crescimento hoteleiro;

✓ nº 09: Expectativas Profissionais;

✓ nº 10: Sem pressa.

Chamou a atenção o título do texto 10, *Sem presa*, que apesar de ter violado as expectativas do leitor, de ser criativo e interessante, acabou frustrando um pouco. Essa frustração se deu devido ao fato de o aluno cometer uma incoerência entre o título *Sem pressa* e o seguinte parágrafo: *Não tenho muitas expectativas, espero primeiramente poder terminar o curso, achar um estágio* *o mais rápido possível* (grifo meu*), depois um trabalho, o que não será nada* *fácil. Morar de preferência fora de São Paulo, mas ainda no Brasil; Juiz de Fora* *seria um sonho. Começando logicamente pelo primeiro degrau e quem sabe obter* *algum progresso em cinco ou dez anos, seria ótimo.* Logo, se o aluno pretendia conseguir um emprego o mais rápido possível, como poderia o título de sua redação ser definido como *Sem Pressa*? Nesse caso, o título não serviu como um fio condutor para o texto.

De um modo geral, boa parte dos títulos resume, de forma apropriada, o conteúdo do texto. São títulos generalizantes que se referem à ideia central do texto, promovendo uma síntese. Como mencionado, a maioria dos alunos não se esqueceu de atribuir título ao seu texto. Isso nos autoriza a afirmar que o aluno sabe dar títulos, pois a maioria deles monitorou o texto, serviram como um recorte temático para o leitor.

Como constatamos, os problemas que os alunos apresentaram, no plano da estrutura textual, parecem interferir de forma mais acentuada no estabe-lecimento de uma comunicação eficaz do que os problemas apresentados no plano formal. A má organização textual e o mau uso de estratégias argumen-tativas acarretaram em alguns textos falta de encadeamento lógico das ideias e incompletude.

Os textos deixam claro que o trabalho do professor tem de se ater tanto ao plano formal quanto ao textual de forma equilibrada, tendo em vista obter um efeito comunicativo adequado.

Conclusão

Nossa pesquisa levou-nos a confirmar (é algo já sabido) que o ensino de Língua Portuguesa, no curso superior, acaba centrando-se muito na questão da má formação anterior do aluno que tem presença muito forte na vida aca-dêmica, como vimos com a leitura e análise do programa, das entrevistas e das produções textuais de alunos.

A análise do programa do Bacharelado em Hotelaria do SENAC apresen-tou aspectos positivos, de modo especial para a recuperação das deficiências de linguagem do estudante. Mas chama a atenção a ausência de um trabalho com textos específicos de área, o que poderia, a nosso ver, auxiliar o aluno na busca de uma melhor formação profissional, ou seja, a encontrar no curso uma motivação a mais para aprender português, pois estaria voltado para sua futura profissão.

As entrevistas com os professores, a par do descontentamento com as di-ficuldades de expressão dos alunos, revelaram que, como era de se esperar, os problemas linguísticos atrelam-se bastante ao domínio gramatical. De fato, a escola brasileira trabalhou, e provavelmente ainda vem trabalhando, a língua materna muito centrada no ensino da gramática. É interessante ressaltar que os professores entrevistados mostraram-se bastante preocupados com o bom desempenho linguístico dos alunos, reconhecendo a importância de trabalhos específicos com a língua no curso.

As produções textuais selecionadas para análise mostraram que a maior dificuldade dos alunos concentra-se no plano da estrutura textual.

Com o respaldo teórico de Dik (1997) e Beaugrande & Dressler (1993), passamos a acreditar que se o objetivo maior de professores que trabalham com o ensino de Língua Portuguesa em cursos de formação profissional é o de desenvolver a competência comunicativa dos falantes, e se essa inclui a competência gramatical e a textual, não faz sentido trabalhá-las isoladamente.

Parece claro que a gramática do uso requer uma tomada de consciência por parte do professor e do aluno, pois o que está em jogo é a língua em ação, com todos os riscos de deslizes do falante, de rupturas de regras da gramática normativa, causadas por variantes linguísticas reconhecidas, por sobrecarga emocional etc. Dessa forma, nesse contexto, o conteúdo gramatical a ser trabalhado terá de expressar sua função textual, para, então, passar por um processo de sistematização. É importante mencionarmos que as regras da gramática normativa seriam tomadas apenas enquanto *norte* para o produtor e leitor do texto, uma vez que o ensino está voltado para uma competência comunicativa (CINTRA, 1992).

Para que isso ocorra é necessário, como afirma Schön (2000), que a formação profissional interaja com teoria e prática, em um ensino reflexivo, baseado no processo de reflexão na ação, ou seja, um ensino cuja capacidade de refletir seja estimulada através da interação professor-aluno em diferentes situações práticas.

Isso nos permite reafirmar que a *correção* de aspectos gramaticais inadequados faz-se necessária, mas numa perspectiva em que o ensino da gramática seja tomado como um recurso que auxilia o aluno na arte do bem falar e do bem escrever, como um meio e não como um fim em si mesmo.

É em função desses aspectos mencionados que julgamos oportuno um trabalho de Língua Portuguesa dentro de uma abordagem comunicativa, voltada para fins específicos. Nela a comunicação tem uma função central, cujo traço essencial é o de constituir uma atividade social, assumindo a linguagem nas várias dimensões que comporta, tendo como esteio a dimensão pragmática.

Além desse aspecto comunicativo, essa abordagem, naturalmente, prioriza o aluno como sujeito da aprendizagem, e o professor como mediador do processo, o que permite com mais adequação levar o aprendiz a buscar sua própria identidade, a aprimorar as suas competências.

O ensino comunicativo da língua para fins específicos integra a gramática ao texto, deixando mais claro que o ensino das formas linguísticas em si não chega a garantir um conhecimento de uso da língua, ao passo que o ensino de uso costuma propiciar a aprendizagem de formas, uma vez que essas últimas são representadas como partes necessárias do primeiro.

Se bem trabalhada, essa abordagem abre espaço para o desafio de aprender, fazendo com que o aluno adquira uma postura ativa, não ficando apenas à espera das ideias ditadas pelo professor.

REFERÊNCIAS

BEAUGRANDE, R. A. de & DRESSLER, W.U. **Introduction to Text Linguistics.** Viena, Universitäts Verlag, 1993.

CINTRA. A M. M. (1992). Bases para uma proposta de ensino de Português Instrumental. In: MARQUESI, S. C. (org.) (1996). **Português Instrumental:** uma abordagem para o ensino de língua materna. São Paulo, Educ, 1992, p. 17 – 23.

DIK, S. C. **The theory of Functional Grammar. Part I: The structure of the clause.** 2ª ed., Berlin – New York, Mouton de Gruytir, 1997.

SCHÖN, D. A. **Educando o profissional reflexivo - um novo design para o ensino e a aprendizagem.** Trad. Roberto Cataldo Costa. Porto Alegre, Artes Médicas Sul, 2000.

GARCIA, O. M. (1980). **Comunicação em Prosa Moderna**. São Paulo, Fundação Getúlio Vargas.

Parte 2: Produção textual e gêneros textuais

7

Ensino de produção textual: da 'higienização' da escrita para a escrita processual

Lílian Ghiuro Passarelli

Uma perspectiva puramente burocratizada e instrumental tem prevalecido lamentavelmente no trabalho com a linguagem nas aulas de Língua Portuguesa. Nem sempre os professores historicizam a linguagem e dão sentido a seu trabalho, desenvolvendo experiências subjetivas dos alunos.

Pensar o ensino da produção de textos – da higienização da escrita para a escrita processual – implica tirar de cena a primazia ao burocratismo utilitarista e manifestar o que se configura no ponto de vista que aqui defendo: ressignificar o ensino da escrita pela intervenção mediadora do professor em favor da construção de um sujeito-autor de textos. Destaque-se que o termo *produção textual* (ou *produção de textos*) em lugar de exercícios de redação ou meramente redação, mais do que uma alteração terminológica, implica uma outra forma de (re)considerar esse ensino a partir de outras concepções que nele estão envolvidas.

Assim, para sustentar o ponto de vista eleito, apresento ideias-argumentos como pressupostos para a ação pedagógica do professor de Língua Portuguesa: escrita processual, orientações consistentes para produção textual, episódios de reescrita, avaliação formativa. Incorporar essas perspectivas implica pensar a mediação de um professor comprometido com sua educação permanentemente continuada.

Ensino de redação *versus* ensino de produção textual

A partir de reflexões sobre a prática com que professores costumam corrigir um texto, tais pressupostos serão expostos ao longo deste capítulo e se configuram como sugestões que possibilitem a intersubjetividade entre os atores da sala de aula.

Não cabe neste espaço uma retrospectiva histórica que aponte as causas que estão na base do insucesso da ação pedagógica do professor de Português. Talvez baste para o momento lembrar os resultados desses tantos instrumentos de avaliação que, via de regra, atestam tal problemática: grande parte de nossos estudantes não compreende o que lê e não obtém o efeito de sentido que pretende quando escreve. Quanto à produção textual escrita de nossos estudantes, já é senso comum que os resultados obtidos pelos professores não são dos melhores, e os alunos se mostram desmotivados ao ensino de redação[6]. Para ilustrar essa resistência, observe-se o testemunho de alguns jovens, que, bem ao estilo de programas do tipo "O povo fala", responderam à pergunta: "Você gosta de fazer redação?" (PASSARELLI, 2012, p. 37-8).

6: A esse respeito, consulte-se Passarelli (2012), especialmente o primeiro capítulo – "Por que o medo do papel em branco? Porque a relutância em escrever?".

– *Hum... mais ou menos...* [J1]

– *Hum... mas... como assim fazer redação? Fazer, assim, para mim, ou uma redação mandada? Porque de fazer redação eu não gosto.* [J3]

– *Eu gosto, mas fica pra mim. Não gosto de mostrar para os outros* [J4]

Essas respostas evidenciaram que os jovens estavam fazendo uma distinção entre *fazer redação* e *escrever*, o que nos levou a perguntar: "E de escrever, você gosta"?

– *Já de escrever, aí já é outro papo. Aí, sim.* [J1]

Para nos certificar de que os jovens realmente estavam distinguindo redigir de escrever, perguntamos: "Qual a diferença entre escrever e fazer redação?"

– *Redação é quando você tem um tema, e escrever é quando você quer escrever, entendeu? Quando você sente vontade de escrever.* [J2]

– *Acredito que redação é quando você tem um tema específico, esse lance de escola, assim... Eles falam – Faça uma redação! – Você tem de se enquadrar um pouco no tema e desenvolver a história com começo, meio e fim. Talvez, quando você pega pra escrever um texto, é uma coisa mais livre, quando você não é mandado, assim, quando vem de dentro, assim, sabe? Você fala: 'Agora eu vou escrever!' É diferente de te mandarem. 'Agora você faça uma redação'. Acho que eu gosto mais de escrever, porque é uma coisa mais de espírito e do momento.* [J5]

O enfoque é claro: gostar de escrever para si próprio é não ser avaliado por um professor que, possivelmente, usará como instrumento de avaliação apenas a nota. Também fica evidente, por esses depoimentos, que a própria escola contribui para o desgosto dos estudantes em relação à escrita. A dicotomia que os jovens fizeram – gosto de escrever/ não gosto de fazer redação – revela, também, que a tradição escolar nem sempre explora a predisposição dos jovens para o ato de escrever, o que poderia ser propiciado pelos desabafos de cunho pessoal de um sujeito-autor. Como já o disse Bakhtin (2000, p. 330), "todo texto tem um sujeito, um autor (que fala, escreve)". Assim, podemos trabalhar o texto em sua dimensão discursiva. Daí a adoção de produção textual em vez de redação, como indicativo de "um comprometimento com a ideia de processo de permanente elaboração, para o qual concorrem dimensões extralinguísticas e interdisciplinares" (JESUS, 1997, p. 100).

Temos assistido a procedimentos de rotina calcados em moldes de ensino que têm como base a gramática normativa, tanto para o ensino da produção de textos como para sua avaliação. Os estudos metalinguísticos roubam a cena de episódios de produção de textos: protagonizam atividades voltadas a temas referentes ao que mais fácil e acomodadamente se detecta na superfície textual.

Não se trata de má-fé: o professor ou crê que esteja realmente fazendo um trabalho sério e produtivo, ou não tem como perceber que seu trabalho tão somente reproduz o que ele próprio recebeu durante sua formação inicial.

Mas não se entenda o professor como o único responsável por esse "fracasso de bilheteria", uma vez que não há algoz nesse número do *showbiz* escolar: só vítimas. Professores e alunos costumam ser fruto de uma mesma (de)formação.

A esse respeito, tome-se o que Brandão (2000, p. 17) destaca: até mesmo muitos estudiosos e professores, que tiveram contato com as teorias do texto, ficaram presos a uma camisa-de-força normativo-prescritivista, atada por uma concepção que entende o texto "como fonte ou pretexto para exploração das formas gramaticais isoladas do contexto ou como material anódino, indiferenciado, a ser trabalhado de forma homogênea nas pretensas atividades de leitura".

Daí Geraldi (2004) dizer que um dos enganos nas aulas de Língua Portuguesa é supor que se ensina Língua Portuguesa, mas, em verdade, prepondera o normativismo ditado por um ensino gramatical ortodoxo, à moda do que prescrevem as práticas calcadas na noção de certo/errado. Ensinam-se regras, atendendo a uma função normativa cujo objetivo se atém à fixação de regras e de convenções. A regra pela regra de alguns temas referentes a acentuação, ortografia, alguns usos da pontuação, sintaxe de colocação (pronomes pessoais oblíquos), sintaxe de concordância.

E não é só isso. O tratamento destinado ao descritivismo corrobora essa ilusão, por ser ensinado como se fosse norma. Quando se afiança, por exemplo, que 'todo *e* é conjunção coordenativa aditiva', como se fosse uma regra, reduz-se o descritivismo ao normativismo.

Praticamente não se confere a devida atenção ao conjunto de relações peculiar e constitutivo das condições de produção dos textos de nossos estudan-

7: Atividade realizada quando ministrei oficinas com material pedagógico por mim elaborado a professores do Ensino Médio pelo Programa de Formação Continuada "Teia do Saber" - *Metodologia de ensino de disciplinas da Área de Linguagens, Códigos e suas Tecnologias: Língua Portuguesa e Literatura,* sob a coordenação das professoras Anna Maria Marques Cintra e Dieli Vesaro Palma (Governo do Estado de São Paulo, SEE/SP e PUCSP, set./out. 2004).

8: Higienização aqui é entendida como correção gramatical. Para mais sobre essa perspectiva, retome-se Jesus (1997).

9: Essa atividade decorreu de sugestão do Prof. Dr. João Wanderley Geraldi por ocasião de nossa interlocução durante estágio de pós-doutorado, quando desenvolvi o projeto *Educação Linguística Continuada: Reflexões e Práticas,* no Departamento de Linguística do Instituto de Estudos da Linguagem da UNICAMP (de agosto/2004 a agosto/2005).

tes, o que implica desconsiderar os recursos expressivos que são mobilizados quando da construção de tais textos (GERALDI, 1997).

Isso também pôde ser constatado quando da atividade-diagnóstico solicitada aos professores-cursistas do Programa Teia do Saber[7], que constava de correção de texto produzido por aluno em situação real de sala de aula. Os dados obtidos com a aplicação de tal atividade revelaram que a maioria dos professores apontou apenas problemas da superfície textual. Depois dessa atividade, ao ser retomado o assunto de forma mais sistematizada, os professores perceberam que estavam 'higienizando'[8], em vez de tomar em consideração as relações de sentido emergentes na interlocução. Resta saber em que medida esses professores assumirão para sua prática pedagógica o que puderam perceber em relação à 'higienização' *versus* uma intervenção que proporcione ao aluno momentos de reflexão, de revisão de suas formas de interação, de recomposição e de desenvolvimento dessas condutas.

A partir da atividade proposta quando do Teia do Saber, inicialmente observaremos o contexto de produção. Os professores-cursistas receberam o seguinte:[9]

Corrija o texto abaixo que foi produzido em situação real de sala de aula

Essa atividade de escrita ocorreu na EEPG Profª Philomena Baylão (São Paulo – SP), com os alunos de 7ª série da professora Ana Maria da Silva, em abril de 1998. O contexto de produção de tal atividade teve início com a leitura, pela professora, de depoimentos de autores acerca do ato de escrever. A seguir, deu-se uma discussão que teve por base algumas perguntas:

- *O que vocês pensam sobre "escrever"?*
- *Vocês acham que, para os professores, é fácil escrever?*
- *E para os escritores e autores, vocês julgam ser uma tarefa fácil?*

Depois da discussão, a professora solicitou uma produção textual escrita a partir do seguinte: *Para mim, o que é escrever. Produzam um texto relatando sua opinião.*

Para mim, o que é escrever

Para mim, escrever é muito Díficil, por que a gente precisa escrever bem devagar para não errar.

Quando a gente escreve rápido a nossa letra saí muito feia e algumas professoras reclamam, por isso a gente não pode escrever rápido.

Tem vezes que é bom escrever, por que a gente começa conhecer coísas novas da vida, e a gente aprende muitas coísas através dela (e).

Abaixo da transcrição do texto a ser corrigido, havia linhas em branco. Depois que os professores terminaram de corrigir, foi feita a solicitação de que fossem apontados os critérios a partir dos quais o professor fez a correção.

Ainda que não se pretenda analisar essa atividade do ponto de vista quantitativo, mas apenas observar como professores da rede estadual corrigem textos, vale registrar que, dos vinte e dois professores que a executaram, seis não se restringiram apenas à higienização. Destes seis, quatro avaliaram como problemáticas as orientações da professora, como, por exemplo, a observação de que "*o enunciado da atividade não foi bem elaborado e o aluno foi coerente (conforme) com o que entendeu. Sendo assim ocorreu a competência comunicativa*"[10]. Essa avaliação toca num ponto crucial a ser considerado para uma intervenção substancial em relação ao ensino de produção de textos: a qualidade das orientações do professor quando da solicitação de atividades de escrita, o que será explorado mais adiante.

10: A transcrição dos textos dos professores é fiel ao original.

A ação mediadora do professor, quando do ato de corrigir, passa a ser mais sistemática, se forem indicados aspectos que precisam ser revistos, o que implica a reescrita do produto do aluno. Somente dois professores-cursistas fizeram referência a tal aspecto, ainda que o fizessem em relação à correção gramatical.

Com Fabre-Cols e Cappeau (1996, p. 54), entendo a reescrita como episódios práticos de modificação, por intermédio dos quais vários estados do texto em processo constituem as sequências retomadas, que resultam no texto--produto.

Um número até significativo (oito professores) manifestou aprovação quanto à exposição de ideias de forma adequada, mas essa aprovação, sempre lacônica, deu-se acompanhada de advertências quanto aos problemas de norma culta.

Em relação ao registro da palavra "Difícil", a maioria advertiu acerca do que avaliou como erro: "no meio da frase, letra minúscula". Um único professor parece ter percebido a possibilidade de ter sido um recurso expressivo do aluno, mas, mesmo assim, fez coro com os demais: "Não iniciar com letra maiúscula determinadas palavras para intensificar o assunto" (seriam os dois acentos também um reforço à ideia da dificuldade?).

Ninguém fez alusão à crítica subjacente às explicações do escrevente. Ele considera "escrever muito Difícil", por razões ligadas à estética da caligrafia. Essa justificativa indica uma perspectiva que reduz o trabalho do professor à reclamação da letra feia por conta da rapidez com que os alunos escrevem. No ser professor, o professor constrói para o aluno que *escrever devagar* equivaleria a 'bem pensado'. Mas *não errar*, para o aluno, tem a ver com a rapidez, o que traz como consequência a letra feia – redução do legível ao aspecto estético.

O aluno faz a seguinte associação (GERALDI, 2004):

Para a formulação de sua justificativa, o estudante se vale de uma relação de antonímia entre os termos *devagar* e *rápido*. Devagar implica escrever sem erros; rápido implica letra feia. No entanto, erro não é antônimo de letra feia.

Ao encerrar seu depoimento, o aluno parece fazer alusão ao processo escolar: "Tem vezes que é bom escrever, por que a gente começa conhecer coisas novas da vida, e a gente aprende muitas coisas através dela (e).".

Observe-se:

Um professor percebeu essa crítica e redigiu o seguinte recado: "*Realmente, escrever é difícil. Aos poucos, o seu texto vai melhorando, ainda mais. Tudo bem que seja difícil, mas devemos ter em mente que, não é a velocidade que vai nos impedir de errar: precisamos estar atentos e buscar os bons caminhos para nos entendermos*". Outro fator bastante pertinente está nessa fala, pois o professor acena com a possibilidade da intersubjetividade.

Embora poucos casos excepcionais como esse, os professores deixaram evidente que nas aulas de Língua Portuguesa se ensina o normativismo, entendido como a aplicação de regras de acentuação, ortografia, alguns usos de pontuação e sintaxe de colocação dos pronomes oblíquos átonos. Um dado que merece um olhar menos superficial (o que não cabe neste texto) diz respeito ao uso da pontuação que os próprios professores fizeram. No momento da correção, uns sequer assinalaram observações sobre a função lógica desse sistema de reforço da escrita, que evita erros de interpretação; outros, quando deixaram recadinhos ao aluno, ou apresentaram seus critérios de correção, eles próprios incorreram em erros de pontuação, prejudicando o enunciado em sua função comunicativa patinaram na pontuação que é a lógica da interpretação.

Para essa prática de correção higienista poder sair de cena, é preciso que nos voltemos à fase dos ensaios, antes de adentrar a ribalta escolar, ou seja, considerar o papel do professor a partir de dois eixos – o eixo epistemológico, que diz respeito ao conhecimento da área; e o eixo didático-pedagógico, que se refere a como lidar com o conhecimento da área – para propiciar ao aluno o papel de sujeito-autor.

Enfrentar o desafio do ensino de produção textual, o eixo epistemológico pressupõe o conhecimento da natureza tanto do objeto de estudo como (e sobretudo) das fases do processo de aprendizagem pelas quais o indivíduo passa para tornar-se um escritor maduro. Por isso, o foco do ensino da língua escrita tem de passar da visão que privilegia o produto, para a visão processual.

Se nos propusermos para fazer um exercício de reflexão para avaliar o texto *Para mim, o que é escrever*, ainda segundo os objetivos e instruções da professora, mas assumindo um procedimento analítico-qualitativo, isso significa que trabalharemos de forma particular cada aspecto, mas sem a atribuição de pontos a serem subtraídos de um total. Esse tipo de análise converge mais para a qualidade, de sorte que, ao verificar o conjunto de aspectos analisados atribui-se uma nota.

Mas se for muito difícil pensar apenas na qualidade, uma sugestão intermediária para a avaliação pode ser a atribuição de valores baseados em porcentagem: conteúdo: 40%; estrutura textual: 10%; título: 10%; coerência: 30%; correção gramatical: 10%.

Para essa pontuação, podemos estabelecer os parâmetros explicitados a seguir:

Conteúdo: pelo fato de as instruções conotarem deliberadamente a presença da opinião pessoal do aluno, o texto em questão parece dar conta de tal perspectiva. Podemos atribuir 30% para este item, uma vez que não há uma abordagem mais consistente em relação ao assunto tratado.

Estrutura textual: não há uma orientação mais direta para este aspecto. Como a estrutura do texto apresenta-se relativamente em compatibilidade com o que se espera de um relato, pode-se atribuir 10%, por causa, em especial, do último parágrafo que não encerra adequadamente as ideias do autor.

Título[11]: este item está devidamente em ordem, embora o texto apresente como título o tema dado pela professora. Portanto, 10%.

Coerência entre as ideias: para a atribuição dos 30%, as ideias do texto têm de estar concatenadas de forma coerente, de modo que seja mantido o objetivo fundamental (desenvolvimento do tema), levando em conta o tipo de texto produzido. Dependendo do grau de comprometimento em prejuízo da coerência global, a pontuação oscilará.

11: No caso de outros textos, pode-se atribuir 1 ponto para aqueles que apresentarem o título em adequação ao texto produzido. Para o título inadequado, isso poderá oscilar, dependendo do grau de inadequação. Atribuição de ø (zero): apenas a ausência de título implica que não seja atribuído ponto algum para esse critério de avaliação.

Em linhas gerais, devem ser observados os seguintes aspectos para o critério de avaliação relativo à **coerência**: relação entre os significados instaurados pelos elementos das frases ou entre os elementos do texto visto como um todo; ocorrência de estruturas sintáticas que permitam a visualização clara do objetivo expresso, impedindo, dessa forma, sua diluição (desenvolvimento/explicitação de ideias apresentadas); escolha adequada do repertório (uso adequado de um estilo ou registro) ou propriedade de termos, de acordo com o tipo de texto produzido; construção dos parágrafos de extensão tal que se evite sobrecarga de informação; ausência de ambiguidades.

Levando em conta os subitens acima, talvez fosse indicado conferir uma porcentagem em relação à coerência em torno de 20%.

Correção gramatical: no que diz respeito à correção gramatical (padrão culto prescrito pela gramática normativa), os pontos destinados para a avaliação desse critério normalmente observam: ortografia, acentuação gráfica, pontuação, sintaxe (concordância verbal e nominal, regência verbal e topologia pronominal).

Pode acontecer de o professor destinar a porcentagem máxima a este item, embora haja a presença de alguns deslizes apontados pelos critérios de correção, caso tais deslizes não comprometam a coerência global do texto.

O texto em análise apresenta alguns problemas em relação à norma culta. Não nos esqueçamos de que não havia menção a esse respeito por parte da professora. Ainda assim, podemos apontar a letra maiúscula na primeira linha, a grafia dos "porquês" (não fica claro se está junto ou separado, recurso de que muitos de nossos alunos fazem uso), os acentos agudos desnecessários, o uso do verbo *ter* em lugar do *haver*, a última vírgula do texto, também errada, e o duplo acento em *difícil*.

Ressignificando o ensino da escrita

Para a intervenção do professor ser mais produtiva, para ressignificar o ensino da escrita, têm de ser considerados: (i) escrita processual; (ii) orientações consistentes para produção textual; (iii) episódios de reescrita; (iv) avaliação formativa.

(i) *Escrita processual*

Ainda que não seja rotina na escola a abordagem da escrita como processo, observe-se que muitos estudantes até gostam de escrever, como vimos pelos depoimentos dos jovens, desde que não se trate de uma atividade escolar. Percebemos que os textos que redigem tratam de assuntos diretamente relacionados aos seus interesses. Eles gostam de escrever em suas agendas, nos cadernos de questionários (aqueles em que há uma pergunta de ordem pessoal em cada página), gostam de escrever e-mails, bilhetes, pichações etc. O que eles não entendem é por que "a escola nos ensina a transcrever e não a escrever (...). Os

Capítulo 7 - Ensino de produção textual **97**

alunos só usam a escrita para transcrever a fala dos professores e copiar textos alheios, como se fossem robôs, sem ideias próprias", como já o disse Meserani (*apud* Vasconcellos, 1994, p. 97).

Além desse tipo de ensino que não ensina, há o questionamento de muitos alunos que têm a impressão de que o que se aprendem na escola só serve para provas ou para redigir textos que serão analisados e corrigidos a partir do prescritivismo da gramática normativa. Isso acontece quando o estudante não consegue estabelecer uma conexão entre o que se aprende na escola e a vida de verdade. Uma prática que costuma complicar ainda mais o ensino do texto escrito é a de solicitar uma redação toda vez que não se tem o que fazer com os alunos. Falta um professor, não importa de que disciplina, pede-se uma redação sobre qualquer coisa. Usar a produção textual dos alunos para "resolver" um problema da escola é absolutamente contraproducente (pior ainda se ninguém corrigir...).

A ansiedade do professor de português, no sentido de querer dar conta de muita coisa num só momento, tem de ceder lugar a uma postura coerente com sua realidade, que o conduza a traçar objetivos de acordo com as situações concretas de sua sala, o que inclui as carências previsíveis de materiais. Por isso, não se pode pretender objetivos mirabolantes.

No caso do ensino da gramática, como ela precisa ser ensinada de modo que o menino perceba a língua em uso, para que ele apreenda conceitos e formas em funcionamento, não podemos "poluir" a cabeça dos aprendizes com muitas informações. Sabemos que os conteúdos gramaticais são repetidos à exaustão e nem por isso o aluno os domina. Talvez seja mais sensato que o professor opte por um ponto gramatical por vez e que, de preferência, use o texto do próprio aluno para trabalhar o que foi selecionado. Por conta das atividades epilinguísticas, quando apresentamos a terminologia, a metalinguagem, o aluno já está mais receptivo para aprender como se chama aquele fenômeno que ele já percebeu como funciona.

Isso posto, tomemos o aspecto fundamental do eixo epistemológico: **a escrita como processo**.

Na concepção do sujeito comum, percebe-se que ele tem algumas ideias referentes ao esforço e às angústias que fazem parte do ato de escrever. No entanto, na maioria dos casos, ele atribui as dificuldades como próprias de escritores falidos, sem se dar conta de que mesmo escritores bem sucedidos as enfrentam. Cabe ao professor assumir um papel de incentivador e organizador da produção escrita de seus alunos. Para isso, é preciso levar em conta uma proposta teórico--metodológica que acate o processo da escrita, descartando aquelas que trabalham tão somente sobre o texto acabado, ou seja, o texto produto.

Se observarmos o que escritores revelam sobre o ato de escrever, podemos romper com a ideia de dom, revelando que, pelo contrário, o escrever exige esforço, suor, trabalho... Seria relevante gerar uma discussão com os alunos acerca da falsa ideia de que o ato de escrever esteja ligado a um "dom especial", noção errônea que, muitas vezes, acaba por criar barreiras diante da escrita. Outro aspecto a ser destacado diz respeito às aulas de redação, desde a já tradicional restrição à tipologia textual, classificando os textos em três tipos (narração, descrição e dissertação), até à falta de sistematização para um ensino eficaz da escrita.

As etapas do processo do ato de escrever

No caso da redação escolar, frequentemente ouvimos referências à inspiração ou à falta dela e, raramente, encontramos propostas de ensino que mostrem o ato de escrever como uma atividade que se desenvolve gradativamente, com muito empenho. Daí termos de assumir a ideia de considerar cada texto não como um objeto pronto e acabado, mas, sobretudo, como produto de uma série de operações. Ter isso em conta implica a possibilidade de ensinar a produção textual, por ser exequível dividir o processo da escrita em atividades básicas e, a partir da distinção das várias fases progressivas que compõem a realização do texto escrito, levar o aluno a utilizar, para cada uma delas, técnicas e procedimentos específicos.

- **Planejamento**: etapa que pouco os estudantes conhecem, tampouco a utilizam. Em geral, ou iniciam a redação logo que recebem o tema a ser desenvolvido, ou aguardam por uma inspiração (às vezes, mordendo a caneta, "olhando para o tempo"). Esperar pela inspiração, caso ela não esteja associada a um raciocínio ativo sobre a redação, é perder tempo. Planejar, ao contrário do que muitos pensam, não é perda de tempo. Planejo para saber o que dizer, para quem dizer, em busca da palavra certa para um certo leitor. O planejamento pode ser mental, o que dispensaria uma confecção de uma organização por escrito.

- **Tradução de ideias em palavras:** esta segunda etapa, que diz respeito à conversão em língua escrita das ideias organizadas segundo o que foi aventado no planejamento, configura-se numa primeira versão. Uma das grandes dificuldades que costumamos é convencer nossos alunos da imanente necessidade da execução desta etapa. Para demovê-los de tal resistência, podemos partir de um questionamento acerca da produção de textos de autores tidos como de sucesso, levando os estudantes a refletir: é possível alguém escrever um texto de um jorro só? A relutância em fazer um esboço ou rascunho por escrito é comum a muitos de nós, num determinado estágio da escolaridade, porque, antes mesmo de começar, desconfiamos de que iremos mudar alguma coisa (ou muitas), o que implica mais trabalho. Mas, sem dúvida, para aqueles que percorrem esta etapa, o resultado é outro. Este é o momento de passar para o papel as ideias, ou seja, 'traduzir' as ideias em palavras. Fazendo um esboço, rotineiramente chamado rascunho, o indivíduo realiza uma espécie de consórcio entre as ideias e as palavras com as quais tem intenção de traduzir seu pensamento. É importante dizer aos alunos que, como cada um tem o seu estilo para escrever, se uma ideia ocorrer, ainda que pareça estar meio desvinculada do texto, é oportuno colocá-la no papel, pois ela pode ser aproveitada mais tarde. O conjunto dessas explanações denota que, graças ao caráter temporário desta fase, o texto é um texto provisório que apenas começa a tomar corpo.

- **Revisão**: talvez seja a etapa contra a qual os alunos mais se rebelam, apesar de ser o passo fundamental para a produção de um texto. É uma etapa que, em geral, é descuidada na escola, pois é frequente observar que os rascunhos das redações apresentam poucas correções; muitas vezes, as redações passadas a limpo em quase nada diferem dos rascunhos. Isso se deve à rapidez com que os textos são relidos, o que não dá margem a uma leitura crítica. O intuito principal da revisão é o de ajustar as palavras e construções às intenções do autor, de constatar se as ideias foram expressas de modo organizado, claro e coerente. Mesmo que a revisão se deva a um mecanismo de ordem intuitiva, ou inconsciente, esse processo denota uma preocupação do redator em adequar seu texto ao destinatário-leitor, bem como à finalidade preestabelecida. No contexto escolar, entretanto, a preocupação com a finalidade, em geral, restringe-se à avaliação. Fora do contexto escolar, o processo de revisão costuma ser repetido algumas vezes, o que contribui para a melhora da forma final do texto. Sendo o próprio autor responsável pela revisão, observa-se que quanto maior for o intervalo de tempo transcorrido entre a composição e a revisão, mais produtiva ela será. Além disso, a elaboração de várias versões com base nas correções feitas não só pelo professor, mas também pelos colegas, pode ser mais uma significativa contribuição para a feitura ou refeitura de um texto. Na revisão, o aluno-escritor passa a ser leitor de si mesmo, para manter a unidade de seu texto, isto é, para não perder de vista o sentido global, enfim, para burilar seu texto. É, pois, nesse ponto do processo que a gramática normativa desempenha papel fundamental, colaborando para que se evitem mal-entendidos. Isso pressupõe que o escritor detenha um conhecimento prático da gramática, o que não se confunde com memorização da terminologia gramatical. Ao debruçar-se sobre a primeira versão de seu trabalho, lê e relê, ajusta daqui e dali, alternando sucessiva e recorrentemente sua figura: de leitor para escritor e vice-versa. Talvez seja mais viável que o professor não se detenha a explicar pormenorizadamente esses expedientes recursivos do processo, para o aprendiz não se sentir afrontado diante dessa atividade que exige uma dedicação e um cuidado maiores, se comparada ao modo com que ele normalmente executa seus trabalhos. Quando o aluno começa a revisar, é provável que ele mesmo venha a descobrir que quanto mais o texto é revisado, melhor pode ficar o seu produto final. Se houver condições, sugiro que alguém faça uma parceria com o redator neste momento. Tenho desenvolvido essa correvisão com alunos de diferentes níveis e cursos. Ora, em duplas, os alunos trocam seus textos provisórios, ora um aluno lê em voz alta para toda a turma o que produziu, para que todos possam comentar, sugerir. O resultado tem sido bastante proveitoso. O mais interessante é que, frequentemente, ao terminar a leitura socializada em voz alta e apesar de ter relido *n* vezes seu texto, o próprio autor percebe as lacunas, inadequações e outros problemas localizados em relação aos procedimentos coesivos, por exemplo. Repetir a revisão mais de uma vez contribui para a melhora do texto final, tarefa normalmente feita pelo próprio autor. Nesse caso, a revisão será mais produtiva quanto maior for o tempo transcorrido entre a primeira versão e a revisão.

- **Editoração**: etapa em que o redator dá acabamento a seu texto em função de quem o lerá, de onde veiculará. Apesar de se tratar da configuração da forma final do texto (incluindo aí a diagramação, o visual do texto), é bastante frequente a ocorrência de alterações de vários tipos também aqui.

- **Guardião do texto**: componente que monitora recursivamente todo o trabalho de feitura do texto. A primeira observação a ser feita aos estudantes sobre esse componente está em mostrar-lhes que uma espécie de noção intuitiva perpassa todo o processo de escritura, como se fosse um elemento de "vigilância" que opera durante todo o processamento do texto. Trata-se de um componente que está em constante estado de alerta, dando um acompanhamento permanente de controle para verificar todos os aspectos e ângulos do que está sendo produzido, ou seja, se as condições da produção estão sendo satisfatórias. Esse componente serve para orientar o produtor-escritor quanto à manutenção de metas daquilo a que ele se propôs escrever. Nesse componente estão em jogo certos aspectos: o bom senso do indivíduo (realidade concreta), sua intuição (mundo das possibilidades), seus sentimentos (valores pessoais), enfim, sua experiência de vida. A partir da explicitação do componente "guardião do texto", falta acrescentar aos alunos que o processamento de um texto não é linear e cada um tem o seu modo de organizar suas ideias. Sendo assim, o ponto de vista, bem como o objetivo que se quer alcançar, pode ser alterado durante a escritura, pois existem alguns intercâmbios durante o processo de construção do texto que contribuem para efetuar alterações em todos os seus momentos.

(ii) Orientações para a produção textual

Como bem apontaram alguns professores acerca da necessidade de instruções mais substanciais para a produção do depoimento *Para mim, o que é escrever*, apresento sugestão referente às instruções que norteiam a produção textual dos alunos, pois a atividade de redigir pode ser relativamente facilitada, quando o professor oferece orientações precisas. A insegurança do aluno, decorrente de vagas suposições quanto à tarefa de escrever é que pode gerar perda de tempo.

É comum que o professor utilize o título para fornecer instruções, mas nem sempre o título oferece pistas suficientes para que sejam esclarecidas todas as características do texto. Na maioria dos casos, o professor prontifica-se a oferecer esclarecimentos adicionais. Para ele encaminhar a tarefa de seus alunos, deixando-os menos inseguros, alguns elementos devem estar presentes na proposta de produção textual, tais como leitor (contexto em que será lido), propósito comunicativo, gênero do texto, suporte, critérios de avaliação, enfim tudo que for necessário e dispensar complementações do professor.

(iii) Episódios de reescrita

Episódios de reescrita podem ser desencadeados já desde a etapa da revisão, como vimos. A elaboração de seguidas versões do texto com base nas orientações feitas (pelo professor ou pelos colegas) pode trazer significativa contribuição para o texto final.

Quanto à intervenção do professor, note-se que ele não só pode desempenhar papel de correvisor ao orientar seu aluno a reescrever durante a revisão, mas também intervém no produto final. Ao mediar a atividade de reescrita, o professor aponta dificuldades de competência linguística, referentes tanto à coesão como à coerência, uma vez que a reescrita se constitui numa prática de "exploração das possibilidades de realização linguística, de tal forma que o instituído pelos cânones gramaticais" seja "colocado a serviço desse objetivo maior e, por isso mesmo, passível de releituras e novas formulações" (JESUS, 1997, p. 100). O ensino da gramática, que tem por finalidade levar o aluno a falar e a escrever melhor, implica duas vias complementares: uma, que indica uma perspectiva voltada ao domínio da gramática normativa; outra, que se refere ao desenvolvimento de atividades de reflexão sobre a língua e seu funcionamento no mundo. Tais habilidades constituem competência mais ampla – a da lógica **linguístico-verbal – a partir da qual se descartam informações menores e periféricas e desenvolve-se o raciocínio lógico-verbal.** A gramática, concebida aqui como ferramenta auxiliar do texto do aluno, tem a ver com a capacidade de estruturação mental para que se alcance o efeito de sentido pretendido com adequação do ato verbal à situação de interação.

Para direcionar à reescrita, o professor, preferencialmente, não só aponta o problema, mas o descreve, indicando possibilidades de como poder resolvê-lo. No plano da coesão textual, o professor pode assinalar códigos de correção propostos anteriormente, ou, por exemplo, registra perguntas (quem? o quê?), quando do emprego de formas linguísticas referencias que não recuperam com clareza o referente, ou questiona o sentido instaurado pelo emprego de conectores sequenciais. Também podem ser problematizadas escolhas lexicais que contribuam para a manutenção do sentido, quando do uso de termos e/ou verbos genéricos, assinalando perguntas (como assim? em que sentido?). No plano da coerência, a intervenção do professor se volta à significação do texto como um todo. Em atenção às necessidades dos alunos, o professor observa que aspectos precisam ser reestruturados para dar conta da unidade temática, da sequência lógica e da explicitação/ampliação das ideias, por exemplo. Orientações referentes à paragrafação, ao emprego dos sinais de pontuação também são aqui relevantes, uma vez que a pontuação tem função lógica e, se bem empregada, evita erros de interpretação.

Retomo Geraldi (1995, p. 165) para encerrar esta parte: "centrar o ensino na *produção de textos* é tomar a palavra do aluno como indicador dos caminhos que necessariamente deverão ser trilhados no aprofundamento quer da compreensão dos próprios fatos sobre os quais se fala, quer dos modos (estratégias) pelos quais se fala".

(iv) Avaliação formativa

A avaliação da produção textual baseada na higienização e no prodígio da nota são os principais óbices do ensino da escrita. "Limpa-se" o texto do aluno e, segundo critérios quantitativos, atribui-se uma nota a esse produto. É preciso dispensar tanto a prática higienista como a concepção de nota como uma medida. Nota é apenas a descrição resumida de uma realidade.

A avaliação é um recurso metodológico que auxilia o professor a organizar seu trabalho, para reorientar-se quanto ao processo ensino-aprendizagem. Assumir o papel de educador – aquele que faz uso da avaliação para seus alunos aprenderem mais e melhor – é ter a avaliação como uma prática educativa, cuja exigência está calcada na reflexão acerca do processo educacional. O educador, num esforço de consciência reflexiva, se revê para interpretar sua ação e a realidade que vive e passa a pensar a avaliação do rendimento escolar não só direcionada ao aprendente, mas também ao ensinante, pois, na verdade, o processo avaliativo tem de estar a serviço do ensino de qualidade que promove a aprendizagem (PASSARELLI, 1996).

Daí a opção por um procedimento de avaliação segundo os pressupostos da avaliação formativa (ALLAL, CARDINET e PERRENOUD, 1986, p. 14). Visando a orientar o aprendiz quanto ao trabalho escolar, a avaliação formativa, de perspectiva construtivista, subsidia o professor a conhecer mais sobre o processo de aprendizagem do aluno, bem como sobre suas estruturas de pensamento, a ponto de entender por que ele está (ou não) aprendendo. Ao possibilitar a detecção de dificuldades, do tipo de erro que o aluno comete e o raciocínio empregado para resolver a questão, e não apenas o resultado, busca ajudá-lo a descobrir os processos que permitirão seu progresso no processo de apreensão dos conhecimentos, desenvolvimento e aprimoramento de competências. Nessa perspectiva o professor tem de focalizar o erro como "um estado de representações, olhando-o sem se escandalizar", constitutivo e inerente de uma dada fase de construção da aprendizagem, "em que os alunos não se situam no mesmo ponto" (AZEVEDO, 2000, p. 66).

Nesse sentido, para avaliarmos, temos de compreender que cabe a nós, professores, incitarmos o aluno a (re)construir, resgatar sua historicidade, e, já que podemos reverter situações para o positivo, fica claro que se não nos conscientizarmos do poder que está em nossas mãos, outros riscos poderiam ser citados, como os que estão ligados ao "poder" do docente, pois, quando mal administrado, contribui, sem dúvida, para a alienação de alguns de nossos estudantes, em relação à vida, se eles se sentirem oprimidos pela prática avaliativa como instrumento de poder.

Descartar da avaliação essa relação de poder é inserir o aprendente num processo avaliativo em parceria por propiciar ao aluno a possibilidade de assumir a responsabilidade por seu desempenho e de acompanhar sua própria aprendizagem. Com o estabelecimento de tal relação intersubjetiva no decurso da aprendizagem, o professor observa como os alunos operam e progridem e obtém informações para sugerir interpretações quanto às estratégias e atitudes deles e intervém nas formas de procedimento de seus alunos, sustentando significativamente a ação pedagógica. Sendo assim, "avaliar é fazer um juízo de valor ou de mérito" (AUSUBEL, *apud* FARIA, 1989, p. 48). Ou seja: levar em apreço os resultados educacionais, cuja finalidade é a de averiguar se cumprem ou não um conjunto determinado de metas educacionais, descartando-se do processo avaliativo a conotação de instrumento controlador. Se a observação dessas metas apontar que não estão sendo galgadas, os resultados do ensino destituem o sentido da avaliação.

Numa abordagem voltada à práxis, tendo o professor como o protagonista no processo de avaliação, concluímos que avaliar não se trata de um fim, mas um meio. Por conseguinte, por intermédio de uma tomada de consciência, poderemos galgar o trajeto que nos conduza à "tomada de decisão no sentido de adequar o sistema a seus objetivos; ela (a avaliação formativa) visa à melhoria constante e é contemporânea à ação" (OLIVEIRA & OLIVEIRA, 1973, p. 74), desde que estimemos os passos progressivos de nossos alunos, em relação àquilo que nos propusemos ensinar.

Ter em conta a noção de avaliação formativa para o ensino da escrita requer que o professor encaminhe seus alunos com suficiência e clareza ao solicitar a feitura de um texto. Como a qualidade da produção textual depende de uma prática mais constante, ao orientar seus alunos por meio das instruções que apresentam o contexto da tarefa de escritura, o professor pode explicar que o objetivo daquela atividade é praticar para melhorar o modo como o aluno escreve. Com isso o professor promove um processo de conscientização para o aluno adquirir um ponto de vista crítico com o qual possa controlar o conjunto de problemas que, usualmente, está presente na escrita de um texto. E, assim, o professor assume os pressupostos da avaliação formativa para ajudar o aluno a descobrir os processos que permitirão seu progresso em termos de aprendizagem, considerando os "erros" como normais e característicos de um determinado nível de desenvolvimento na aprendizagem.

A TÍTULO DE CONCLUSÃO (SEM ESGOTAR O ASSUNTO)

Ao defender a ideia de que ressignificar o ensino da escrita a partir da intervenção mediadora do professor para a construção de um sujeito-autor em lugar de uma prática higienista, apresentei como pressuposto básico a interação construtiva. Mas isso terá mais sentido se o professor considerar e levar para sua prática pedagógica que a escrita é um processo que se constrói com vagar e em etapas, que as orientações para produção textual têm de ser claras e consistentes, que a relação dialógica da reescrita contribui para a qualidade do produto-texto do aluno e que a avaliação formativa é uma opção condizente com o conjunto destas sugestões.

Consciente de que a assunção de tais pressupostos requer um empenho e dedicação maiores e das condições nem sempre ideais que permeiam a atuação do professor, dispus-me a propor o que considero relevante para que o professor possa ressignificar sua ação pedagógica a partir de exemplo que não tem a mínima pretensão de dar conta da problemática que envolve o ensino da escrita, sequer de se prestar para preceituar.

Como o professor é o grande agente para desencadear mudanças, é ele quem deve conferir a requerida e devida atenção ao conjunto de relações peculiar e constitutivo das condições de produção textual, considerando os recursos expressivos mobilizados quando da construção de textos, e o aluno aprimore sua capacidade de produzir seu próprio discurso na produção textual que escreve e o revele em outros contextos situacionais de escrita.

Por não ficar restrita a um fim utilitário, a aula de linguagem se propõe favorecer a aquisição de processos, de meios que ajudarão o aluno a conquistar o seu ambiente, a nele integrar-se para, então, desenvolver-se no plano pessoal. Melhorar o desempenho linguístico com o uso eficaz da linguagem para alcançar o efeito que se pretende quando fala ou redige um texto, para usar melhor a própria língua, não apenas como aperfeiçoamento de tipo estrutural – correção de estruturas e aquisição de estruturas novas –, mas também e, sobretudo, como obtenção de sucesso na adequação do ato verbal às situações de comunicação.

Assim, com a mediação de um professor comprometido com sua educação permanentemente continuada, a intersubjetividade entre os atores da sala de aula resgataria o sentido da educação como instrumento de transformação social, com a explicitação de conteúdos e atividades próprias de sua atuação do professor – o fazer pedagógico – que engloba as três dimensões da prática docente: o *saber*, o *saber ser* e o *saber fazer*. Lembrando que a sala de aula é uma metáfora de ação pedagógica, é nesse espaço de interação verbal que se estabelece a relação dialógica entre sujeitos portadores de diferentes saberes. "São os saberes do vivido que trazidos por ambos — alunos e professores — se confrontam com outros saberes, historicamente sistematizados e denominados 'conhecimentos' que dialogam em sala de aula" (GERALDI, 1997, p. 21).

REFERÊNCIAS

ALLAL, L.; CARDINET, J.; PERRENOUD, P. **A avaliação formativa num ensino diferenciado**. Coimbra: Almedina, 1986.

AZEVEDO, F. **Ensinar e aprender a escrever:** através e para além do erro. Porto: Porto Editora, 2000.

BAKHTIN, M. **Estética da Criação Verbal**. São Paulo: Martins Fontes, 2000.

OLIVEIRA, M. R. e & OLIVEIRA, J. B. A. e. **A função da avaliação na tomada de decisões educacionais.** Brasília: MEC, 1973.

BRANDÃO, H. N. Texto, gêneros do discurso e ensino. In: BRANDÃO, H. N. (org.). **Gêneros do discurso na escola**. São Paulo: Cortez, 2000, pp. 17-84.

FABRE-COLS, C.; CAPPEAU, P. Pour une dynamique de l'apprentissage: Lecture/écriture/réécriture. In: **Études de linguistique appliquée**, 101. Paris: Didier Érudition, 1996, pp. 46-59.

FARIA, W. **Aprendizagem e planejamento.** São Paulo: Ática, 1989.

GERALDI, J.W. A linguagem nos processos sociais de constituição da subjetividade. In: _____ . **Ancoragens: estudos bakhtinianos**. São Carlos - SP: Pedro & João Editores, 2010, p. 123-131.

_____ . Da redação à produção de textos. **In:** CHIAPPINI, Ligia. **Aprender e Ensinar com Textos de Alunos.** São Paulo: Cortez, 1997.

_____ . **Portos de Passagem.** São Paulo: Martins Fontes, 1995.

JESUS, C.A. Reescrevendo o texto: a higienização da escrita. In: GERALDI, J.W.; CITELLI, B. (Coord.). **Aprender e ensinar com textos de alunos**. São Paulo: Cortez, 1997, p. 99-118.

PASSARELLI, L.G. **Ensino e correção na produção de textos escolares.** São Paulo: Cortez, 2012.

_____ . **Educação linguística continuada:** reflexões e práticas. Relatório final de hospitalidade acadêmica — pós-doutoramento. Estudos da Linguagem da Universidade Estadual de Campinas. Campinas - SP: UNICAMP, 2005.

_____ . **Teoria e prática na educação linguística continuada.** Tese de doutorado. PUC/SP, 2002.

_____ . A relação interativa *versus* o desafio do professor: avaliar. *In:* **Revista da APG:** Revista da Associação dos Pós-Graduandos da Pontifícia Universidade de São Paulo. Ano IV, nº 7. São Paulo: Editora da APG, 1996, p. 218-227.

VASCONCELLOS, C.S. **Construção do conhecimento em sala de aula.** São Paulo: Libertad, 1994.

8

Gêneros jornalísticos em livros didáticos de Língua Portuguesa

Márcio Rogério de Oliveira Cano

A proposta deste texto é discutir de qual forma os livros didáticos de Língua Portuguesa desenvolvem as atividades relativas aos gêneros do discurso jornalístico, tomando essas atividades como práticas de leitura e produção textual. Partimos do princípio de que as editoras tenham reorganizado a estrutura das suas obras didáticas com o intuito de atender às exigências do MEC (Ministério da Educação e Cultura) ligadas, principalmente, aos PCNs e ao Plano Nacional do Livro Didático (PNLD)[12], para poderem ser utilizadas em sala de aula.

Para tanto, tomamos como ponto de partida o *Guia dos Livros Didáticos* de 2005, pois, qualquer livro didático usado na escola da Rede Pública do Brasil, a partir do ano de 2006, seria, obrigatoriamente, um dos livros indicados pelo Guia. Examinamos todas as coleções para termos uma ideia geral de como se dá a presença dos gêneros do discurso jornalístico e de como são trabalhados nas unidades didáticas. De imediato, percebemos a grande quantidade de textos jornalísticos que aparece nos livros, o que tornaria inviável a análise de todos eles. Como havia certa regularidade no tratamento dos textos de jornal, buscamos um critério de escolha de duas coleções que fossem representativas do restante dos livros. Retomamos o *Guia do Livro Didático* para verificar de que forma ele procedia as indicações. Pudemos depreender que, de maneira geral, admite-se a existência de livros indicados

> 12: PNLD – Plano Nacional do Livro Didático, instituído em 1985 pelo Governo Federal, com o intuito de sistematizar a compra e distribuição dos livros didáticos para o país. Em 1996, por meio do PNLD, o MEC passou a avaliar esses livros oferecendo, posteriormente, um *Guia do Livro Didático* (1998) que trouxesse aqueles indicados para escolha nas escolas públicas.

com algumas ressalvas e livros indicados com muitas ressalvas. Decidimos escolher um livro de cada uma dessas categorias de indicações:

indicado com muitas ressalvas: Linguagem: criação e interação, Cássia Garcia de Souza e Márcia Paganini Cavéquia. 2002. Ed. Saraiva.

indicado com algumas ressalvas: Português: leitura, produção e gramática, Leila Sarmento. 2002. Ed. Moderna.

Feita essa etapa, analisamos várias ocorrências e expusemos, neste texto, três delas para evidenciar três motivações mais recorrentes: o uso dos gêneros como pretexto para moralizar, para ensinar a gramática e para ensinar a produzir texto por meio de modelos legitimados.

GÊNEROS DO DISCURSO

Ao explorar a constituição dos gêneros do discurso, Bakhtin (2000) parte do enunciado como unidade da comunicação verbal, ou seja, não parte do texto e nem de enunciado como um conjunto de orações.

É justamente na distinção entre oração e enunciado que Bakhtin mostra os limites do conceito de um enunciado. Para o autor, os limites são determinados pela alternância dos sujeitos falantes, marcado mais explicitamente no diálogo cotidiano, mas que também encontra marcas em gêneros de discursos mais complexos como no literário ou científico. É a posição responsiva que marca o acabamento do enunciado.

Para mostrar ainda mais os limites de um enunciado, Bakhtin (2000) apresenta três fatores que contribuem para dar o acabamento a sua totalidade e abrir a possibilidade da resposta. São eles: *o tratamento exaustivo do objeto do sentido; o querer-dizer do interlocutor* e as *formas típicas de estruturação do gênero do acabamento.*

Em todo momento, em suas obras, Bakhtin (1992, 2000) ressalta a importância de se entender os gêneros do discurso em uma perspectiva dialógica. Isso implica entender que existe uma cadeia verbal de enunciados que respondem uns aos outros de uma forma ou de outra e que são responsáveis pelas regularidades que permitem os gêneros discursivos existirem sem que, a todo o momento, em que há a necessidade de se comunicar, o indivíduo tenha que inventar um gênero. É esse mesmo dialogismo que possibilita certa estabilidade na estrutura básica do gênero: construção composicional, estilo e tema.

O *tema*, de que fala Bakhtin, se constrói na interação, como resultado do tratamento exaustivo do objeto do discurso. Por isso, é preciso estabelecer uma diferenciação entre significação, objeto do discurso e tema. A significação pode estar recorrente na língua, como um sentido atribuído às palavras no seu estado dicionarizado, ou seja, sem sua utilização em dado contexto. Já o objeto do discurso é aquele tratado pelo enunciado, que traz vestígios de sentidos recorrentes de outros enunciados que o tiveram como foco.

A estrutura composicional é relativamente estável, ou seja, em dada esfera, os indivíduos possuem um arsenal de gêneros possíveis que se apresentam, no momento da interação, de forma, mais ou menos igual. Alguns são mais maleáveis que outros. A estrutura composicional está ligada intrinsecamente com o estilo, cuja variação ocorre em relação às coerções do gênero e à criação individual.

Nesse sentido, o gênero tomado como centro do ensino de Língua Portuguesa, serviria para desenvolver a competência discursiva dos alunos, pois é por meio deles que se interage e que se age sobre o outro e sobre a sociedade, porém não é sempre assim que são usados, como veremos no caso dos livros didáticos analisados.

O TEXTO E SEUS PRETEXTOS

O TEXTO COMO PRETEXTO PARA MORALIZAR

No livro didático *Linguagem: criação e interação* (2002), há vários gêneros do discurso jornalístico colocados para reforçar pensamentos moralizantes. São posições em relação a temas como as drogas, sexualidade, namoro, família etc. Em seu volume da 8.ª série[13], na unidade 4, inicia-se um trabalho cujo título é *"Quem te viu, quem TV"* que faz referência ao tema televisão e, com o objetivo de discutir, é usado um *artigo*, publicado na *Folha de S. Paulo* (03/01/1999), *"Médicos Advertem: TV faz mal"*, de autoria do jornalista *Francisco Martins da Costa*, no caderno *TV Folha*.

13: Usaremos a nomenclatura vigente na época da escolha dos livros que organizava os ciclos do Ensino Fundamental em série e não em anos.

O texto traz pesquisas que comprovam o quanto a TV prejudica o indivíduo em uma série de situações, elevando esse hábito à categoria de vício. É colocada a quantidade necessária de sintomas para se configurar o vício. De acordo com o artigo, a TV é vista como sedativo, propagadora da violência, causa problemas de obesidade e anorexia, entre muitos outros. Posteriormente, são apresentados, na seção *"Painel do texto"*, mais dois textos: um sobre a história da televisão e outro sobre bulimia e anorexia, duas questões presentes no texto *"Médicos Advertem: TV faz mal"*. Os dois textos complementares têm como objetivo intervir no conhecimento prévio do aluno, já que, na ótica das autoras, são assuntos que os alunos não conhecem.

Parte-se então para a seção *"Estudo do Texto"* que tem como objetivo resgatar a leitura feita com questões pontuais a serem encontradas no texto. São questões como:

a. *No decorrer do texto, o articulista apresenta uma série de malefícios causados pela televisão. Faça uma lista por escrito descrevendo esses malefícios.*

b. Ao apresentar as constatações acerca do assunto, o autor se vale de sua própria opinião ou utiliza relatos e experiências de pessoas e órgãos especializados no assunto: justifique sua resposta.

c. Releia o 2º parágrafo e explique qual é a função da expressão entre parênteses.

Essas questões são apenas para termos uma ideia daquilo que o manual torna relevante para o aluno. Todas elas apontam para a prática de retomar a leitura do texto, a partir de uma informação pontual. Porém, se tratarmos o texto como um gênero do discurso jornalístico, essas questões aparecerão com certos problemas.

Na questão *(a)*, o objetivo é fazer com que o aluno perceba que o jornalista já inicia o texto apresentando uma série de vícios da vida moderna, para, posteriormente, dizer que *"A televisão também entra nesse rol..."*. Porém, para entender isso como estratégia, ou estilo, é necessário que se especifiquem as condições de produção do texto, quais são os interlocutores envolvidos, o jornal, o caderno em que se encontra, enfim, uma série de dados, pois, se assim não for, não há sentido em ter estratégia/estilo. O mesmo se vê na questão *(b)*, em que a utilização de relatos e experiências de pessoas ou ação é uma estratégia de convencimento. Se a estratégia é uma forma de convencimento, o texto objetiva convencer quem? O aluno que não é.

O texto encontra-se no caderno *TV Folha, da Folha de S. Paulo*. Como se trata de um artigo, o leitor do jornal já o lê como um gênero que polemiza algum tema. E é interessante notar que, ao discutir a televisão em uma perspectiva negativa, o jornalista propõe um debate justamente com aquele que assiste à TV. É a esse público que o caderno se destina, pois trata de personalidades da TV, novelas, filmes que entrarão na programação. Logo, para convencer o já assíduo espectador desse meio de comunicação é que o jornalista lança mão de estratégias contundentes, a fim de que o leitor concorde com o ponto de vista adotado.

Pensando nisso, a questão é incompleta, pois não prevê essa interação. A estratégia passa a ser das autoras que se apropriam da estratégia do jornalista para convencer o aluno do ponto de vista apresentado no livro. Logo, o ponto de vista delas.

Além disso, o título do texto é, na verdade, a abertura para essa inferência que a questão propõe. Como a manchete diz *"Médicos advertem: TV faz mal"* e logo após introduz coisas como *fast-food*, bebidas alcoólicas e tabaco, há uma intertextualidade com a tarja que aparece nos maços de cigarro *"O Ministério da Saúde adverte: fumar faz mal a saúde"*, outro processo estratégico, porém não referenciado na questão.

Na pergunta *(a)*, outra estratégia de convencimento é adotada pelas autoras ao pedir que os alunos, por escrito, listem os malefícios que a TV traz. É um

Capítulo 8 - Gêneros jornalísticos em livros didáticos de Língua Portuguesa   111

processo, praticamente, mecânico para salientar pontos que no olhar do manual merecem registro.

No exercício *(c)*, ao pedir que o aluno explique a função dos parênteses[14], novamente temos uma descontextualização do estilo pertinente à composição deste gênero e do meio em que circula. Por se tratar de um jornal de circulação entre um público que pode ou não conhecer palavras em inglês, é padrão jornalístico colocar a tradução. Isso também não é especificado pelas autoras.

Há apenas duas questões que levam em consideração o texto como um gênero do discurso jornalístico:

> d. *Os textos jornalísticos costumam ser escritos em linguagem clara, direta e em acordo com o padrão culto. O texto que você leu foi elaborado conforme esses critérios? Justifique sua resposta.*
>
> e. *O texto foi retirado de um suplemento de jornal que trata especificamente de assuntos relacionados à televisão. A partir dessa informação, a que conclusões você chegaria em relação à intenção com que o texto foi produzido e ao público a que ele se destina?*

14: Trata-se do uso da expressão *Turnoff Week* (Semana da TV Desligada)

Na questão *(d)*, está clara a visão que se tem de jornal neste manual: *linguagem clara, direta e de acordo com o padrão culto*. Ainda mais, quando, no Manual do Professor, a proposta de resposta diz que o aluno, ao retomar a leitura, comprovará que as características ali estão presentes. Logicamente que estão. Porém, essa questão só faz sentido, se pensarmos que tais características são pertinentes ao jornal considerado de primeira linha, em detrimento aos jornais populares que, muitas vezes, se utilizam de linguagem ambígua e no padrão ligado mais à oralidade, justamente para atingir e atrair o leitor mais voltado ao gosto popular. Por isso, trata-se de uma questão de estilo.

Já na pergunta *(e)*, temos uma proposta que deveria ser, talvez, a primeira. No entanto, no livro didático, ela está em outra seção que se chama *"Do autor ao leitor"*. Aqui, o aluno poderia partir para uma reflexão que o fizesse entender o sentido do estilo adotado pelo jornalista e responder com mais coerência as questões anteriores. Mas ainda não podemos deixar de registrar que a esfera de interação é condição básica para o entendimento do texto. Por isso, mais espaço deveria ser dado a sua discussão. Como o livro didático costuma, por tradição, trazer muito conteúdo e pouco tempo para explorá-lo, parte para outras questões relacionadas aos problemas da TV na vida do consumidor.

A exemplo do que vimos aqui, os gêneros do discurso jornalísticos são escolhidos para tratar de temas polêmicos trazidos pelas unidades didáticas e que, junto, atenderão a uma das propostas contidas no *Guia do Livro Didático* (1998, 2005), que é, justamente, fortalecer, no cidadão, referências de bons costumes, ou seja, moralizar. Não que sejamos, já de antemão, contra essa prática, o que não podemos é dizer que, nesse caso, o livro didático desenvolve o estudo do texto de circulação. O gênero do discurso *artigo* circula na esfera jornalística e não na esfera pedagógica, a não ser que seja apropriado por esta esfera. Assim, passa a ter outra função, uma vez que não mais funciona como gênero do discurso jornalístico.

Há nos livros analisados uma incidência muito grande de exercícios que seguem esse modelo.

O TEXTO COMO PRETEXTO PARA SE ENSINAR GRAMÁTICA

Utilizar o texto com a única função de ensinar conteúdos gramaticais é a prática mais tradicional dos livros didáticos. Em nossa análise, detectamos que com os gêneros do discurso jornalístico isso também acontece. Essa prática instaura um grande conflito, pois os recursos gramaticais são ligados ao estilo do produtor do enunciado, impulsionado pelo destinatário, pelo gênero, pela posição do enunciador, pelas coerções da esfera social. Por isso, não há como pensar na estrutura composicional e estilo fora desse contexto. Vejamos como, em um exemplo retirado do livro *Português: leitura, produção e gramática* (SARMENTO, 2002, p. 74, 6.ª série), este trabalho é desenvolvido.

Na seção intitulada *Gramática Textual,* é apresentada uma reportagem retirada do jornal *O Estado de S. Paulo* (11/01/2001) sobre os resultados de uma pesquisa feita na PUC-Rio, sobre as consequências que podem causar, na educação, o consumismo, na sua manifestação mais completa que é o *shopping*.

Retiramos, do livro, questões que se referem aos tempos verbais.

Releia esta frase:

"Psicóloga recomenda uso das tecnologias"

Empregue o verbo destacado em frases, nos três tempos derivados do pretérito: perfeito, imperfeito e mais-que-perfeito.

Explique o sentido de cada tempo do pretérito (passado) apresentados nas frases criadas por você.

O presente do indicativo pode expressar uma ação habitual ou frequente, como nesta frase do texto: "Elas estudam de maneira dispersiva". Crie uma frase com um verbo regular no Presente do Indicativo, exprimindo a ideia de ação habitual ou frequente.

Em contato com essas questões podemos fazer a seguinte consideração: não há qualquer relação entre elas e o texto, a não ser pelos fragmentos, que passam a ter seu sentido comprometido, pois não constituem um enunciado para análise.

Capítulo 8 - Gêneros jornalísticos em livros didáticos de Língua Portuguesa **113**

A questão é puramente mecânica e sem sentido, pois o presente do indicativo é uma característica estilística da reportagem que tenta atribuir aos fatos uma aparência de atualidade. Na proposição *"Psicóloga recomenda uso das tecnologias"*, percebemos que ela recomendou antes da reportagem ser publicada ou mesmo escrita, porém se passa a ideia de que a recomendação está sendo feita no momento em que a leitura se processa. Se, a partir de uma reflexão, chega-se à conclusão de que a recorrência do verbo no presente do indicativo, em gêneros jornalísticos, é alta e por isso passa a ser uma característica estilística, temos um importante exercício a ser feito com os alunos. No entanto, qual é a necessidade de se passar o verbo para os tempos pretéritos, o que isso interferirá nos sentidos possíveis para o texto lido?

A questão seguinte vai mais além. Pede ao aluno que explique o sentido das frases criadas no exercício anterior. Certamente, a nosso ver, a reposta poderia ser que não há sentido algum, no entanto, para o livro, o sentido está em copiar as definições de cada tempo verbal, já devidamente prescritas: *pretérito perfeito é ação concluída; pretérito imperfeito é ação inacabada...*

A última questão também vai no sentido de se criar frases desligadas de qualquer relação com o texto ou seu estilo, pedindo novamente ao aluno que se crie uma frase com o verbo no tempo presente.

Não podemos esquecer que tudo isso compõe a *"Gramática Textual"*, título da seção. Levantamos uma questão: onde está a gramática textual, tendo em vista que os estudos do verbo estão inseridos nas frases retiradas do texto ou criadas pelos alunos? No Manual do Professor, a autora diz que:

> *"A Gramática Textual ajuda o aluno a desfazer as dúvidas que possam ainda existir quanto a apreensão dos novos fatos linguísticos, interpretados a partir da leitura de textos escolhidos adequadamente. Priorizamos o trabalho com a semântica, a estilística, a estruturação de frases e o emprego das palavras, com a finalidade de privilegiar o discurso e a produção escrita". (SARMENTO, 2002, p. 30)[15]*

15: Esse trecho encontra-se na parte do livro que se constitui como Manual do Professor.

O trecho acima nos traz uma série de questionamentos. A autora não chega a definir o que é gramática textual, o que nos faz admitir que ela possui uma concepção equivocada, ao unir dois conceitos opostos, pois a gramática se preocupa com as palavras e as frases e não com texto em si, para merecer o nome de gramática textual.

Sarmento assinala, sim, a função que essa gramática possui, *"...desfazer as dúvidas que possam ainda existir quanto à apreensão dos novos fatos linguísticos..."* No entanto, não se evidenciam quais serão esses novos fatos linguísticos. Novos para quem? Para o aluno? Para a autora, no seu olhar do que pode ser novo para o aluno? Não se tem como saber, ou melhor, os exercícios mostram que o fato novo é aquele que a autora julga como novo, o que não precisa ser necessariamente novo para o aluno. É o gênero do discurso que deve suscitar no aluno uma reflexão acerca dos recursos gramaticais e não o contrário, ou seja, os recursos gramaticais não podem ser escolhidos pelo critério do estilo que se quer trabalhar.

A autora ainda diz que prioriza a semântica, estilo, estrutura de frases e emprego de palavras, privilegiando o discurso e a produção escrita. Porém percebemos que a preocupação está na morfologia. A rigor, a proposta não chega nem no nível sintático. Não há qualquer vínculo entre o uso do presente do indicativo e o estilo do jornalista na reportagem. Não há uma abordagem de como as frases se estruturam. O emprego de palavras é escolha estilística e não existe a presença dessa análise nos exercícios. E, por fim, não poderíamos concordar que haja qualquer trabalho que se insira em um nível discursivo, nem ao menos textual, já que fica no nível da criação de frases como produção escrita.

Não esperávamos encontrar, em um único exercício, todos os itens elencados pela autora, mas pelo menos um item teria que estar presente para justificar a defesa de uma *"Gramática Textual"*. Parece-nos que tal definição vem tentar aproximar esse manual da exigência dos *PCNs* (1998) que propõem uma gramática reflexiva no eixo reflexão-ação-reflexão. No entanto, nem a definição e nem o exercício tem qualquer relação com a proposta dos *PCNs*.

O TEXTO COMO PRETEXTO PARA A PRODUÇÃO DE TEXTOS

Outra prática, sempre muito comum nos manuais didáticos, é a leitura de um texto para que os alunos produzam outros a partir do modelo. Essa prática sempre levou em consideração os textos literários, tidos como exemplo de bem escrever, de escrever com erudição. Por isso, sempre foram muito usados para que os alunos pudessem escrever textos narrativos, descritivos ou dissertativos.

Em nossa análise, detectamos que as práticas não mudaram. Mudaram sim os gêneros, pois devem atender à orientação de escolhas de textos de circulação. Por isso, os gêneros do discurso jornalísticos são bastante utilizados. Mas os textos escolhidos são aqueles publicados em jornais considerados de primeira linha que, na visão dos autores de livros didáticos, são os que melhor servem de modelo para a produção textual do aluno.

Retiramos uma proposta de produção de texto do livro *Linguagem; Criação e Interação* (SOUZA e CAVÉQUIA, 2002, p. 207, 5ª série):

Capítulo 8 - Gêneros jornalísticos em livros didáticos de Língua Portuguesa   **115**

Produção de Texto

Reportagem e notícia

Nesta unidade você leu uma reportagem sobre o garoto Alexandre e estudou as características principais desse tipo de texto. Agora, analisará outro exemplo de texto jornalístico: a notícia.

Leia uma notícia de jornal em que é também relatado um salvamento bem peculiar.

Segue-se, então, uma notícia publicada no jornal *O Estado de S. Paulo* (25/02/1999) sobre uma cadela que defendeu duas crianças que foram atacadas por um pit bull no momento em que seu dono descuidou. As duas crianças sofreram ferimentos graves, foram levadas ao hospital e conseguiram sobreviver.

Após a leitura, segue uma afirmação e duas questões:

A notícia também possui os elementos que compõem o lide, ou seja, o fato, os participantes, o lugar e o tempo do acontecimento, além da explicação de como e por que o fato ocorreu.

- Identifique na notícia da página anterior os elementos acima que forem possíveis de encontrar.

- Traga de casa notícias e reportagens. Em conjunto com os colegas de sala, comparem esses dois tipos de textos jornalísticos e tentem chegar a uma conclusão sobre o que os diferencia.

A análise da notícia encerra-se nesses dois comandos, pois, para uma proposta de produção mecânica de texto, a simples leitura da notícia já possibilitaria a produção de um texto, segundo a concepção trazida pelo livro.

A notícia não é formada apenas pelo lide, como salientado pelo exercício. Cada um dos elementos que compõem o lide já seria tema para assuntos complexos. Por exemplo, ao pedir que o aluno identifique o fato acontecido, o manual precisaria propor de que forma é construído o fato, segundo o tema da notícia, pois temos, no mínimo, duas possibilidades: a) duas crianças são vítimas de ataque canino ou b) cadela salva duas crianças de ataque canino, como é a proposta do jornalista.

O jornal impõe um olhar para o ângulo que mais poderá atrair a curiosidade do leitor. O fato de duas crianças pobres, do bairro Parque Operário, município de Campos, no norte fluminense, sofrerem um acidente por consequência de um ataque de cães, talvez não veiculasse em um jornal de grande circulação em São Paulo, se não houvesse a possibilidade de se agregar um certo impacto ou ineditismo à situação. E foi criado, pois o tema gira em torno não das vítimas, mas sim da cadela que as salvou. É a atitude dela que se tornou fato noticioso, não o que acontecera com as crianças.

Temos aqui um exemplo de coerção característica da esfera jornalística que estabelece que o jornalista não deve simplesmente informar um fato, mas construí-lo de forma a explorar a novidade, o ineditismo, o seu lado mais apelativo. Isso não é discutido na questão, pelo contrário, é dito que o jornalista não faz nada disso, pois em um *Box explicativo*, as autoras dizem *"notícia é o texto em que o jornalista relata de forma breve e impessoal fatos ou acontecimentos que são de interesse público"* (SOUZA e CAVÉQUIA, 2002, p. 207). No mínimo, duas coisas não condizem com a definição de notícia. Primeiro, dizer que o jornalista é impessoal é dizer que não há a expressividade inerente ao ato verbal, ou seja, ao se produzir uma notícia não há uma valoração do objeto de sentido. O texto pode, sim, apresentar-se de forma impessoal, porém como estratégia argumentativa.

Em relação ao fato, o jornalista ressalta os laços familiares e a inocência das vítimas. Mantém sempre a presença da avó, a relação dos irmãos, o fato de os dois estarem brincando e serem indefesos diante da situação, mas nunca são designados por vítimas. A designação é sempre feita a crianças, meninos, garotos. Já a cadela é qualificada como corajosa, feroz, valente. Além disso, nas estruturas proposicionais, a cadela sempre é colocada na posição de sujeito em orações na voz ativa e os meninos na posição de sujeitos em orações na voz passiva.

Esses exemplos de recursos lexicais e sintáticos são utilizados pelo jornalista para atribuir um valor ao modo como descreve o acontecimento. Influencia, assim, a construção do tema, provando que o estilo do gênero é indissociável da estrutura composicional, somada ao estilo individual do jornalista. Por isso, não há como dizer que o jornalista seja impessoal.

O segundo problema é afirmar que o jornalista relata acontecimentos de interesse público. Logicamente, não vai para o jornal aquilo que não interessa para ninguém. Mas definir a notícia dessa forma, reduz toda a dinamicidade da esfera jornalística, que envolve interesses políticos e econômicos, de jornalistas e editores, de publicidade, de venda de jornal. Nem todo acontecimento nasce já com um interesse público implícito, em muitos casos ele é criado e, passado pelo crivo do editor, a quem cabe autorizar ou não a publicação.

Isso mostra que pedir para identificar o lide não contribui, ou, ao menos, não é suficiente, para o entendimento do que é notícia e nem para a construção dos seus sentidos possíveis.

A segunda orientação dada, trazer notícias de outros jornais e comparar as diferenças nos tipos de texto, tem como fundamento apreender a estrutura dos gêneros *reportagem* e *notícia*. Mas não é suficiente para entender o funcionamento da notícia, muito menos do discurso jornalístico. Até porque o aluno só tinha tido contato com uma reportagem que abria a unidade, de tema próximo ao do texto em foco. Na reportagem inicial, conta-se a história de um menino, em suas férias, ficou preso em um quarto de hotel durante oito horas, por causa de um furacão e depois foi salvo pelos pais quando já se encontrava na boca de um jacaré.

A proposta de análise reforça a identificação do lide, da manchete, da escrita em terceira pessoa, de comentários pessoais do jornalista e de transcrições de falas. Fica clara que a única possibilidade de diferença entre a notícia e a reportagem são os comentários explícitos do jornalista.

Depois dessas orientações, o manual passa a elencar uma série de procedimentos práticos para a elaboração do texto: escolher um acontecimento, fazer um plano de trabalho, pesquisar sobre o tema, produzir a reportagem etc. E a notícia que abria a seção é deixada de lado. Nem ao menos chegou a ser explorada em relação ao seu tema, ao estilo, à esfera social em que foi produzida. Só se falou sobre alguns aspectos, de forma bastante reduzida, da sua estrutura composicional. Sua única função foi a de servir de modelo para a produção de outro texto noticioso.

Como conhecimento de natureza procedimental, para a produção de texto é necessário ter modelos e parâmetros, porém, no caso de um trabalho centrado nos gêneros, os modelos precisam conter os traços dos produtores, da circulação e recepção dos gêneros. É necessário desenvolver o papel de jornalista e os recursos que usa para envolver o leitor em um gênero que circula em dado suporte e em dada esfera discursiva.

Considerações Finais

Neste breve espaço, propusemos um olhar mais pontual para a forma como os livros didáticos de Língua Portuguesa usados no Ensino Fundamental, ciclo II, desenvolvem, em suas unidades didáticas, o trabalho com os gêneros do discurso jornalístico. A nossa análise, de cunho exploratório, expôs alguns exemplos emblemáticos de como isso ocorre. A primeira conclusão a qual chegamos tem relação com a dificuldade de se inserir um gênero que faz parte da esfera jornalística em outra esfera social, que é a escolar, por meio do livro didático.

O livro didático pode se aproximar mais ou menos do discurso jornalístico transplantado para o ambiente escolar. A aproximação será maior se as práticas de produção de jornal e as leituras de textos forem devidamente isoladas das práticas tradicionais de ensino.

Por fim, ao detectarmos que os textos continuam sendo usados como pretextos e modelos de bem escrever, concluímos que pouco mudou desde a época em que os livros didáticos traziam apenas textos clássicos da literatura, sendo usados para ensinar gramática e formar leitores e escritores de textos considerados eruditos.

REFERÊNCIAS

BAKHTIN, M. (1992). **Marxismo e filosofia da linguagem**. 6.ª ed., São Paulo: Editora Hucitec.

_____, (2000). **Estética da criação verbal**. 3.ª ed., São Paulo: Martins Fontes.

GUIA DE LIVROS DIDÁTICOS, BRASIL. Secretaria de Educação Fundamental. (1998). Brasília: MEC/SEF.

_____, BRASIL. Secretaria de Educação Fundamental. (2005). Brasília: MEC/SEF.

PCNs, BRASIL. Secretaria de Educação Fundamental. (1998). **Parâmetros curriculares nacionais: ensino fundamental ciclo II: Língua Portuguesa.** Brasília: MEC/SEF.

SARMENTO, L. L. (2004). **Português:** leitura, produção e gramática. São Paulo: Moderna

SOUZA, C. G. e CAVÉQUIA, M. P. (2002). **Linguagem:** criação e interação. 3ª ed., São Paulo: Saraiva.

9

Por uma nova direção no ensino de Língua Portuguesa

Ligia Colonhesi Berenguel

Ler e escrever são habilidades sem as quais, no mundo atual, torna-se impossível conquistar autonomia social e desenvolver-se. Durante milhares de anos, entretanto, a comunicação direta foi a forma mais eficaz e usual em um contexto onde emissor e receptor encontravam-se presentes.

A comunicação oral, durante muito tempo, garantiu a inserção social. Atualmente, no entanto, ser competente no uso da escrita e da leitura é condição para a compreensão do mundo e para a atuação no mundo.

Embora fala e escrita possam ser consideradas realizações distintas de um mesmo sistema linguístico, estas diferenciam-se em seu uso, já que exercem funções distintas na vida social. Em um contexto de fala, por exemplo, é possível pedir esclarecimentos ou suprimir uma informação que se julgue óbvia para o interlocutor, podendo-se, inclusive, negociar a compreensão da mensagem, conforme destaca Teresa Colomer (2002), importante pesquisadora da aprendizagem da linguagem. A comunicação escrita, entretanto, exige habilidades e conhecimentos muito diferentes.

Do ponto de vista histórico, a crescente complexidade das organizações e das relações sociais, tendo em vista o avanço da tecnologia e a conquista do espaço geográfico pelo homem, tornou necessária a ampliação do acesso à alfabetização e, com isso, os contextos comunicativos adotaram pouco a pouco novas formas e funções. Atualmente, cada vez mais se faz necessário lançar mão da escrita em um contexto cujo receptor pode estar em tempo ou lugar distantes e, para tanto, dominar as habilidades de ler e escrever significa ultrapassar em muito a capacidade básica de traduzir uma mensagem do código escrito ao falado e vice-versa.

Os avanços técnicos permitem o uso da escrita em situações muito distintas daquelas que a definiram historicamente. É possível hoje, por exemplo, ler um livro sem tê-lo impresso em papel, transmitir uma mensagem pelo telefone, comunicar-se instantaneamente com alguém em outro continente.

O mutável ambiente em que a escrita se apresenta como instrumento de atuação social, impõe à escola a adequação dos objetivos de educação linguística no sentido de favorecer a construção de competências em termos de usos estes que adquirem continuamente novas especificidades e condições.

A língua escrita implica uma relação entre pensamento e linguagem diferente da que se produz no uso oral. Permite fixar e converter o pensamento verbal em um objeto suscetível de ser analisado, o que a torna o meio mais adequado para a reflexão e nos obriga ao processamento da informação de alto nível (cf. COLOMER, 2002). O domínio da escrita, portanto, potencializa o desenvolvimento cognitivo e permite o acesso a níveis superiores de abstração e generalização. Segundo Colomer, a língua escrita é o meio mais eficiente para que um indivíduo chegue a dominar as máximas potencialidades de abstração da linguagem.

Em nossa sociedade, a escola é o lugar privilegiado de ensino dos usos da linguagem. Lugar onde a aquisição e a prática da escrita devem acontecer visando a capacitação do estudante para os muitos usos da comunicação exigidos socialmente. Consequentemente, considerando o conceito defendido por Colomer, a prática da escrita na escola deve permitir a potencialização do desenvolvimento cognitivo do aluno a partir da inter-relação entre pensamento e linguagem, características do uso do código escrito.

Desta forma, portanto, ensinar a escrever significa garantir não somente o domínio do código, mas seu pleno uso de acordo com as mais variadas intenções e de acordo com os mais distintos contextos, elaborando formas superiores de raciocínio. Isto significa também possibilitar ao sujeito a aquisição dos conhecimentos oriundos das diferentes áreas através do exercício da linguagem e, com isso, ser capaz de produzir novas interações a partir destes.

Garantir o desenvolvimento do potencial cognitivo a partir do pleno domínio da escrita impõe à escola a necessidade do estabelecimento de objetivos bastante amplos no que se refere à aprendizagem da língua. Se a pretensão é dar condições para que o aluno desenvolva seu potencial cognitivo, é imprescindível que a escola promova desafios e situações didáticas adequados a uma prática da escrita que possibilite a ele estruturar suas próprias ideias, operar de forma consistente com as palavras, estabelecer novas conexões entre os conhecimentos. É necessário que se selecione criteriosamente propostas didáticas capazes de permitir ao aluno viver experiências pessoais de uso da língua.

Entretanto, apesar da reconhecida importância e complexidade dos conhecimentos a serem aprendidos pelo aluno a fim de se tornar um escritor e leitor competente, a prática da linguagem na escola se apresenta reduzida a situações cujo enfrentamento parece não exigir do aluno ir muito além do domínio dos recursos básicos da memória.

Antunes (2003), em suas pesquisas sobre o ensino da Língua Portuguesa, constata o uso frequente na escola de atividades em que se verifica como objetivo de aprendizagem a memorização pura e simples de nomenclaturas gramaticais e regras ortográficas, ou ainda a realização de exercícios de criar frases desconsiderando contextos reais de comunicação, sem qualquer valor interacional. Encontra-se nas escolas um ensino da linguagem planejado frequentemente a partir de propostas desconectadas dos usos sociais da língua, apresentadas de forma praticamente desconfigurada de suas características originais, em vista da multiplicidade de exigências e estruturas que os próprios textos adquirem na utilização na vida prática. Antunes (2003) afirma ainda que grande parte do tempo dedicado ao ensino da língua é voltado à prática de exercícios focados no reconhecimento de aspectos irrelevantes da língua, como dígrafos ou encontros consonantais, inteiramente adiáveis, em lugar de propostas que vinculem o aluno a contextos e a problemas próprios de quem produz linguagem.

O contato com textos nas escolas é restrito muitas vezes ao reconhecimento de nomes isolados ou à sua classificação, como se isolar palavras ou identificar fonemas, percorrendo sucessivos níveis de análise, permitisse a compreensão da natureza do texto. Da mesma forma ocorre com as produções escritas, que, quando propostas, muitas vezes prescindem de uma clara intenção comunicativa, requerendo do aluno apenas o raso domínio do código para sua realização.

Se o objetivo maior da escola no que se refere à educação linguística é a formação de usuários competentes, capazes de elaborações de pensamento a níveis superiores de abstração e generalização, parece que a prática de escrita, na escola, anda em descompasso com suas próprias metas educacionais ou, talvez, devamos dizer, com seu próprio papel social.

A partir deste contexto, este artigo objetiva problematizar as tradicionais práticas no ensino da Língua Portuguesa, especialmente ao que se refere ao ensino da leitura e da escrita. Assumindo um tom mais propositivo, este artigo visa uma reconfiguração dos usos da linguagem nas salas de aula, mais adequados aos propósitos requeridos à formação do aluno como usuário da escrita para sua plena atuação na sociedade contemporânea.

Centrado em práticas didáticas que se limitam a exercitar aspectos sem importância para a competência comunicativa, distante dos usos reais do escrito na comunicação diária, o ensino da escrita na escola mantém-se ao longo da escolaridade restrito a um nível bastante rudimentar, a que Wells (1987) denominou de *executivo*. Neste nível, saber ler e escrever consiste simplesmente em ser capaz de traduzir uma mensagem, o que, do ponto de vista educativo, representa apenas a posse estrita do código como tal. Se analisarmos o tipo de exercícios oferecidos amplamente nas aulas de Língua Portuguesa, que requerem do aluno somente a capacidade de reconhecer as unidades gramaticais e nomeá-las corretamente assim como listar frases ou (re)produzir textos sem qualquer compromisso verdadeiro com a efetivação da comunicação, concluímos que a escrita praticada para se ensinar a escrever centra-se justamente neste nível executivo do escrito.

Trata-se de um modelo didático que exige pouco do aluno, que insiste no enfoque de aspectos estáveis da gramática como conteúdo prioritário das aulas (para não dizer absoluto) e, desta forma, promove apenas um relativo desenvolvimento cognitivo.

Em trabalhos que abordam a relação do professor de português com os conteúdos ensinados em sua disciplina (SUASSUNA,1995; BRITTO, 1997) verifica-se, inclusive, que a maioria dos professores não crê na eficiência do ensino que segue reproduzindo.

Os resultados da aprendizagem neste modelo de ensino da língua indicam que temos diante de nós um verdadeiro fracasso no ensino da Língua Portuguesa, tal como trata Mário Perini no artigo *Sofrendo a Gramática*.

Diante desta fracassada relação no ensino, Wells propõe um modelo de concepção da língua escrita mais amplo, que permita ao estudante o domínio do escrito como meio de transformação e de atuação sobre o conhecimento e a experiência. Destaca a necessidade de a escola ajudar os alunos a desenvolverem um domínio de escrito denominado por ele de *epistêmico*, permitindo o uso da linguagem como uma maneira de pensar e capacitando-os, portanto, para que cheguem a ser comunicadores críticos e criativos. Para Wells, é necessário promover diferentes experiências com a escrita de modo que se permita ao aluno a construção de referenciais relacionados não somente à compreensão do código, mas a possibilidade de seguir instruções, ler um jornal, selecionar e registrar informações, alcançando o uso da escrita como meio de atuação sobre o próprio conhecimento.

A ampliação e aprofundamento do uso e da reflexão sobre a escrita na escola, vislumbrado em toda sua complexidade, requer uma análise mais cuidadosa e responsável da relação do aluno com textos, a ser mediada e planejada pelo professor.

Um ensino que priorize ampliar as habilidades do aluno como sujeito interlocutor deve direcionar-se deliberadamente a expectativas mais amplas, que favoreçam ao aluno a relação com textos de acordo com os diferentes níveis sugeridos por Wells e não somente o contato com aspectos superficiais da linguagem. É preciso que se contemple o exercício pleno da linguagem, em consonância com os diferentes contextos comunicativos vividos em sociedade.

Para tanto, o contato do aluno com textos na escola deve adquirir profundidade. Não há como se almejar a formação de um sujeito capaz de usar a escrita como objeto transformador de sua realidade e de seu próprio pensamento se, o que se oferece de forma constante nas escolas é resolvido pelo aluno de posse apenas de recursos básicos, sem ao menos este enfrentar problemas semelhantes àqueles que um pleno usuário da escrita encontra socialmente.

Estabelecendo uma comparação, é fato que apenas o frequente contato com textos, mesmo com a vasta publicidade exposta nas cidades, não garante ao sujeito alfabetizar-se. Tantos são os analfabetos nos grandes centros urbanos que usam transporte público e escolhem seus produtos nos mercados. É preciso uma ação deliberada, intencional e problematizadora sobre a língua e sua organização para que o sujeito passe a compreender como a escrita é organizada. Do mesmo modo, interagir com textos apenas com o objetivo de identificar substantivos, advérbios e pronomes, não permite ao sujeito fazer uso competente da escrita.

Antunes destaca que a compreensão deturpada que se tem da gramática da língua e de seu estudo tem funcionado como imenso entrave à ampliação da competência linguística dos alunos. Há, segundo a autora, um equívoco tremendo em relação à dimensão da gramática de uma língua, às suas funções e às suas limitações também.

A prática de uma gramática distante dos estudos dos usos comunicativamente relevantes da língua, assume o espaço da sala de aula ocupando de forma frequente e precoce o tempo dedicado ao ensino da linguagem. Frequente, pois esta gramática da nomenclatura se estabelece com muita facilidade como conteúdo prioritário das aulas, capaz de dar aos alunos a mensagem que ler na escola é perda de tempo e escrever é algo que se faz sem planejamento, "em uma tacada só" (até mesmo porque falta tempo de se planejar e revisar o que se escreveu!). Precoce, pois desde muito cedo na escola, logo após o aluno ser considerado alfabetizado, os exercícios gramaticais são a ele apresentados.

A gramática tem sido entendida apenas como um conjunto de nomes das unidades e das classes, uma vez que é descolada das regras de seus usos. Os limites estreitos desta prática distanciam, inclusive, o entendimento da língua como produto de uma prática interacionista e funcional, que se atualiza em situações de atuação social e através de práticas discursivas materializadas em textos orais e escritos.

Nóbrega, em seu artigo sobre o trabalho com a análise linguística na escola, estabelece uma comparação bastante apropriada da prática do ensino da língua com a biologia, indicando trechos de uma entrevista realizada por Marcelo Leite, publicada no Caderno *"Mais"* do jornal *Folha de S. Paulo,* em 29 de agosto de 1999, com um dos maiores biólogos deste século, Ernest Mayr. Na entrevista o biólogo comenta o enorme desenvolvimento da engenharia genética no sequenciamento do DNA e os riscos que a biologia correria de se tornar uma ciência informacional. Em trecho da entrevista, Mayr afirma:

> *Em qualquer ciência, incluindo a biologia, você constantemente precisa dissecar alguma coisa, quebrá-la em pedaços, analisá-la. Você leva a análise tão longe quanto pode. Mas você deve saber onde parar.*

> *Por exemplo, se você está estudando o fluxo do ar sobre a asa de um avião, para calcular a sustentação, você não precisa desdobrar o ar em oxigênio, nitrogênio e hélio. Você para em ar, é tudo que precisa.[...]*

Ao tratar o texto de forma fragmentada, como apenas um meio de ensinar a nomenclatura da gramática, ou como um reservatório de exemplos, como compara Nóbrega, desconfigura-se totalmente sua função original, desviando--se, inclusive, do que de fato é preciso ser ensinado quando o objetivo maior é a construção da competência linguística.

Além disso, há que se estabelecer uma diferenciação entre ensinar nomenclatura gramatical e ensinar regras gramaticais. É possível ao sujeito conhecer todos os nomes que os elementos da língua têm e desconhecer completamente as regras de sua aplicação em textos.

É urgente, portanto, que se proponha na escola uma gramática que tenha como referência o funcionamento efetivo da língua, o qual, como se sabe, não acontece através de palavras e frases soltas, mas mediante a condição do texto (cf. ANTUNES, 2003). É necessário que seja dada nova direção às aulas de Língua Portuguesa, destacando como núcleo prioritário o texto, sua leitura e produção efetivas, e não a memorização da nomenclatura das peças que o compõem. Além disso, de forma indissociável, praticar o uso de textos é inevitavelmente praticar a gramática, uma vez que não existe texto sem ela.

Deslocar o foco do ensino para o texto é reforçar a ideia de que para que o aluno aprenda a escrever é preciso que de fato escreva, que produza *muitos* textos em situações comunicativas reais, sendo que, para tanto, estas situações impliquem considerar um destinatário e um contexto de comunicação, planejar sua escrita, revisar sua produção à luz de novos estudos sobre a língua, avaliar seu texto com base nos claros objetivos de sua produção. É preciso que se persiga o propósito de oferecer ao aluno a possibilidade de vivenciar com amplitude e intimidade a prática de escrita.

Propor a produção de *muitos* textos significa também oferecer aos alunos múltiplas situações de escrita no que se refere inclusive à variedade de gêneros e à frequência desta atividade, ocupando de fato o tempo das aulas de Língua

Portuguesa com o exercício desta prática. Sem dúvida a qualidade das propostas oferecidas ao aluno deve ser avaliada, mas é preciso que também se reconheça a importância da produção escrita ser um exercício escolar frequente. Escrever na escola deve ser a regra e não a exceção. A quantidade de situações de escrita planejadas pelo professor deve ser aspecto de grande atenção.

Colocar o texto como núcleo de trabalho em sala de aula é propor que se problematizem as regras gramaticais em contextos reais de uso, onde o que está em jogo é a exposição clara e fiel às ideias e, neste caso, a inadequação gramatical ou discursiva pode comprometer sua coerência, daí a importância em estudá-las.

Infelizmente, diante do tempo didático dedicado às definições e rótulos, é possível afirmar que o professor, ao ensinar, pretende atingir uma direção e avança em outra. Queremos formar usuários competentes da língua e, para isso, não serve a superficialidade. É preciso que se analise com profundidade o conteúdo do que se escreve, que se atinja um sentido vertical de análise da escrita. Uma abordagem classificatória das partes do texto abrange um sentido horizontal de análise, dedicando-se apenas à superficialidade da língua, o que a empobrece.

Buscando fazer frente a esta problemática situação, uma enorme produção acadêmica sinalizou a via do privilégio do uso do texto e da prática de escrita como meios de promover aprendizagens mais significativas. Há que se cuidar, no entanto, para que a proposta de se *partir do texto para ensinar* não signifique apenas um ponto de partida diferente para a mesma prática, para a mesma concepção.

Levantar a bandeira de que se *ensina a partir de textos* pode não representar uma real mudança de paradigma no ensino da língua. Esta abordagem pode revelar-se incoerente caso se julgue que se o aluno tiver um texto em suas mãos, aí sim faz sentido localizar as unidades, destacar verbos, classificar substantivos e identificar preposições. Já que a proposta é partir do texto, o mesmo exercício classificatório proposto anteriormente em uma lista de frases é deslocado para o texto selecionado e entregue ao aluno. Muda-se a base, mas a proposta de análise fragmentada da língua escrita é exatamente a mesma.

É possível, portanto, que se obtenha desta forma resultados muito diferentes na aprendizagem da língua? É possível que o aluno compreenda o funcionamento da língua para escrever melhor apenas pelo contato com um texto completo, se a reflexão sobre sua organização continua sendo direcionada à superficialidade da forma?

Que ação cabe ao aluno ao lidar com um texto se a finalidade é analisá-lo com profundidade, estabelecer relações entre diferentes escritas, recorrer a ele para escrever melhor, observar contradições, omissões ou formas distintas de expressão? Como problematizar sobre a escrita com a finalidade de aprender a escrever?

Há uma grande diferença entre partir de um texto para gerar informações sobre gramática e *promover aprendizagens sobre a língua a partir de um texto*. A produção escrita de um aluno é janela sobre a qual é possível ao professor se debruçar e destacar pontos necessários para aprendizagem. O texto produzido pelo aluno indica claramente ao professor conteúdos a serem ensinados e se constitui como um caminho para o ensino de uma gramática focada nos usos.

À medida que se propõe na sala de aula contextos de escrita com uma função social real, ou seja, há verdadeiros propósitos para se escrever/comunicar o que se aprendeu para outra turma ler, comunicar-se com alguém distante, escrever propostas para melhoria da cidade, produzir um conto para a coletânea da classe, enfim, ao se promover situações nas quais os alunos têm uma responsabilidade em fazer-se compreender, revela-se um sentido real à aprendizagem gramatical e à ampliação do domínio sobre a escrita.

A escolha do tipo de texto a ser escrito, planejada criteriosamente pelo professor, garante a adequação do desafio à condição do aluno e provoca obrigatoriamente a incidência de certas ocorrências ou erros gramaticais que, posteriormente serão objeto de estudo e reflexão nas aulas de língua. Desta forma, não se faz gramática partindo de análises superficiais sobre a escrita de textos prontos ou frases isoladas, mas se discute os usos adequados da gramática da língua em um contexto em que saber escrever melhor é condição para se expressar com noções, seu modo de dizer as angústias ou de fazer com que o leitor consiga se transportar para um lugar diferente. Como deixar o leitor envolvido ou conseguir se expressar com concisão? Desafios de escrita que só permitem resposta a quem ousa conhecê-la com profundidade.

O aparente problema das aulas de Língua Portuguesa é que o sentido de aprender e a direção dada ao ensino se perderam numa estreita, muito estreita parte deste vasto campo de conhecimento. Ao aluno se permite conhecer um pequeno manual de definições sobre a língua, porém que ocupa de forma prescritiva grande parte das aulas de Língua Portuguesa a ponto de não sobrar tempo para escrever, ou ainda, como bem observa Antunes, a ponto de se permitir a prática de uma escrita sem função, apenas para exercitar, sem responder a qualquer tipo particular de contexto social.

É preciso expandir o uso de análises mais aprofundadas sobre a gramática na direção de alimentar as escritas, as produções escritas de nossos alunos. A direção do ensino deve partir do texto do aluno para o texto do aluno. Ele é a fonte da seleção do conteúdo gramatical necessário a se ensinar e meio sobre o qual devem se estabelecer as discussões e problematizações sobre as regras gramaticais durante as aulas de Língua Portuguesa. Os textos de bons autores, como ricas referências de escrita e de cultura, dão corpo, servem como importantes modelos e ampliam as possibilidades de escrita. Não podem ser limitados a servirem de pauta para localização de palavras ou sua classificação.

A crescente complexidade das propostas de escrita planejadas pelos professores determinará o nível de elaboração dos textos e o tipo de problemas que os alunos enfrentarão para produzi-los. Tais problemas, consequentemente, criarão a necessidade de se recorrer às regras gramaticais, de se conhecer os nomes, de se promover certas análises sintáticas, por exemplo.

Ler e escrever, como práticas indissociáveis, devem ser os elementos fundamentais das aulas de Língua Portuguesa e não podem ficar à espera do tempo que restou após as aulas prescritivas de *gramática e ortografia.*

Há problemas na direção dada às aulas de Língua Portuguesa. As produções de nossos alunos podem apontar o que ensinar e o melhor caminho a seguir. É preciso, porém, que os textos estejam de fato no centro do processo de ensino, oferecendo oportunidades para aprendizagens mais efetivas sobre a língua.

REFERÊNCIAS

ANTUNES, I. **Aula de Português — encontro & interação**. São Paulo: Parábola Editorial, 2003.

BRITTO, L. P. L. **A sombra do caos:** o ensino de língua x tradição gramatical. Campinas: ALB e Mercado de Letras, 1997.

COLOMER, T. e CAMPS, A. **Ensinar a ler, ensinar a compreender**. Trad. Fátima Murad. Porto Alegre: Artmed, 2002.

MAYR, E. **Predomínio de Darwin** (Entrevista a Marcelo Leite), Caderno "Mais", **Folha de S. Paulo**, 29/8/1999.

NEVES, Maria Helena de Moura. **Gramática na escola**. São Paulo: Contexto, 1994.

NÓBREGA, Maria José. Perspectivas para o trabalho com a análise linguística na escola. In: AZEREDO, J. C. de. **Língua Portuguesa em debate:** conhecimento e ensino. Petrópolis: Vozes, 2000. p. 74-86.

PERINI, M.A. **Sofrendo a gramática**. São Paulo: Ática, 1997.

SUASSUNA. L. **Ensino de Língua Portuguesa:** uma abordagem pragmática. Campinas: Papirus, 1995.

WELLS, G. Aprendices em el domínio de la lengua escrita.In: **Psicologia de las II Jornadas Internacionales de Psicologia Y Educación.** Madrid: Visor Aprendizaje, MEC. p. 57-72.

10

Reflexões sobre a prática pedagógica nas aulas de leitura e escrita acadêmica

Tamara de Oliveira

INTRODUÇÃO

Os índices apresentados recentemente pelo Instituto Nacional de Estudos e Pesquisas Educacionais Anísio Teixeira (INEP), presentes no portal do MEC (Ministério da Educação e Cultura), apontam que das 2 mil instituições de ensino superior avaliadas, apenas 21 conseguiram atingir a pontuação máxima no indicador de qualidade.

Diante deste cenário, que indica que o domínio da leitura e escrita se configura como um ponto fraco na educação brasileira, este trabalho teve como objetivo apresentar uma reflexão sobre alguns aspectos presentes nas práticas pedagógicas de docentes acadêmicos que ministram aulas de leitura e produção de textos em cursos que não apresentam a língua[gem] como objeto direto de estudo.

Para isso, foram realizadas entrevistas, a partir de questões amplas, com três professoras de ensino superior. A partir da análise dessas entrevistas obteve-se como resultado uma reflexão sobre a importância de o ensino de escrita centrado em gêneros textuais, o processo de escrita e reescrita e a pertinência de uma abordagem de ensino de gêneros voltada para fins específicos.

ASPECTOS RELEVANTES NO ENSINO DE PRODUÇÃO TEXTUAL

As considerações sobre os aspectos da abordagem sociointeracional reconhecem que a linguagem se constitui como ação coletiva entre os sujeitos que visam estabelecer relações com o mundo e com a sociedade em que vivem. Assim, com base no princípio da interação, a escrita se constitui por meio de vários fatores que vão desde conhecimentos referentes à língua, ao mundo, ao texto até as situações de comunicação.

Para Sautchuk (2003), na produção dialógica do texto escrito, o produtor é único, mas encontra-se numa via de mão dupla, uma vez que suas competências lhe atribuem diferentes papéis. No momento em que se produz um texto escrito, existe a figura de um interlocutor responsável pela confirmação das características do produto textual, pela monitoração de eficiência comunicativa, o qual a autora denomina de leitor interno.

Em outras palavras, é possível afirmar que ora o produtor se configura como escritor ativo, ora como leitor interno, caracterizando a dinamicidade da produção escrita, uma vez que essa situação apresenta condições próprias, tais como:

1ª) *um escritor ativo e seu leitor interno* in praesentia *(com todas as suas particularidades psíquicas, linguísticas e sócias, forjadas em uma entidade bifurcada);*

2ª) *todos os movimentos e ações bilaterais e reversíveis realizadas por esse enunciador/coprodutor, a favor da realização do seu intento comunicativo SAUTCHUK (2003, p. 25)*

Nesse sentido, concorrem para a significação do texto os princípios de textualidade, dentre os quais se destacam a coesão e a coerência, justamente por permitir que se compreenda a que ponto a concepção de texto que o aluno possui reflete na sua escrita (KOCK, 2008).

Para Costa Val (2000) a coesão textual se caracteriza pelo encadeamento das partes constituintes do texto, de modo que todas estejam ligadas umas as outras, ou seja, os elementos linguísticos devem estar ligados entre si, permitindo que o texto seja tecido numa unidade possível de ser interpretada.

Ao se referir à coerência, a autora destaca que este princípio não se caracteriza unicamente como uma propriedade linguística, uma vez que também objetiva a funcionalidade do que é dito, visto que todo texto supõe uma forma material, porém, o conjunto linguístico que o texto assume depende do que se pretende dizer e de como se pretende interagir com o interlocutor.

Consequentemente, alguns problemas de coerência resultam do próprio processamento mental do aluno, outros da própria situação de produção, ou ainda, a falta de coerência nos textos produzidos pelos alunos também pode se constituir devido a uma situação artificial de produção em que o aluno escreve para preencher um espaço em branco, anulando-se como sujeito do texto.

Sobre a situação de produção textual é preciso, para que se obtenha resultados significativos, que o ensino parta da concepção interacionista de linguagem, e priorize o ensino os gêneros textuais, pois dessa maneira é possível inserir os alunos "em situações de comunicação o mais próximo possível das verdadeiras, que tenham para eles um sentido, para que possam dominá-las como realmente são" (KOCH & ELIAS, 2009, p. 74).

Ao partir dessas considerações o trabalho com a produção de texto possibilita ao aluno reconhecer a função social da escrita, além de manter professor e aluno em constante processo de interlocução, viabilizando uma correção em que o professor interaja com o aluno, a fim de caracterizar e efetivar o ensino de escrita.

Em vista dos apontamentos aqui levantados sobre a produção textual, torna-se imprescindível que se discuta a pertinência da competência metagenérica no ensino de língua materna, visto que os textos se materializam em gêneros, caracterizando aspectos constitutivos das práticas sociais que envolvem alguma forma de ação.

O ENSINO DE ESCRITA A PARTIR DOS GÊNEROS TEXTUAIS

Atualmente é grande a quantidade de livros e estudos sobre os gêneros textuais. Trata-se de um tema muito debatido por estudiosos que enfatizam a importância de o ensino de língua centrar-se em gêneros.

Marcuschi (2005), ao abordar as questões referentes aos gêneros textuais, apóia-se nos postulados de Bakhtin, definindo-os como práticas comunicativas que ordenam e estabilizam as atividades cotidianas.

Com base nessa afirmação, os textos são entendidos como produtos da atividade de linguagem que funcionam permanentemente nas formações sociais. Segundo Bronckart (1999, p. 137), pode-se entender que: "em função de seus objetivos, interesses e questões específicas, essas formações elaboram diferentes espécies de texto que apresentam características relativamente estáveis".

Essas características sobre os gêneros tratam-se de fenômenos constituídos de acordo com a necessidade sociocomunicativa de determinado grupo de sujeitos, em determinado contexto sociohistórico e cultural. Nesse sentido, os gêneros são textos materializados em situações comunicativas recorrentes, presentes em nossa vida diária.

Os aspectos constitutivos de práticas sociais que envolvem alguma forma de ação em situações comunicativas evidenciam que "quando dominamos um gênero textual, não dominamos uma forma linguística, e sim uma forma de realizar linguisticamente objetivos específicos em situações sociais particulares" (MARCUSCHI, 2005, p. 29).

A respeito do domínio dos gêneros textuais presentes nas mais diversas esferas de atividade humana, Koch, Bentes e Cavalcante (2007) afirmam que o sujeito constrói na memória um *modelo cognitivo de contexto* (VAN DIJK, 1994; 1997 *apud* KOCH; BENTES; CAVALCANTE, 2007) que lhe permite reconhecer e recorrer a cada um dos gêneros, usando-os de maneira adequada.

Certamente, a competência metagenérica destaca-se no processo de compreensão e produção dos gêneros textuais, uma vez que o produtor do texto conta com o conhecimento prévio dos seus leitores a respeito do gênero em questão. Logo, o domínio de gêneros, compreendidos como práticas sociais, contribui para a produção de sentidos, viabilizando o ensino de leitura e escrita.

A importância da relação entre o ensino e a competência metagenérica decorre do fato de que, ao se considerar que em vários setores, inclusive na vida acadêmica, os sujeitos são competentes para reconhecer e recorrer a diversos gêneros que fazem parte de seu repertório, formado ao longo da escolaridade e de sua vivência sociocultural, esse domínio contribuirá também para o processo de escrita.

A partir das noções sobre os gêneros textuais, destaca-se neste trabalho a pertinência do ensino de leitura e produção escrita considerar aspectos de uma abordagem de ensino para fins específicos.

O ENSINO DE LÍNGUA PORTUGUESA PARA FINS ESPECÍFICOS NO BRASIL

De acordo com Ramos (2005), na década de 70 surgiu o ensino de línguas instrumentais no Brasil voltado para a língua francesa e, posteriormente, para o inglês. Devido às tendências de ensino e aprendizagem da época, foi enfatizada a habilidade de leitura, o ensino estratégico e a leitura de textos autênticos. A língua materna passa a ser incorporada a essa metodologia e a capacitação docente ganha relevo nesse projeto.

Para a autora, o destaque desse projeto foi ter possibilitado a dinamização e agilização do ensino de leitura em língua estrangeira e também ter buscado suprir as dificuldades de leitura na própria língua materna. Soma-se a isso o fato de que o projeto objetivava capacitar o professor a elaborar seus próprios materiais.

No decorrer dos anos, trabalhos desenvolvidos nos campos dos estudos linguísticos, educacionais e cognitivos, além da própria mudança no contexto social, levaram estudiosos a repensar a prática docente.

Passou-se, então, a priorizar o ensino de estratégias ou de gêneros, direcionados a públicos específicos, ou seja, a discussão sobre questões de planejamento de cursos a partir do prisma instrumental (VIAN. JR, 2006).

Sob essa perspectiva ressalta-se o trabalho de Baltar (2005), que propõe a instrumentalização do ensino de Língua Portuguesa, a fim de oferecer meios para que o usuário possa desenvolver sua competência discursiva

Capítulo 10 - Reflexões sobre a prática pedagógica nas aulas de leitura e escrita acadêmica   **133**

através do conhecimento dos gêneros textuais. Para isso, o autor apresenta como proposta para trabalho pedagógico a disciplina Língua Portuguesa Instrumental (LPI).

Também contribuem para esse tipo de trabalho as considerações de Cintra e Passarelli (2008), que, ao [re]considerarem o ensino de Língua Portuguesa para fins específicos, destacam a importância de se retomar a análise de necessidades privilegiando o aluno através da identificação de suas facilidades e dificuldades, competências e habilidades referentes ao desempenho de funções acadêmicas ou profissionais e utilização adequada da linguagem, para que se elabore um programa de ensino a partir de questões pré-determinadas.

Na verdade, é necessário que se proponha uma avaliação de necessidades para cursos de Língua Portuguesa para fins específicos que tenha como foco a educação linguística, pois uma abordagem instrumental requer uma mudança na postura do professor e, consequentemente, a motivação do aluno, facilitando o seu envolvimento na aprendizagem.

Contextualizando a pesquisa

As entrevistas realizadas com três professoras, integrantes do grupo da Faculdade de Letras, que ministram aulas de leitura e produção textual oferecidas por uma universidade localizada no interior de São Paulo, possibilitaram a reflexão sobre alguns aspectos presentes na prática docente em cursos que não apresenta a língua[gem] como objeto direto de estudo.

Para a realização das entrevistas, foi elaborado um roteiro com perguntas amplas visando obter informações sobre a realidade de ensino de leitura e produção textual, mais especificamente, relacionadas às aulas oferecidas no primeiro ano, destinadas aos alunos de primeiro semestre.

Posteriormente, buscou-se selecionar algumas das professoras que ministravam aulas de leitura e produção textual para as turmas de primeiro semestre, dentre os quais se destacam os cursos de ciências da computação, tecnólogos, cursos da área de saúde, entre outros.

Análise das entrevistas: um caminho para a reflexão sobre o ensino de leitura e escrita

Certamente, a presença da disciplina de leitura e produção textual em cursos cuja carreira não guarda relações diretas com a área de linguagem é relevante, uma vez que implica no tratamento diferenciado dado à disciplina que atende as especificidades de cada curso. Nesse sentido, a entrevista buscou, primeiramente, por informações sobre as práticas pedagógicas de professoras que atuam nos cursos de Ciências, Direito, Fisioterapia, Administração, cursos tecnólogos entre outros.

Em vista disso, desencadeia a pertinente indagação a respeito da determinação dos gêneros a serem ensinados. Ao realizar a pergunta: 1. *Quem determina os gêneros a serem ensinados?*, constatou-se que o grupo docente determina os gêneros a serem trabalhados de acordo com a necessidade e particularidade de cada curso.

> *Entendemos que o trabalho de produção de texto na universidade deva ser avaliado, determinado por aquilo que o aluno terá necessidade de ler e produzir na universidade. (Professora I)*

> *O grupo de professores da própria instituição da Faculdade de Ciências Humanas, do departamento de Português, decidem, conjuntamente, quais os gêneros serão ensinados em cada curso, pensando sempre nas especificidades do curso. (Professora II)*

> *Os gêneros são escolhidos de acordo com a necessidade, com a particularidade de cada curso, mais especificamente para preparar o aluno para produzir textos acadêmicos, que serão exigidos ao longo do curso, e também gêneros ligados a sua área de atuação. É possível afirmar que o resumo é um gênero mais cobrado na academia, independente da especificidade do curso. (Professora III)*

Ao considerar a importância de o ensino de língua centrar-se em gêneros textuais, surge a necessidade de saber quais os gêneros a serem ensinados, visto que as professoras destacam que o grupo de professores elege não somente os gêneros acadêmicos, mas também aqueles ligados à área de atuação profissional.

Sobre a indagação: 2. *Por que a escolha desses gêneros?*, não houve a preocupação de especificar quais os gêneros, uma vez que eles são determinados de acordo com a grade de cada curso, desta forma, ao deixar a pergunta em aberto, a resposta da *Professora I* revela que encontra-se, de um lado, a necessidade de o professor trabalhar o ensino de leitura e escrita de modo que o aluno seja capaz de produzir os gêneros solicitados na academia e, do outro lado, a formação deficitária do aluno que ao iniciar um curso apresenta fracas bases tanto ao que diz respeito a conhecimentos gerais quanto a conhecimentos linguísticos.

> *Entendemos que o resumo – se o aluno souber ler, entender e escrever sobre o que leu e entendeu – já é um primeiro passo para a produção de alguns outros gêneros. É claro que ele vai precisar depois ter noção de alguns elementos que vão caracterizar determinados gêneros. Ele terá que se apropriar de um conhecimento específico para escrever, por exemplo, a fundamentação teórica de um artigo científico, mas o primeiro gênero, talvez, que irá ajudá-lo é o resumo. (Professora I)*

Sobre a mesma pergunta, as falas das professoras II e III também demonstram a preocupação em levar o aluno a produzir não somente textos acadêmicos como também os que estão ligados a sua área profissional.

Diante das informações obtidas destaca-se que o aluno, ao utilizar a modalidade escrita da língua materna para produzir textos que, em algumas vezes, senão em sua maioria, não lhes foi apresentado no Ensino Médio, se configura como um problema.

Entra em jogo nesse sentido a pertinência de se considerar e possibilitar que o aluno desenvolva sua competência metagenérica, ou seja, a capacidade de recorrer e reconhecer o resumo, por exemplo, ampliando seu repertório acadêmico, usando-o de maneira adequada nas demais produções solicitadas.

Com base nas informações obtidas, é conveniente destacar que a instituição não adota abordagens de ensino para fins específicos, no entanto, é visível a preocupação das professoras com um ensino que atenda não somente as necessidades acadêmicas como também as específicas do curso.

Sobre essa questão, ao se pensar como o gênero pode ser abordado em sala de aula, encontra-se um lugar propício para a reflexão do ensino para fins específicos. A preocupação das professoras está não somente na produção de textos acadêmicos, mas também em estabelecer um vínculo entre a vida acadêmica e a vida profissional do aluno: *Os gêneros são escolhidos pensando nas especificidades do curso, na formação profissional visada aos alunos.* (Professora II) e *Os gêneros são escolhidos de acordo com a necessidade, com a particularidade de cada curso, mais especificamente para preparar o aluno para produzir textos acadêmicos, que serão exigidos ao longo do curso, e também gêneros ligados a sua área de atuação.* (Professora III).

As questões levantadas pelas professoras, no que se refere ao ensino de gêneros acadêmicos que os alunos necessitariam – para sua vida acadêmica e também para os gêneros necessários para sua vida profissional – configuram-se como uma situação-alvo para a elaboração de uma proposta pedagógica de implementação pautada em uma abordagem de ensino instrumental.

Torna-se interessante mencionarmos Cintra e Passarelli (2008) que apontam três elementos fundamentais ao ensino de português instrumental: o diagnóstico, o planejamento e a avaliação, pois, neste caso, o diagnóstico proporciona mais detalhes a respeito do perfil tanto individual quanto coletivo das turmas e consequentemente, o planejamento do curso de acordo com os dados obtidos, finalizando com a avaliação para a verificação dos resultados.[16]

Soma-se a essa questão as contribuições de Baltar (2005) que apresenta como proposta de trabalho pedagógico a disciplina Língua Portuguesa Instrumental (LPI). Essa disciplina visa proporcionar o enriquecimento do conhecimento dos alunos sobre gêneros universitários, a fim de que desenvolvam sua

16: É importante destacar que a colocação apresentada através das informações obtidas por meio das entrevistas foram utilizadas para ilustrar a pertinência da abordagem de ensino para fins específicos. Posteriormente, no momento oportuno, serão apontadas práticas pedagógicas que se configuram como um válido diagnóstico.

competência discursiva, dominando os gêneros que circulam tanto na esfera acadêmica quanto na esfera profissional.

Outro fator a considerar são os objetivos da disciplina que se configuram como elementos fundamentais no ensino de leitura e produção escrita. A *Professora I* apresenta como primeiro objetivo a importância de o aluno compreender o processo de interlocução na produção escrita ao responder a seguinte pergunta: 3. *Quais os objetivos desta disciplina – leitura e produção textual?.*

> *A primeira atividade que nós começamos a fazer: que o aluno pense no seu interlocutor! [...] O primeiro trabalho é fazer com que o aluno comece a entender a interlocução no texto, quem é seu leitor. Segundo que ele reveja um pouco a concepção que ele tem de leitura e escrita. Que ler é constituir sentido. (Professora I)*

A partir da colocação apresentada pela *Professora II*, é possível destacar o trabalho de reescrita no ensino de língua materna.

> *Contribuir para que o aluno desenvolva habilidades de produção de textos escritos, em especial, enfatizando que a escrita resulta de um trabalho constante e que envolve reescritas. (Professora II)*

No ensino e compreensão da escrita, mais especificamente ao se focar a construção textual, é indispensável que o aluno se conscientize também sobre a necessidade de reescrita. Cabe mencionar o trabalho realizado por Fiad e Mayrink-Sabinson (1993) em que ressaltam a importância de o aluno, ao realizar a reescrita, compreender que o texto sempre está em processo de elaboração e, dessa forma, se tornem revisores de seus próprios textos.

A fala da *Professora III* complementa os aspectos presentes no processo de escrita apresentados pelas outras professoras, evidenciando o tratamento destinado à linguagem.

> *De modo geral, os objetivos partem dessas ideias para que os alunos desenvolvam o hábito da leitura e passem a produzir textos sabendo que sempre terão que revisá-los, que o texto nunca estará acabado. (Professora III)*

A constatação desse tratamento destinado à produção de texto é muito significativo, pois reflete um trabalho em que a linguagem é tomada como uma atividade interacional, constitutiva dos sujeitos que a praticam e, por isso, os desafios encontrados tanto pelo aluno que produz quanto pelo professor que orienta a reconstrução do texto permite que os alunos encarem a escrita como um processo e compreendam que o texto nunca se encontra pronto e acabado. Essas são questões relevantes no ensino e aprendizagem da composição escrita.

Capítulo 10 - Reflexões sobre a prática pedagógica nas aulas de leitura e escrita acadêmica **137**

No que se refere ao modo como ocorre o ensino de leitura e produção textual nos cursos em que a língua não é tomada como objeto de estudo, as falas das três professoras entrevistadas, decorrentes da quarta pergunta — 4. *Como se dá o ensino de leitura e produção textual para os cursos que não têm como objeto de ensino a língua?* — , demonstram a necessidade de direcionar o ensino de leitura e escrita a partir de gêneros e questões da área de interesse do curso, conservando a precisão de se limitarem à especificidade da disciplina.

> *Então nós procuramos trabalhar nos cursos que não estudam a língua especificamente com textos que tratem da área, questões que interessem ao estudo da área, mas nos limitamos a traços de especificidades para não esbarrarmos em questões éticas. (Professora I)*

Além disso, especificamente no trecho abaixo, a *Professora II* ressalta mais uma vez que o ensino de leitura e produção escrita parte de gêneros textuais ligados à esfera de atividade profissional. Vale destacar que diferentemente dos gêneros textuais acadêmicos, os gêneros que circulam na esfera profissional do aluno encontram espaço no processo ensino-aprendizagem por meio de uma abordagem instrumental de ensino.

> *No primeiro dia de aula, os alunos já são convidados a escrever uma carta de apresentação, destacando a sua relação com a leitura e com a escrita.*

> *Durante o semestre, são ensinados os gêneros textuais estritamente ligados a área de atual profissional. Trabalhamos a leitura e a produção textual com textos da área de saber de cada curso para que essa leitura e essa escrita realmente tenham uma função. (Professora II)*

Recorrendo novamente à proposta de Baltar (2005), na qual apresenta uma disciplina de Língua Portuguesa Instrumental, as informações presentes na fala da *Professora III* permitem a reflexão sobre a contribuição dessa disciplina, uma vez que, ao solicitarem que os alunos produzam, no primeiro dia de aula, uma carta de apresentação, evidenciando sua relação com a leitura e escrita, é perceptível um aspecto da abordagem instrumental, o diagnóstico.

> *De forma sintética, é possível dizer que procuramos primeiro conhecer os alunos e como eles entendem a leitura e escrita. É comum que peçamos para que eles, no primeiro dia de aula, escrevam uma carta de apresentação, falem sobre sua relação com a leitura e a escrita, ou seja, se apresentem para o professor através de uma carta. (Professora III)*

É interessante destacar que o procedimento adotado pelas professoras revelam características de um ensino pautado na abordagem instrumental. Além disso, os gêneros trabalhados nos cursos são ligados à área de atuação. Sobre essa questão Baltar (2005) apresenta, ao tratar o ensino de gêneros em diferentes cursos, a proposta de os alunos levarem para a sala de aula gêneros que circulam nas instituições em que trabalham, a fim de estimular a interação e ajudar a despertar a apropriação dos gêneros textuais com os quais lidam em seu cotidiano.

As professoras ainda discorrem sobre as dificuldades encontradas no ensino de leitura e produção escrita dos alunos iniciantes, demonstrando que o maior problema centraliza-se na falta de leitura e conhecimentos prévios. Nas respostas obtidas através da quinta pergunta – 5. *Qual é a maior dificuldade encontrada no que se refere à leitura e produção escrita dos alunos iniciantes?* – é possível afirmar que as três professoras, praticamente, compartilham das mesmas ideias, destacando a falta de conhecimentos prévios, déficit de leitura.

O repertório. O repertório porque se você considerar que na universidade recebemos aluno que nunca leu um livro, que não lê jornal, que não ouve rádio. [...] Se você considerar que há aluno que nunca foi a um concerto, que não lê história em quadrinhos. Então, eu vejo, hoje, que trabalhar as dificuldades de escrita, se for realmente dificuldades de escrita, é a parte mais fácil. (Professora I)

Os alunos iniciantes chegam com um déficit de leitura e escrita muito grande. Quando começamos a trabalhar com a escrita, não entendem que a escrita é prática, é trabalho. (Professora II)

A maior dificuldade encontrada é a falta de leitura e a concepção que os alunos possuem sobre produção escrita. Eles chegam à universidade com pouca leitura, essa lacuna é difícil de ser superada logo no primeiro semestre, consequentemente, a produção escrita reflete essa falta de conhecimento prévio. Não digo que somente a leitura garanta a produção escrita, o problema é falta de repertório mesmo. (Professora III)

Essas afirmações revelam que os alunos chegam à universidade com uma grande lacuna ao que diz respeito à leitura e ao conhecimento de mundo. Consequentemente, essa situação se reflete de forma negativa na produção escrita.

De acordo com Vian Jr. (2006) isso se deve, principalmente, ao fato de que no Ensino Médio os alunos não são preparados para a vida acadêmica, pois muitas vezes recebem um ensino descontextualizado que não lhes permite o envolvimento com questões específicas da vida escolar, com próprio aprender.

Em vista dos apontamentos presente, conclui-se que o trabalho de apropriação dos gêneros para efeitos de sentido requer, de acordo com a abordagem de ensino para fins específicos, a atuação do professor como mediador de um processo em que o aluno seja exposto diante de estruturas relativamente estáveis prototípicas para aprendê-las.

Considerações Finais

Considerando as práticas pedagógicas das professoras entrevistadas nas aulas destinadas a cursos universitários que não apresentam a linguagem como objeto direto de estudo, é possível afirmar que o ensino de leitura e escrita pautada na consideração de gêneros textuais, mais especificamente no que se refere à competência metagenérica, encontra lugar propício para o desenvolvimento de um trabalho guiado pelas perspectivas do ensino para fins específicos.

Os dados obtidos apontam que a preocupação das professoras em oferecer uma disciplina que garanta o domínio da competência leitora e, principalmente, escrita aos alunos, se depara com o déficit de leitura e dificuldade em desenvolver o comportamento de revisor diante do próprio texto devido às lacunas presentes não somente no Ensino Médio, mas muitas vezes maior que a própria escola. Problemas como esses se revelam como um grande complicador, quando os alunos se deparam com leituras e produções acadêmicas.

Essa pesquisa possibilitou também concluir que diante das dificuldades encontradas, necessidades específicas de cada curso, da relação entre o aluno e o meio acadêmico, o professor é o mediador no processo de apropriação dos gêneros textuais requeridos em cada curso, pois compete a ele a articulação entre a teoria e prática, adequação de inúmeros fatores da realidade que encontra em sala para buscar oferecer caminhos que revertam o quadro da educação no que se refere ao domínio da linguagem.

Referências

BALTAR, M. A. R. A competência discursiva escrita a partir dos gêneros textuais: uma proposta pedagógica para a disciplina de Língua Portuguesa Instrumental – PLI. In. CRISTOVÃO, V. L. L.; NASCIMENTO, E. L. (Orgs.). **Gêneros textuais**: teoria e prática. Palmas e União da Vitória-PR: Kaygangue, 2005, p. 97-108.

CINTRA, A. M.M; PASSARELLI, L. G. Revisitando o ensino de Língua Portuguesa para fins específicos. In: CINTRA, A. M. M. (org.). **Ensino de Língua Portuguesa. Reflexão e Ação**. São Paulo: EDUC, 2008, p. 59-72.

CINTRA, A. M.M; PASSARELLI, L. G. Português para Fins Específicos: retomando a análise de necessidades. **Leitura**. nº 42, junho/dezembro, p. 251-265, 2008.

BRONCKART, J. P. **Atividade de linguagem, textos e discursos**: por um interacionismo sociodiscursivo. São Paulo: EDUC, 1999. Tradução de Anna Rachel Machado e Péricles Cunha.

COSTA VAL, M. G. Repensando a textualidade. In. AZEREDO, J. C. (org.) **Língua Portuguesa em debate**: conhecimento e ensino. 3ª ed., Petrópolis: Vozes, 2000. pp. 35-51.

FIAD, R. S. & MAYRINK-SABINSON, M. L. T. A escrita como trabalho. In. MARTINS, M. H. (org.). **Questões de linguagem**. São Paulo: Contexto, 2003, pp. 54-63.

KOCH, I. V. Aquisição da escrita e textualidade. In. **As tramas do texto**. Rio de Janeiro: Nova Fronteira, 2008, pp. 177-186.

KOCH, I. V. & ELIAS, V. M. **Ler e escrever**: estratégias de produção escrita. São Paulo: Contexto, 2009.

KOCH, I. V.; BENTES, A.C.; CAVALCANTE, M. M. **Intertextualidade**: diálogos possíveis. São Paulo: Cortez, 2007.

MARCUSCHI, L. A. Gêneros textuais: definição e funcionalidade. In. DIONÍSIO, A.P.; MACHADO, A. R.; BEZERRA, M. A. (orgs). **Gêneros textuais e ensino.** 4ª ed., Rio de Janeiro: Lucerna, 2005. pp. 19-36.

RAMOS, R. C. G. Instrumental no Brasil: A desconstrução de mitos e a construção do Futuro. In FREIRE, M. M.; ABRAHÃO, M. H. V.; BARCELOS, A. M. F. (Orgs.). **Linguística aplicada e contemporânea**. São Paulo: Pontes, 2005, p. 109-124.

SAUTCHUK, Inez. **A produção dialógica do texto escrito**: um diálogo entre escritor e leitor interno. São Paulo: Martins Fontes, 2003.

VIAN, Jr. Gêneros discursivos e conhecimento sobre gêneros no planejamento de um curso de português instrumental para Ciências Contábeis. **Linguagem em (Dis)curso**, v. 6, n. 3, pp. 389-411, 2006.

11

Redação *versus* produção textual: uma questão de nomenclatura?

Lílian Ghiuro Passarelli
Camila Petrasso

A palavra não foi feita para enfeitar, brilhar como ouro falso; a palavra foi feita para dizer.

Graciliano Ramos

Introdução

Não é novidade que o ato de escrever causa repulsa à maioria de nossos alunos. Também não é segredo, as avaliações oficiais e os exames vestibulares, por exemplo, mostram isso ano após ano, que a maioria de nossos alunos passa onze anos na escola e sai dela com sérias dificuldades para escrever. Assim, não nos parece nenhum exagero considerar que o trabalho de professores – em relação ao ensino da escrita –, muitas vezes, não tem sido desenvolvido de forma satisfatória, entre outras causas, pela falta de conhecimento teórico e/ou de experiência.

Posto isso, com base, principalmente, em Geraldi (1995, 1997, 2006, 2010) e Passarelli (2012), o objetivo deste artigo é pensar por que os alunos não gostam de escrever, como se dá o ensino de escrita na escola atualmente e o que implica, para o ensino da escrita, a distinção entre os termos *redação* e *produção textual*.

POR QUE OS ALUNOS NÃO GOSTAM DE ESCREVER?

Não obstante a problemática sobre o ensino de produção de texto envolver tanto professores como alunos – para pensar o problema de modo menos superficial –, podemos indagar por que os alunos não gostam de escrever.

Primeiramente, consideremos a ideia (que a escola tem ajudado a cristalizar) de que para escrever é necessário possuir um talento sobre-humano. "No caso da redação escolar, frequentemente ouvimos referências à inspiração ou à falta dela e, raramente, encontramos propostas de ensino que mostrem o ato de escrever como uma atividade que se desenvolve gradativamente, com muito empenho." (PASSARELLI, 2006, p. 12). Talvez por isso os alunos ainda cheguem à universidade acreditando que escrever é missão quase impossível para um simples mortal (CINTRA e PASSARELLI, 2006).

17: Em um dos casos, a professora, ao tratar um problema de indisciplina de dois alunos, solicitou que eles se retirassem da sala e, para que não ficassem "sem fazer nada", fizessem uma cópia do Hino Nacional transcrito na capa do livro didático.

Infelizmente, observamos em nosso cotidiano na escola pública de Ensino Fundamental outro fator que contribui para o desgosto dos alunos diante da tarefa de escrita: a relação do ato de escrever com o castigo pela indisciplina em sala de aula[17]. Embora acreditássemos que essa fosse uma prática já há muito abolida de nossas escolas, parece que ela persiste em alguns contextos, aumentando ainda mais "o problema" do ensino de produção textual.

Outra razão dessa ojeriza ao ato de escrever pode estar relacionada ao fato de os temas propostos serem completamente distantes da realidade do aluno. Quer sejam adultos ou crianças, o passado dos sujeitos é carregado de vivências que não podem ser simplesmente ignoradas quando eles entram em contato com o ensino da escrita na escola. Para que a escrita faça sentido para o aluno e ele sinta-se valorizado, é importante que o professor leve em conta (e respeite) os conhecimentos prévios de seus alunos, uma vez que, nas palavras de Freire (1996, p. 30), "ensinar exige respeito aos saberes dos educandos".

Outra possibilidade a ser considerada é o tipo de "recado" que o professor deixa no texto do aluno, ao efetuar as correções, atuar como fator desestimulante. Bilhetes com textos do tipo "você precisa melhorar seu texto" ou "seu texto não atendeu ao solicitado"; anotações genéricas, como, por exemplo, "falta de coesão", "falta de coerência", "rever"; e rabiscos, círculos e traços (que algumas vezes não fazem nenhum sentido para o aluno) não colaboram para que o aluno entenda o que precisa ser modificado ou melhorado em seu texto, e ainda acabam por desmotivar o aprendiz, já que ele sequer entende "onde foi que ele errou" e o que ele precisa fazer para "não errar mais".

Ademais, a não valorização da escrita do aluno, expressa algumas vezes pela não correção do texto dele, também se configura como um motivo bastante importante que leva o aluno a não sentir prazer em produzir textos. Nesse caso, além de o texto não possuir sequer uma finalidade, por mais "simples" que seja, ele não será lido nem pelo próprio professor. Infelizmente, essa prática de não correção é recorrente, sobretudo em contextos escolares que sofrem

Capítulo 11 - Redação versus produção textual: uma questão de nomenclatura? **143**

com a falta de professores. A atividade de escrita, muitas vezes, serve como tapa-buracos na falta do professor de qualquer disciplina, para que os alunos não fiquem sem "aula". Dessa forma, não bastasse a proposta de produção ser descontextualizada (na maioria das vezes ela consiste apenas na apresentação de um tema e/ou frase do tipo "o que fiz no feriado", "minha escola", "a amizade", "a violência") e não levar em conta o processo da escrita, fica evidente para o aluno que o texto produzido "não servirá para nada", ou melhor, pode até ser que sirva para que se atribua presença ou falta àquela aula em que foi feita a tarefa de escrita...

O aluno não gosta de escrever, porque não sente necessidade de escrever e/ou não vê a escrita como um direito à fala, à sua fala.

> *Em vez de propiciar um espaço para experiências pessoais, as atividades escritas correspondem a* episódios de reprodução *que priorizam exercícios gramaticais ou registram o conteúdo previsto pela escola. Esse tipo de atividade de produção de textos dá conta, tão somente, de uma solicitação do professor, e constitui-se como mais uma enfadonha tarefa escolar.* (PASSARELLI, 2012, p. 59, grifo da autora).

A fim de exemplificar a visão dos alunos sobre fazer redação *versus* escrever, Passarelli (2012, p. 39-40) registra os depoimentos de alguns jovens que participaram da filmagem do vídeo educativo *Aspectos do conteúdo de Língua Portuguesa no Ensino Fundamental de 5ª a 8ª séries (1998)*[18]. Retomamos, aqui, dois desses depoimentos:

> – *Acredito que redação é quando você tem um tema específico, esse lance de escola, assim... Eles falam – Faça uma redação! – Você tem de se enquadrar um pouco no tema e desenvolver a história com começo, meio e fim. Talvez, quando você pega pra escrever um texto, é uma coisa mais livre, quando você não é mandado, assim, quando vem de dentro, assim, sabe? Você fala: 'Agora eu vou escrever!' É diferente de te mandarem. 'Agora você faça uma redação'. Acho que eu gosto mais de escrever, porque é uma coisa mais de espírito e do momento. [J5]*

> – *Escrever é poder me soltar, poder criar alguma coisa minha, assim, que eu tenha uma vontade, né? Poder sonhar um pouco também. É algo que, para os outros, pode não ser importante, mas, pra mim, naquele momento, vai estar sendo importante estar escrevendo aquilo... Na escola a gente aprende a escrever a redação com vírgula, redação com a gramática certa, né? Eu acho que não é bem por aí. A gente fica preso... os professores prendem a gente a certas coisas, assim, que não têm a ver. Você fica limitado. Hoje eu escrevo, sei lá, com erro de português, sem vírgula, sem pontuação, mas é o meu sentimento, é o que está dentro de mim, está saindo pra fora sem nenhuma*

18: Esse vídeo compõe uma coletânea produzida por ocasião do *Projeto de Educação Continuada* (PEC-PUC).

limitação, sem estar preso a nada. Acho que a redação deveria ser trabalhada por esse lado: primeiro com o sentimento, depois você leva para a gramática, leva para a linguagem, alguma coisa assim. [J5]

Em seguida, a autora comenta:

Fica patente que gostar de escrever para si próprio é não ser avaliado por um professor que, possivelmente, usará como instrumento de avaliação apenas e tão somente a nota. Também fica evidente, por esses depoimentos, que a própria escola contribui para o desgosto dos estudantes em relação à escrita. A dicotomia que os jovens fizeram — gosto de escrever/não gosto de fazer redação — revela, também, que a tradição escolar nem sempre explora a predisposição dos jovens para o ato de escrever, o que poderia ser propiciado pelos desabafos de cunho pessoal de um sujeito-autor. Posteriormente, viria a sistematização do ensino de redação. (PASSARELLI, 2012, p. 40).

De fato há uma diferenciação por parte dos próprios alunos entre fazer redação e escrever, pois, ao mesmo tempo em que eles afirmam gostar de escrever, dizem não gostar de fazer redação (entendido aqui como "escrever para a escola").

Posto isso, com Geradi (1995, p. 139-40), acreditamos ser essencial, para o ensino da escrita, considerar os seguintes questionamentos: "é possível contornar esta artificialidade? É possível recuperar, no interior da própria escola, um espaço de interação, onde o sujeito se (des)vela, com uma produção de textos efetivamente assumidos pelos seus autores?".

Como se dá o ensino de produção na escola hoje

Não é de hoje que o termo "redação" causa calafrios na maioria dos estudantes. Por outro lado, também não é novidade que, muitas vezes, o professor tem a mesma sensação diante dos textos produzidos por seus alunos.

Seja por meio dos resultados obtidos nas avaliações oficiais, como, por exemplo, no Exame Nacional do Ensino Médio, nos exames vestibulares e/ou nos exercícios de redação realizados em sala de aula, é evidente que a dificuldade de nossos alunos em relação ao ato de escrever ainda está longe de ser superada.

Geraldi (2006, p. 65) aduz que produzir textos, na escola, tem representado um martírio para alunos e professores e expande a perspectiva voltada aos professores em relação à decepção de se depararem com textos mal redigidos, aos quais, já haviam feito sugestões, corrigido, tratado com carinho. "No final o aluno nem relê o texto com as anotações. Muitas vezes o atira ao cesto de lixo assim que o recebe."

Capítulo 11 - Redação versus produção textual: uma questão de nomenclatura? 145

Seja por meio de avaliações, à moda das citadas anteriormente, pela análise de necessidades aplicada a alunos que ingressam no ensino superior/cursos de português para fins específicos[19], ou, ainda, pela necessidade de criação de programas especiais de redação em cursinhos e no Ensino Médio, pode-se observar que a maioria dos estudantes, mesmo depois de "estudar" português durante pelo menos onze anos, sai (ou está quase saindo) da escola com sérias dificuldades para redigir textos. Por isso, quando o assunto é o ensino de língua materna, essas dificuldades inerentes ao ato de escrever têm ocupado lugar de destaque.

19: Cf. CINTRA e PASSARELLI, 2006.

Britto (2006, p. 117) esclarece que embora

todos concordem com a doença, o mesmo não acontece com o diagnóstico. Dentro de um aparente consenso de que a performance estudantil situa-se abaixo de níveis desejados, há uma gama enorme de opiniões, que vão desde "o estudante não sabe escrever porque não lê", até aquelas que se preocupam mais com as causas e as razões do que com a condenação pura e simples do estudante.

Todavia, não raro, joga-se para o aluno toda a responsabilidade pelo insucesso em relação à produção de textos, o que pode ser constatado por algumas ideias que circulam pela vida escolar afora, tais como: "o aluno tem preguiça de escrever", "não domina as regras gramaticais", "não tem cultura". Observa-se inclusive que, com certa frequência, as "pérolas" produzidas pelos alunos nas redações vão parar em comunidades de sites de relacionamento, em e-mails que circulam pela internet e até mesmo em programas humorísticos na TV, o que reitera culpabilizar o aluno.

Poucos são os que procuram outros "culpados" que não os alunos, embora os textos destes demonstrem que os problemas vão além da falta de leitura ou de problemas quanto à aquisição de conceitos, regras e técnicas. É importante ressaltar que não se trata de aceitar uma perspectiva simplista em que tudo vale, desde que o aluno tente escrever, pois as inadequações realmente existem e precisam ser corrigidas. Entretanto, talvez seja muito mais relevante investigar outras possíveis causas dessas inadequações e o que elas revelam. Seria o caso de olhar apenas para o aluno? Ou para quem conduz o processo?

Apesar de todas as dificuldades apresentadas nos textos dos alunos,

a escola continua não priorizando a produção de textos, ou não priorizando a exploração das regularidades discursivas. Continua, no entanto, a comentar que "os alunos não sabem escrever", que "são vergonhosos os seus textos", "hilariantes", melhor dizendo, tanto que alguns exemplares até vão parar nos programas nacionais de humor. Ou seja, a escola continua agindo como se nada dissessem esses textos, ignorando os sinais que se evidenciam nas atividades de avaliação". (ANTUNES, 2006, p. 167)

Ressalte-se, com Geraldi (2006), que a produção de textos na escola não costuma estar relacionada a situações reais de uso da língua. Muitos textos, senão a maioria, são escritos exclusivamente para a leitura do professor – que, em alguns casos, nem dá conta de realizar a leitura de todos eles. Não bastasse isso, os temas propostos quase sempre também nada têm a ver com a realidade dos alunos. Assim, cria-se uma situação bastante artificial para o uso da língua em situações comunicativas, em que a produção textual não possui outro(s) objetivo(s) a não ser a avaliação do professor, e esta, muitas vezes, equivale apenas a uma nota ou um conceito final.

Em virtude disso, "embora sintam profunda necessidade de se fazerem presentes por intermédio da escrita, quando se encontram na escola os estudantes relutam em escrever porque se sentem bloqueados" (PASSARELLI, 2012, p.60).

Outro problema relacionado ao ensino de produção textual na escola está relacionado à "visão estática e pontual da escrita, como se escrever fosse apenas o ato mecânico de fazer uns sinais sobre a folha de papel e, assim, um ato que começa e termina ali no intervalo de tempo que foi dado para se escrever". (ANTUNES, 2006, p. 168)

Enfim, é perceptível que a escola não tem oferecido condições para que a escrita ocupe um lugar de destaque no planejamento pedagógico. Pesquisas indicam que o professor passa a maior parte do tempo em sala de aula ocupado com explicações ou exposições orais. Ademais, são priorizadas as atividades que deem conta de programas de ensino, os quais, por sua vez, nem sempre dão a devida atenção à produção textual. Desse modo, as atividades de escrita são colocadas em um plano secundário, sujeitas ao tempo e ao espaço que "sobrarem" no programa de ensino, tratadas como uma eventualidade, mero apêndice.

DIFERENÇA ENTRE REDAÇÃO E PRODUÇÃO TEXTUAL

Na produção de discursos, o sujeito articula, aqui e agora, um ponto de vista sobre o mundo que, vinculado a uma certa formação discursiva, dela não é decorrência mecânica, seu trabalho sendo mais do que mera reprodução: se fosse apenas isso, os discursos seriam sempre idênticos, independentemente de quem e para quem resultam (GERALDI, 1995, p. 136).

É a partir dessa perspectiva que Geraldi (1995) estabelece, em relação às atividades escolares, uma diferença entre produção de textos e redação, esclarecendo que a redação é uma produção de texto *para* a escola e a produção de textos é a produção de textos *na* escola. Segundo o autor, "por mais ingênuo que possa parecer, para produzir um texto (em qualquer modalidade) é preciso que:

a. se tenha o que dizer;

b. se tenha uma razão para dizer o que se tem a dizer;

c. se tenha para quem dizer o que se tem a dizer;

d. o locutor se constitua como tal, enquanto sujeito que diz o que diz para quem diz;

e. se escolham estratégias para realizar (a), (b), (c) e (d)." (GERALDI, 1995, p. 137).

Assim, por meio da observação do ato de escrever na escola, torna-se evidente que "há muita escrita e pouco texto". De fato, nota-se que a escrita para a escola, prioritariamente, baseia-se em propostas artificiais em que o aluno não se vê como um produtor de discurso, isto é, a sua redação não faz sentido para ele mesmo, ele não escreve porque precisa dizer algo ou porque tenha algo que considere importante dizer. E, infelizmente, temos observado que na maioria das vezes o aluno não tem o que dizer em relação ao que a escola tem proposto como tema. Além disso, o aluno percebe quando sua voz não tem importância, então, por que dizer? Se o interlocutor será sempre o professor (e, às vezes, ninguém), será que vale tanto a pena dizer algo? Muitas vezes a atividade de escrita simplesmente é usada para suprir a falta de um professor. Noutros casos, sobretudo quando o texto é corrigido apenas gramaticalmente, talvez fique a sensação de que a opinião do aluno não é considerada, apenas o que é instituído pelos cânones gramaticais é priorizado em detrimento do conteúdo. O aluno escreve apenas porque o professor pediu, para cumprir uma tarefa, dessa forma ele precisa mostrar apenas que "sabe escrever", não importa o que ele tenha a dizer.

Entretanto, não é possível tratar do ensino de produção textual sem ter claro que "antes de ser um objeto escolar, a escrita é um objeto social" (PASSARELLI, 2012, p. 116).

Daí considerarmos que, num trabalho em que o texto do aluno é valorizado e a reescrita é vista "como atividade de exploração das possibilidades de realização linguística", é necessário que se "destaque a substituição do termo *redação* pelo de *produção*, com o que se pretende um comprometimento com a ideia de processo de permanente elaboração, para o qual concorrem dimensões extralinguísticas e interdisciplinares" (JESUS, 1997, p. 100).

Geraldi (1997) explica que a tentativa da passagem de redação para produção de texto não pode ser tratada simplesmente como uma alteração motivada por simples preferência por novas terminologias, mas que essa troca de termos envolve outras concepções.

A primeira delas seria a questão do sujeito. Se produzir requer alguém que produza, é preciso descobrir quem é esse alguém e também como ele pode ser definido. O autor explica que nos anos 60 duas concepções de sujeito se cotejaram:

> *de um lado, defendia-se o sujeito como fonte de seu dizer; aquele que enuncia o que diz e tem consciência absoluta de seu dizer, pois sabe o que diz. Trata-se de um sujeito pronto que, apropriando-se da língua, atualiza-a no seu dizer, organizando seus pensamentos (suas mensagens) e transmitindo-os a outros sujeitos. De outro lado, defendia-se um sujeito assujeitado às condições e limitações históricas, produto do meio, da herança cultural e das ideologias que, incorporadas ao longo de sua história, fazem do indivíduo desde sempre sujeito, mero preenchimento de um lugar social reservado pela estrutura (ideológica) que define o dizível e como exercer o papel neste lugar social previamente estabelecido (GERALDI, 1997, p. 19).*

Entretanto, o autor esclarece que nenhuma dessas concepções é subjacente à noção de *produção de textos.* Por outro lado,

> *A recuperação dos estudos bakhtinianos a propósito da constituição da consciência – sígnica, e por isso mesmo ideológica, produto das interações verbais concretamente vividas pelos indivíduos no interior das quais internaliza o que lhe é externo – e de seus estudos a propósito da interação verbal, na qual diferentes pontos de vista se confrontam, se formam e se conformam, a cada palavra correspondendo diferentes contrapalavras com as quais são construídas as compreensões, levam a entender o sujeito como produto da herança cultural, mas também de suas ações sobre ela. Por isso que o sujeito, ao mesmo tempo em que repete atos e gestos, constrói novos atos e gestos, num movimento histórico no qual repetição e criação andam sempre juntas (GERALDI, 1997, p. 20).*

Ainda de acordo com o autor, "a sala de aula como lugar de interação verbal" é outro aspecto importante para o entendimento da diferença entre *redação* e *produção textual*. Numa perspectiva tradicional, o ato de ensinar está baseado na transmissão de conhecimentos. O que implica a existência de uma dicotomia entre uma "fonte que sabe" – posição restrita ao professor – e um "receptáculo deste saber" – posição restrita ao aluno. Por outro lado, conceber a sala de aula como um lugar de interação verbal é fazer com que esse seja um espaço "de diálogo entre sujeitos, ambos portadores de diferentes saberes", os "saberes do vivido". Esses saberes, trazidos tanto por professores como por alunos, "se confrontam com outros saberes, historicamente sistematizados e denominados 'conhecimentos' que dialogam em sala de aula". Ensinar, portanto, "é criar espaços para fazer valerem estes saberes silenciados para confrontá-los com os 'conhecimentos' sistemáticos, mas nem sempre capazes de explicar os fatos". Essa perspectiva supõe uma constante troca de papel entre professores e alunos, no que diz respeito ao direito à palavra dentro da sala de aula, e a renúncia de hábitos e valores, tanto de uns como de outros. "Aceitar a interação verbal como fundante do processo pedagógico é deslocar-se continuamente de planejamentos rígidos para programas de estudo elaborados no decorrer do

Capítulo 11 - Redação versus produção textual: uma questão de nomenclatura? **149**

próprio processo de ensino/aprendizagem" (GERALDI, 1997, p. 21). Esse tipo de trabalho pressupõe a valorização do trabalho do aluno, o que entendemos como prática fundamental no processo de ensino de produção textual.

Por último, ainda para esclarecer os motivos da escolha da expressão *produção de texto* em detrimento do termo *redação*, é fundamental analisar a concepção de "texto como unidade de ensino/aprendizagem". O texto é constituído materialmente pela organização de palavras (que possuem significados) em unidades maiores com a finalidade de produzir informações que só se tornam compreensíveis na unidade global do texto (GERALDI, 1997). Considerando que o sentido de um texto depende de fatores para além da sua estrutura, objetivando a produção de sentidos, seus produtores recorrem a múltiplos recursos que ultrapassam o simples uso das palavras que formam as estruturas (KOCH, 2002). Logo, o texto, por sua vez, só existe porque dialoga com outros textos.

> *Este* continuum *de textos que se relacionam entre si, pelos mesmos temas de que tratam, pelos diferentes pontos de vista que os orientam, pela sua coexistência numa mesma sociedade, constitui nossa herança cultural. Conceber o texto como unidade de ensino/aprendizagem é entendê-lo como um lugar de entrada para este diálogo com outros textos, que remetem a textos passados e que farão surgir textos futuros. Conceber o aluno como produtor de textos e concebê-lo como participante ativo deste diálogo contínuo: com textos e com leitores. Substituir "redação" por produção de textos implica admitir este conjunto de correlações, que constitui as condições de produção de cada texto, cuja materialização não se dá sem 'instrumentos de produção', no caso os recursos expressivos mobilizados em sua construção (GERALDI, 1997, p. 22).*

CONSIDERAÇÕES FINAIS

Para Geraldi (1995, p. 135), a produção de textos é ponto de partida e ponto de chegada de todo o processo de ensino-aprendizagem. Posto que é

> *no texto que a língua – objeto de estudos – se revela em sua totalidade quer enquanto conjunto de formas e de seu reaparecimento, quer enquanto discurso que remete a uma relação intersubjetiva constituída no próprio processo de enunciação marcada pela temporalidade e suas dimensões.*

Entretanto, parece não restarem dúvidas de que a escola tem falhado quando se trata de ensinar a aprender a produzir textos. Em razão disso, nosso objetivo neste artigo foi investigar por que os alunos não gostam de escrever, como se dá o ensino de escrita na escola atualmente e o que implica, para o ensino da escrita, a distinção entre os termos redação e produção textual.

Infelizmente, a escrita ainda é vista por nossos alunos como dom ou inspiração, como se as pessoas já nascessem escritoras ou não; visão que a própria escola tem ajudado a perpetuar. Além disso, em nossas escolas, a escrita, às vezes, ainda é usada como castigo e/ou para cobrir "buracos", quer seja por falta de professores quer por falta de planejamento de aula. Normalmente, textos produzidos nessas condições sequer são corrigidos e devolvidos aos alunos. Também é possível verificar que os temas propostos, via de regra, estão completamente distantes da realidade do aluno. Assim, a própria escola, que prioriza a escrita como um produto que serve como "tapa-buraco" ou apenas para a nota, alimenta a ojeriza dos alunos em relação ao ato de escrever, pois a escrita não tem função social na escola.

É nesse sentido que acordamos com Geraldi (1997) que a redação é uma produção de texto *para* a escola e a produção de textos é a produção de textos *na* escola. Quando se fala em redação, o aluno não se vê como um produtor de discurso, isto é, seu texto não faz sentido para ele mesmo, ele não escreve porque precisa dizer algo ou porque tenha algo que considere importante dizer, mas porque foi solicitado a escrever para cumprir uma tarefa. Quando essas redações são lidas por alguém, o que nem sempre ocorre, são corrigidas apenas do ponto de vista gramatical e o aluno tem a sensação de que aquilo que ele tem a dizer simplesmente não é levado em consideração. Recebe seu texto todo marcado em vermelho, com uma nota, geralmente baixa, e fica sem saber o que fazer com ele.

Assumir o uso de *produção de texto* em lugar de *redação* não é simplesmente uma mudança de nomenclatura provocada por algum modismo, mas implica abandonar práticas que não consideram a escrita como processo e que não assumem a escrita como objeto social (PASSARELLI, 2012). Implica, ainda, que o aluno passe a ser visto como sujeito na interação verbal. Entretanto, para que isso ocorra é necessário transformar a sala de aula num espaço de interação verbal; o professor abandona a posição de quem tudo sabe e dá direito à palavra ao aluno, e este passa a ser um produtor de textos que dialogam com leitores e outros textos.

Para Passarelli (2012, p. 144),

> *a escritura não é apenas um processo cognitivo interno, voltado para o sujeito: é, também, uma resposta às convenções discursivas decorrentes dos procedimentos preferidos de criar e comunicar conhecimentos em determinadas comunidades. Só se pode verificar a função de um texto a partir da observação dos contextos em que esses textos desempenham atividade comunicativa.*

Portanto, tendo em vista essa função social da escrita, a escola, ao considerar o aluno como produtor de textos, tem o papel de auxiliá-lo a perceber que há uma funcionalidade para aquilo que ele escreve. Para isso, é necessário que seja proporcionado aos alunos o convívio com as diversas formas de circulação de textos na sociedade. Os usos que se faz da língua escrita na escola devem se relacionar com o aspecto comunicativo, que extrapola o contexto escolar. É de extrema importância mostrar ao estudante que a escrita é uma forma de agir no mundo.

REFERÊNCIAS

ANTUNES, I. Avaliação da produção textual no Ensino Médio. *In:* BUNZEN. C. & MENDONÇA, M. (orgs.). **Português no Ensino Médio e formação do professor.** São Paulo: Parábola Editorial, 2006, pp. 163-180.

BRITTO, L.P.L. Em terra de surdos-mudos (um estudo sobre as condições de produção de textos escolares). *In:* GERALDI, J.W. (org.) **O texto na sala de aula.** São Paulo: Ática, 4ª ed. 2006, pp. 117-126.

CINTRA, A.M.M. e PASSARELLI, L.G. Projeto de Iniciação Científica - Bolsa PIBIC-CEPE. **Diagnóstico em contextos de ensino de Língua Portuguesa para fins específicos**. PUCSP, 2006.

FREIRE, P. **Pedagogia da autonomia:** saberes necessários à prática educativa. São Paulo: Paz e Terra, 1996. (Coleção Leitura).

GERALDI, J.W. **Portos de passagem.** São Paulo: Martins Fontes, 1995.

_____. Da redação à produção de textos. *In:* CHIAPPINI, Ligia. **Aprender e Ensinar com Textos de Alunos.** São Paulo: Cortez, 1997, pp. 17- 24. (Coleção Aprender e ensinar com textos, v. 1).

_____. Unidades básicas do ensino de português. *In:* GERALDI, J.W. (org.) **O texto na sala de aula.** São Paulo: Ática, 4ª ed., 2006, pp. 59-79.

_____. Escrita, uso da escrita e avaliação. *In:* GERALDI, J.W. (org.) **O texto na sala de aula.** São Paulo: Ática, 4ª ed., 2006, pp. 127-131.

_____. **A aula como acontecimento.** São Carlos: Pedro & João Editores, 2010.

JESUS, C.A. Reescrevendo o texto: a higienização da escrita. *In* CHIAPPINI, Ligia. **Aprender e Ensinar com Textos de Alunos.** São Paulo: Cortez, 1997, pp. 99-117. (Coleção Aprender e ensinar com textos, v.1).

KOCH, I.G.V. Formas linguísticas e construção do sentido. *In:* SILVA, D.E.G. da & VIEIRA, J.A. (orgs.) **Análise do discurso:** percursos teóricos e metodológicos. Brasília: UNB Oficina Editorial do Instituto de Letras; Plano, 2002, pp. 21-35.

PASSARELLI, L.M.G. **Ensino e correção na produção de textos escolares.** São Paulo: Cortez, 2012.

_____. **Ensino de produção textual:** da 'higienização' da escrita para a escrita processual. Trabalho apresentado em sala temática no 11º Congresso Brasileiro de Língua Portuguesa / 2º Congresso Internacional de Lusofonia do IP-PUC/SP, em 29 de abril de 2006.

RAMOS, G. **Vidas secas.** Rio de Janeiro: Record, 114ª ed., 2010.

Parte 3: Leitura

12

Subjetividade em textos jornalísticos

Ernani Terra

Neste artigo, discuto as marcas linguísticas de subjetividade em textos jornalísticos, particularmente naqueles em que a objetividade e a imparcialidade deveriam ser uma de suas características principais; no caso, as notícias, e tenho por objetivo mostrar como a subjetividade se manifesta na superfície desse gênero textual. Pretendo mostrar ainda que o conhecimento gramatical, particularmente o das categorias responsáveis pela argumentatividade dos enunciados, possibilita ao leitor identificar opiniões constituídas pelos textos que, teoricamente, deveriam passar aos interlocutores uma exposição que tendesse o mais possível à objetividade. O procedimento metodológico empregado consistiu na análise de notícias e manchetes veiculadas em jornal impresso de grande circulação. Para a fundamentação teórica, recorri à teoria da enunciação, particularmente aos estudos de Émile Benveniste sobre a subjetividade na linguagem e à semântica argumentativa de Oswald Ducrot, particularmente no que se refere aos conceitos de pressuposição e operadores argumentativos.

Com as considerações aqui apresentadas, pretendo trazer subsídios para professores de língua materna, a fim de que possam mostrar a seus alunos que o conhecimento gramatical tem função relevante para a construção de sentido dos textos, bem como permite identificar as intenções do autor ao produzi-los.

A LEITURA NA ESCOLA

É assumido como pressuposto que as atividades de leitura no âmbito da escola devem contemplar a diversidade dos gêneros. No entanto, não há como negar que determinados gêneros acabam tendo prevalência sobre outros em situações de ensino e aprendizagem. A escola pode até deixar de lado o trabalho com alguns gêneros como receita médica, ata de condomínio, escritura pública, uma vez que, dada a diversidade dos gêneros, jamais conseguirá contemplar todos, mas raramente poderá deixar de contemplar gêneros textuais ligados à esfera literária, já que tais textos podem ser considerados modelares de leitura. O mesmo ocorre com gêneros ligados à esfera do jornalismo, uma vez que, por meio de tais textos, os estudantes não só são informados do que acontece no mundo, mas também tomam contato com opiniões a respeito de fatos e de temas relevantes, sendo, portanto, importantes para sua formação não só como leitores e produtores de textos mas também como cidadãos. Dessa forma, gêneros como poema, conto, romance, artigo de opinião, editorial, resenha, reportagem e notícia, necessariamente deverão fazer parte do repertório de leitura dos estudantes.

Neste artigo, abordo especificamente um gênero textual ligado à esfera do jornalismo, a notícia, uma vez que é por meio dela que os estudantes são informados de fatos que ocorrem não só a seu redor, mas também daqueles ocorridos em lugares distantes e que têm alguma relevância. Acrescente-se, ainda, que textos jornalísticos fornecem aos estudantes conhecimentos de mundo que lhes servirão de subsídios para a produção de seus próprios textos.

Embora vivamos numa época em que a informação chegue por vias outras além do texto impresso, não há como negar a importância do jornal impresso como fonte de informação, basta lembrar que, nos dias de hoje, pelo menos nos grandes centros urbanos, nem é mais necessário comprar os jornais impressos, já que muitos deles são distribuídos gratuitamente em vias de maior tráfego.

Boa parte dos jornais de maior circulação, em seus manuais de redação, recomendam aos jornalistas que, ao noticiarem um fato, sejam objetivos e imparciais, na medida em que a imparcialidade é fator de credibilidade dos veículos de comunicação. Neste capítulo, pretendo responder à seguinte pergunta: *as notícias de jornais são relatos objetivos de fatos ocorridos, ou reconstruções de fatos segundo a ótica particular do jornalista?*

ALGUMAS CONSIDERAÇÕES TEÓRICAS

Nas notícias, ao contrário do que ocorre nos editoriais e artigos de opinião, espera-se do jornalista um alto grau de objetividade ao noticiar fatos. A objetividade em textos jornalísticos, no entanto, pode ser considerada uma ficção; pois, em maior ou menor grau, todo texto traz em si as marcas de seu enunciador.

O enfoque pelo qual o jornalista vê o fato revela o ângulo cognitivo, uma vez que demonstra os procedimentos que acionou para a reconstrução do acontecimento enunciado na notícia. Essas marcas de subjetividade estão presentes na superfície do texto, fornecendo pistas aos leitores para identificar a opinião do autor num texto que, em princípio, a objetividade deveria ser uma de suas características principais. Koch (2003 p. 65) assinala que a subjetividade está presente em todo tipo de textos, até mesmo naqueles que, tradicionalmente, se apresentam como objetivos.

> [...] não há *texto neutro, objetivo, imparcial: os índices de subjetividade se introjetam no discurso, permitindo que se capte a sua orientação argumentativa. A pretensa neutralidade de alguns discursos (o científico, o didático, entre outros) é apenas uma máscara, uma forma de* representação *(teatral): o interlocutor se representa no texto "como se" fosse neutro, "como se" não estivesse engajado, comprometido, "como se" não estivesse tentando orientar o outro para determinadas conclusões, no sentido de obter dele determinados comportamentos e reações.*

Por mais objetiva que pretenda ser uma notícia de um jornal, o simples fato de ela estar lá publicada revela marcas de subjetividade, já que, entre diversos acontecimentos que deveriam ser noticiados, escolheu-se um e não outro. Acredita-se que notícias são relatos de fatos que efetivamente ocorreram, o que levaria a uma conclusão de que se caracterizam pela objetividade. Como ressaltei, isso não é totalmente verdade, porque, ao reproduzir o acontecimento, o jornalista, sujeito constituído no discurso, não faz uma mera reprodução, mas uma interpretação e, na interpretação, há sempre certa dose de subjetividade. As notícias que lemos têm uma relação indireta com o fato noticiado, na medida em que o relato é mediado pela voz do jornalista, que não apenas noticia, mas também constrói a notícia, transformando um acontecimento empírico (o fato ocorrido) em acontecimento discursivo (a notícia). Acrescente-se que, em diversos casos, o jornalista não relata um acontecimento que presenciou diretamente; não é testemunha ocular do fato. Seu relato é, muitas vezes, reconstrução de um fato por meio de depoimento de outros que presenciaram diretamente o ocorrido. Oswald de Andrade, numa frase bastante irônica, já assinalava que *"o jornalista não relata o que houve, mas o que ouve".*

O jornalista, por ser um sujeito ideologicamente constituído, está imbuído de crenças, interesses, opiniões, preconceitos que, de alguma maneira, manifestam-se em seu texto. Van Dijk (1983 p. 282) ressalta que

> *[...] para a análise do uso social da língua e do texto há que se postular uma base cognitiva: os indivíduos se comportam de acordo com suas interpretações, conhecimentos, suposições, critérios e o fazem em relação a outros indivíduos, à estrutura social e ao "mundo" em geral.*

A objetividade em jornalismo não deve ser vista como uma forma de oposição à subjetividade, mas como um reconhecimento desta. O *Novo Manual de Redação* do jornal *Folha de S. Paulo* reconhece isso em seu verbete objetividade.

> *Não existe objetividade em jornalismo. Ao escolher um assunto, redigir um texto e editá-lo, o jornalista toma decisões em larga medida subjetivas, influenciadas por suas posições pessoais, hábitos e emoções. Isso não o exime, porém, da obrigação de ser o mais objetivo possível. Para relatar um fato com fidelidade, reproduzir a forma, as circunstâncias e as repercussões, o jornalista precisa encarar o fato com distanciamento e frieza, o que não significa apatia nem desinteresse.*

Como se poderá notar nos exemplos extraídos que apresento a seguir, a *Folha de S. Paulo*, jornal que em suas campanhas de *marketing* propaga um comprementimento com a verdade, em diversos casos, afasta-se do que propõe em seu *Manual de Redação*.

Ressalto, no entanto, que objetividade e subjetividade não devem ser encaradas de forma absoluta, pode-se afirmar que há escalonamento nesses conceitos, já que há graus de mais objetividade e de mais subjetividade. Há sempre elementos de subjetividade na objetividade e de objetividade na subjetividade, portanto nunca se é inteiramente subjetivo nem totalmente objetivo, já que esses conceitos não são excludentes, ao contrário, formam um *continuum*. O texto a seguir ilustra bem essa consciência de que há subjetividade na notícia, mas que essa deve ser monitorada de modo a passar aos leitores uma imagem de imparcialidade.

Que bandeira

Um certo grau de parcialidade nos comentários esportivos é inevitável. Mas o comentarista do *Sportv/Premiere* da partida Vasco 2 x Corinthians 2 exagerou. A certa altura, chegou a dizer algo como: "O Vasco não deve mudar. Temos de continuar jogando como estamos".

COUTO, José Geraldo. *Folha de S. Paulo*, 19 abr. 2003, p. D3.

O título do comentário de Couto, veiculado pelo jornal, já traz uma condenação à atitude de seu colega de profissão, o comentarista do *Sport/ Premiere*. O *Dicionário Houaiss da Língua Portuguesa* assim define a expressão *dar bandeira*: "*deixar escapar algo que não podia ou não devia ser divulgado; expor-se, fazer uma inconfidência, geralmente por lapso ou por ingenuidade*". No caso, a crítica do jornalista, autor da matéria, a seu colega deveu-se ao fato de que este, por dever de ofício, não deveria ter divulgado sua predileção por um time de futebol, já que, como assinalei, espera-se que o jornalista, no exercício de sua profissão, aja com imparcialidade.

Como ressaltei, as marcas de subjetividade estão na superfície do texto e são reveladas por meio de formas gramaticais ou lexicais. No caso da declaração do comentarista do *Sportv/Premiere*, a pista encontra-se numa construção sintática em que se usou uma silepse de pessoa: o comentarista, em vez de fazer a concordância gramatical, usando o verbo na terceira pessoa do singular (*O Vasco não deve mudar. Tem de continuar jogando como está.*), que conferiria ao texto maior grau de objetividade e neutralidade, optou por empregar a primeira pessoa do plural (*"O Vasco não deve mudar. Temos de continuar jogando como estamos."*), colocando-se como sujeito de seu enunciado, deixando, portanto, explícita para o interlocutor a sua torcida pelo Vasco da Gama.

O autor do comentário veiculado pela *Folha de S. Paulo*, no entanto, reconhece que é inevitável um certo grau parcialidade, ainda mais no noticiário esportivo, já que o jornalista esportivo é também torcedor, mas assinala que essa parcialidade não deve ser exagerada, ou seja, embora admita a subjetividade no jornalismo, insiste em que se busque a objetividade, o que vem ao encontro do que é veiculado pelos jornais em seus manuais de redação.

MARCADORES LINGUÍSTICOS DE SUBJETIVIDADE

Passo agora a analisar notícias e manchetes de jornais procurando identificar elementos linguísticos que revelam que o jornalista não apenas noticia, mas também exprime seu ponto de vista sobre o fato noticiado. O *corpus* escolhido foram notícias recolhidas em um jornal de grande circulação, tanto pelo meio impresso, quanto digital: *Folha de S. Paulo*.

O linguista francês Oswald Ducrot, criador da semântica argumentativa, cunhou o termo *operadores argumentativos* para designar os morfemas da gramática de uma língua natural cuja função é indicar a força argumentativa dos enunciados. Para esse autor, a interpretação de um enunciado não se encontra exclusivamente nele mesmo, mas nas estratégias que o enunciador utilizou para levar o leitor a aceitar argumentos que não estão explícitos na superfície textual.

Ducrot (1981, p. 178) assinala que

[...] muitos atos de enunciação têm uma função argumentativa, que eles objetivam levar o destinatário a uma certa conclusão, ou dela

desviá-lo. [...] essa função tem marcas na própria estrutura do enunciado: o valor argumentativo de uma frase não é somente uma consequência das informações por ela trazidas, mas a frase pode comportar diversos morfemas, expressões ou outros termos que, além de seu conteúdo informativo, servem para dar uma orientação argumentativa aos enunciados, a conduzir o destinatário em tal ou qual direção.

Os operadores argumentativos são representados por conectivos, notadamente as conjunções e locuções conjuntivas (*e, mas, porque, logo, ou, pois, embora, desde que, se bem que* etc.), advérbios (*só, agora, ainda, já* etc.) e outras palavras que, dependendo do contexto, não se enquadram em nenhuma das dez categorias gramaticais, propostas pela Nomenclatura Gramatical Brasileira (NGB) e são, pelas gramáticas tradicionais, classificadas como palavras denotativas (*até, inclusive, também, afinal, então, aliás* etc.).

Pretendo mostrar como em notícias de jornais, que a rigor não deveriam se caracterizar por alto grau de objetividade, os operadores argumentativos, particularmente aqueles que introduzem enunciados pressupostos, são usados para exprimir o ponto de vista do jornalista sobre o fato noticiado[20]. Para tanto, comento a seguir algumas notícias e manchetes extraídas do jornal *Folha de S. Paulo*.

20: Não cabe neste capítulo uma exposição detalhada dos tipos de operadores argumentativos. Caso haja interesse em conhecer os variados tipos de operadores argumentativos, remeto o leitor para a leitura do livro *A inter-ação pela linguagem*, de Ingedore Villa Koch. Nessa obra, no capítulo 1, a autora comenta e exemplifica os principais tipos de operadores argumentativos.

Notícia 1

15/03/2008

Corinthians só empata com Juventus e frustra chance de liderança
Luiz Ricardo Fini

São Paulo (SP) – O Corinthians deixou escapar neste sábado a oportunidade de assumir a liderança do Campeonato Paulista.

Em jogo no estádio do Morumbi, o Timão precisava de uma vitória e chegou a ficar na frente no placar, mas acabou cedendo o empate e amargou o resultado de 2 a 2 com o Juventus.

O Moleque Travesso esteve atrás no marcador em duas oportunidades e conseguiu se reerguer em campo para impedir a festa do time de Mano Menezes, que sonhava em alcançar a ponta provisória.

http://www.gazetaesportiva.net/ge_noticias/bin/noticia. php?chid=111&nwid=22539, acessado em 15 de maio de 2008.

Capítulo 12 - Subjetividade em textos jornalísticos   **161**

Para van Dijk, modelos armazenados na memória são importantes tanto na compreensão, quanto na produção de textos[21]. Na produção, *"fornecem o tão necessitado 'ponto de partida' para a construção de representações semânticas a serem expressas no discurso"*(VAN DIJK, 2004, p.163).

O autor da notícia acima e grande parte dos leitores, possivelmente dado seu conhecimento de mundo, têm como modelo que o Corinthians, por ser um time considerado grande, teria por obrigação vencer o Juventus, time considerado pequeno. Portanto, o resultado do jogo (um empate) não estaria conforme esse modelo e isso fica explícito na manchete. O fato ocorrido foi este: *"O Corinthians empatou com o Juventus por 2 a 2 no estádio do Morumbi e, com esse resultado, não conseguiu alcançar a liderança do Campeonato Paulista".*

No entanto, ao optar pelo emprego do operador argumentativo *só*, o jornalista revela sua opinião sobre o fato noticiado, na medida em que orienta os leitores da notícia para uma conclusão e não outra: *o resultado não foi bom para o Corinthians*. Evidentemente, as marcas de subjetividade não se restringem aos operadores argumentativos. Nessa notícia, a seleção lexical também revela as marcas do enunciador no enunciado. Formas verbais como *"frustra"*, *"deixou escapar"*, *"acabou cedendo"*, além de expressões metafóricas como *"amargou"* e *"impedir a festa"* deixam transparecer a opinião do jornalista: o Corinthians teria de vencer e o resultado (um empate) foi frustrante e amargo. Outro fato que manifesta a subjetividade presente no título da notícia é a posição ocupada pelos actantes na frase: o Corinthians, como sujeito em início de frase, e o Juventus, como complemento em final de frase, destacando o papel mais relevante do elemento que ocupa na frase a função de sujeito.

Manchete da notícia **2**

Fábio Costa pega apenas dois jogos de suspensão

Folha de S. Paulo, 10 de agosto de 2004, p. D3.

O enunciado acima foi manchete de notícia publicada no caderno de esportes do jornal *Folha de S. Paulo* e revela a presença do enunciador em seu enunciado. O operador argumentativo *apenas* aponta para um enunciado pressuposto (*A pena imposta a Fábio Costa foi pequena*), que representa a opinião do jornalista, que não se limita a relatar um fato (a punição a Fábio Costa). Na verdade, o jornalista reconstrói o fato, transforma-o em discurso no qual deixa na superfície do texto as marcas de sua opinião.

21: Para o autor, modelos são o registro cognitivo de nossas experiências parciais a partir do conhecido pessoal existente, possibilitando a compreensão do discurso. Entre os modelos, van Dick, destaca particularmente os *scripts* e os *frames*. Para melhor compreensão desses modelos, recomendo a leitura do capítulo *Modelos na memória - o papel das representações da situação no processamento do discurso* (VAN DIJK, 2004, p. 158-179).

Os exemplos até aqui apontados poderiam levar à conclusão de que a subjetividade nas notícias é mais comum no noticiário esportivo, sobretudo porque, quando o assunto é futebol, as paixões, preferências, simpatias e antipatias são mais afloradas. Na pesquisa realizada, constatei que isso não é verdade: a subjetividade também está presente também em notícias que, em princípio, não deveriam envolver paixões, simpatias ou antipatias, como se pode constatar no texto a seguir.

Notícia 3

38% dos produtos omitem informação sobre gordura trans

Pesquisa feita pelo Idec com 370 alimentos industrializados mostra que só 62% cumprem a lei, em vigor há dois meses

Folha de S. Paulo, 14 de outubro de 2006.

A presença no enunciado do operador argumentativo *só* é marca de subjetividade, já que revela uma opinião em relação ao fato narrado. Tal operador orienta o leitor para a conclusão de que o número dos produtos industrializados que cumpre a lei é pequeno (só 62%).

Há aí um dado que merece reflexão, na medida em que se exprime opinião com base em dados estatísticos oriundos de uma pesquisa. Os dados são: 62% cumprem a lei e 38% não cumprem. A rigor, temos a seguinte informação: a maioria das empresas cumpre a lei, ou o número de empresas que cumpre a lei é bem maior do que as que não cumprem. No entanto, quem redigiu a notícia pretendeu levar o leitor a concluir que o número de empresas que cumpre a lei é pequeno. Um outro jornalista, a partir dos mesmos dados, poderia conseguir efeito de sentido bastante diferente, redigindo manchete e lide assim:

38% DOS PRODUTOS OMITEM INFORMAÇÃO SOBRE GORDURA TRANS

Pesquisa feita pelo Idec com 370 alimentos industrializados mostra que a maioria cumpre a lei, em vigor há dois meses

Geraldi (1997), ao analisar notícia dessa mesma *Folha de S. Paulo*, de 15 de maio de 1990, chama a atenção para o fato de que a manchete dizia: **49% aprovam atividades esportivas de Collor**. Na notícia propriamente dita, o jornalista afirmava "*Quase metade dos eleitores - exatos 49% - aprova as demonstrações esportivas e as experiências do presidente Fernando Collor*".

Geraldi (1997) sustenta que a escolha da expressão "quase a metade" não é isenta, na medida em que argumenta favoravelmente em relação às atividades de Collor. Sem falsear a verdade expressa pelos números, outro jornalista poderia levar a argumentação para um lado oposto, bastando usar, em vez de **quase a metade**, a expressão **menos da metade**. Afinal, 49% é, ao mesmo tempo, quase a metade e menos da metade, mas a opção por uma expressão ou outra terá o condão de argumentar pela aprovação ou reprovação das atitudes do ex-presidente. Ainda sobre a aparente neutralidade de notícias de jornais, Geraldi (1997, p. 33) assinala que

> [...] os fatos, os dados do mundo, trazidos para o discurso, nele exercem mais que uma simples função informativa: eles são agenciados pelo locutor em função de seus objetivos e esta ação os transforma em dois sentidos: de um lado porque são apresentados como uma construção específica do real, de outro lado porque se transformam, no discurso, em argumentos a favor do ponto de vista que o locutor pretende defender.

MANCHETE DE NOTÍCIA 4

Nem executivo cuida direito da próstata

O enunciado acima foi manchete de primeira página, do caderno *Cotidiano* do jornal *Folha de S. Paulo*, de 26 de abril de 2008. A notícia relata estudo feito pelo Hospital Sírio-Libanês, de São Paulo, que mostra que quase metade dos executivos não realiza uma vez por ano exames de rotina para detecção do câncer de próstata.

A manchete deixa pressuposta uma opinião acerca do fato que noticia. O operador argumentativo *nem* orienta o leitor para a opinião implícita no enunciado. Pode-se ler nessa manchete algo como: os executivos, profissionais que têm bons salários e alto grau de informação, deveriam revelar maior preocupação no cuidado com a próstata do que outras profissões menos prestigiadas socialmente, fazendo regularmente o exame preventivo; ou ainda: se os executivos, que são profissionais privilegiados, com bons salários, acesso a planos de saúde e teoricamente bem informados, não fazem o exame de prevenção do câncer de próstata, trabalhadores menos informados e com menor renda também não o fazem.

CONCLUSÃO

Neste capítulo, procurei dar alguns subsídios aos colegas professores no que se refere ao trabalho com leitura de textos jornalísticos, particularmente notícias, destacando que, mesmo essas que, por crença social, deveriam pautar-se pela objetividade, trazem em si marcas de subjetividade, explícitas na superfície textual.

O objetivo foi mostrar, a partir de elementos linguísticos presentes na superfície dos textos, particularmente de categorias gramaticais que funcionam como operadores argumentativos, que os textos informativos de jornais não são relatos isentos. Tais textos são, a partir de modelos cognitivos acionados pelo jornalista, reconstruções de fatos empíricos. O jornalista categoriza, representa e constrói um fato discursivo por meio da linguagem e, nela, deixa inscrita as marcas de subjetividade.

REFERÊNCIAS

BENVENISTE, Émile. 'Da subjetividade na linguagem'. In: BENVENISTE, Émile. **Problemas de Linguística Geral I**. 4ª ed., Campinas (SP): Pontes; Editora da Universidade Estadual de Campinas, 1995, p. 284-293.

_____. 'O aparelho formal da enunciação'. In: BENVENISTE, Émile. **Problemas de Linguística Geral II**. Campinas (SP): Pontes, 1989, p. 81-90.

DUCROT, Oswald. **Provar e dizer – leis lógicas e leis argumentativas**. São Paulo: Global, 1981.

GERALDI, João Wanderley. **Portos de passagem**. 4ª ed., São Paulo: Martins Fontes, 1997.

KOCH, Ingedore Grunfeld Villaça. **A inter-ação pela linguagem**. 8ª ed., São Paulo: Contexto, 2003.

Novo Manual de Redação, disponível em http://www1.folha.uol.com.br/folha/circulo/manual_redacao.htm

VAN DIJK, Teun A. **La ciencia del texto**. Barcelona: Paidós, 1983.

_____ . **Cognição, discurso e interação**. 6ª ed., São Paulo: Contexto, 2004.

13

A leitura nos caminhos da formação inicial do professor de Língua Portuguesa

Cirlei Izabel da Silva Paiva
Sandro Luis da Silva

CONSIDERAÇÕES INICIAIS

Tornou-se comum afirmar que as práticas pedagógicas encontram-se configuradas em duas abordagens: a tradicional, marcada por uma postura regida e inflexível, em que o conhecimento é tratado de forma disciplinar e metódica. Tal prática é historicamente dominante na sociedade moderna. Contrapondo-se a ela, destaca-se a abordagem construtivista, que vislumbra uma aprendizagem mais flexível, na qual o saber se constrói a partir de operações mentais que possibilitam ao educando refletir sobre o conhecimento e colabora para a construção de um conhecimento interdisciplinar.

Para a realização deste estudo, pactuamos com a ideia de que, para a formação inicial de um professor competente, considerando competência na concepção de Perrenoud (1999), é preciso voltá-la para práticas reflexivas. Assim, partimos da necessidade de não só refletir sobre o processo de formação inicial do professor de Língua Portuguesa, mas, sobretudo, preocupar-nos com a melhoria dessa formação, uma vez que, segundo Lorieri *et al.* (1996, p. 17), "é urgente construir saberes que apontem novos fazeres na formação de professores".

Há de se lembrar que o processo de formação docente vai dar o "tom" em sua prática, ou seja, se os futuros educadores tiverem uma formação consistente, marcada por um processo de ensino-aprendizagem democrático, reflexivo que colabore para sua formação intelectual e humana, ele será um profissional da educação com consciência do seu papel na sociedade e terá a oportunidade de ter uma prática comprometida com a mudança, comprometido com seu educando. Terá, portanto, a possibilidade de ter uma prática pedagógica em que a teoria e a prática se complementem de tal forma que ofereça ao seu aluno a compreensão do mundo, de si e do outro, fazendo-o compreender que a língua é viva e que o conhecimento escolar é uma possibilidade de compreensão do mundo. Da mesma forma, se nos anos de sua graduação o futuro educador tiver uma trajetória acadêmica, marcada pela presença constante da leitura como forma de aprendizagem, da leitura como forma da inserção social e for preparado para compreender essa leitura como pratica social, capaz de torná-lo um ser mais consciente, ele irá, no exercício de sua função docente, trabalhar a leitura de forma criativa e consciente com seus educando.

Segundo Veiga (1998), a prática pedagógica reflexiva pressupõe o vínculo indissolúvel entre teoria e prática, entre finalidade e ação, entre o saber e o fazer, ou seja, entre o que o professor pensa e o que ele faz. Ela exige, na verdade, uma acentuada presença da consciência crítica, ação recíproca entre professores, alunos e realidade.

Como informa o Brasil, Parecer 9/2001 (p. 9),

A formação de professores como preparação profissional passa a ter papel crucial, no atual contexto, agora para possibilitar que possam experimentar, em seu próprio processo de aprendizagem, o desenvolvimento de competências necessárias para atuar nesse novo cenário, reconhecendo-a como parte de uma trajetória de formação permanente ao longo da vida.

Pactuamos, também, com a ideia de que cabe ao professor formador colaborar para que o futuro educador tenha uma formação que o desperte para a necessidade da formação permanente. Portanto, esse educador deve ser um sujeito que concebe o conhecimento de forma interdisciplinar, com uma postura aberta frente ao saber e a vida e com responsabilidade diante de sua própria formação.

Considerando que a leitura constitui-se em um processo cognitivo que busca, a partir, também, da articulação do conhecimento prévio, uma (in)formação do aluno para que ele possa atuar no mundo em que está inserido, é necessário que o trabalho realizado pelos professores formadores leve o discente a uma reflexão "no que" e "no como" realizar a prática de leitura na sala de aula da escola básica, possibilitando-lhe a criação de estratégias para as futuras atividades de leitura que ele desenvolverá junto a seus alunos.

No novo modelo de escola que se firma na contemporaneidade, não cabe a presença de um saber fragmentado, pronto e acabado, acrítico. Exige-se uma atitude de pesquisa, de investigação, de olhar inter, multi ou transdisciplinar, segundo o qual o conhecimento acadêmico se entrelaça com a vida, dando um sentido concreto ao saber, de sorte a ousar, transgredir a ordem estabelecida pela postura tradicional e disciplinar. Faz-se necessário "quebrar" os muros da escola, para que seja levado o conhecimento escolar para o mundo vida. E assim há de ser a ação do professor formador na sala de aula, para que a ação seja refletida na prática docente no Ensino Fundamental e Médio.

Não se concebe mais uma educação tecnicista e um ensino de leitura como apenas decodificação de sinais gráficos. É preciso que a escola leve o aluno a entender, cada vez mais, a leitura como prática social, construída e realizada pelos homens na vida, fora dos limites escolares. Acreditamos que a leitura, concebida dessa forma, nos dê a possibilidade de inserirmos o educando no mundo, no sentido que Paulo Freire dava a essa inserção, ou seja, que eles consigam se perceber no mundo, que tenham consciência de sua ação no mundo, de que fazem parte de um todo.

Constata-se, assim, que um novo perfil de docente é exigido na escola, cujas palavras de ordem, segundo Pimentel (1993), são: questionar, mudar, procurar, descobrir, inventar, modificar, sentir, participar, arriscar, inovar, a fim de que o espaço da sala de aula constitua-se em um lugar democrático, em que a reflexão seja um dos possíveis caminhos para a construção do conhecimento. E esta prática pedagógica reflexiva tem de começar na formação inicial do professor, para que ela seja levada com competência e seriedade à escola básica.

Procuramos com as reflexões propostas neste artigo a busca não de uma resposta definitiva. Antes, almejamos uma reflexão sobre os caminhos percorridos pelo professor formador no exercício de suas atividades docentes, em relação à prática da leitura no ensino superior, as quais precisam capacitar o futuro professor a atuar como cidadão crítico, agente transformador em interação com os seus pares na docência na escola básica.

Referencial Teórico

A partir dos trabalhos da Linguística Textual, os aspectos discursivos da linguagem passaram a fazer parte do processo de ensino-aprendizagem de Língua Portuguesa na escola. A linguagem torna-se objeto de ensino, porque se faz presente não só no espaço da sala de aula, mas no dia a dia das pessoas. E é por meio dela que os indivíduos interagem com/no mundo. Tratar de linguagem constitui-se em uma tarefa complexa, já que pressupõe o monitoramento de aspectos linguísticos, cognitivos e sociais. O desenvolvimento da habilidade de leitura no espaço escolar precisa levar em consideração esses três aspectos, pois a leitura é uma atividade de linguagem e também uma prática social, em cujo processo encontram-se presentes tanto os elementos relacionados à simbolização quanto à interação.

De acordo com Kleiman (1989), o ato de ler é concebido como um processo interativo entre autor e leitor, mediado pelo texto, pressupondo conhecimentos (de mundo, de língua) por parte do leitor, para que haja compreensão e apreensão da mensagem. Ler é, antes de tudo, compreender e negociar sentidos, já que, para uma leitura efetiva, o leitor precisa ativar conhecimentos prévios (linguísticos, textuais, enciclopédicos).

Os PCNs (Brasil, 1988) sugerem que o ensino da Língua Portuguesa se apoie nos diferentes gêneros textuais, que, segundo Marcuschi (2003, p. 19), são "formas verbais de ação social relativamente estáveis realizadas em textos situados em comunidades de práticas sociais e em domínios discursivos específicos". Pactuando com as ideias de Schneuwly & Dolz (2004), os quais partem das premissas de Bakhtin, consideramos o gênero como um princípio mediador entre as práticas sociais e os objetos escolares. Por meio dos diferentes gêneros textuais, é possível desenvolver a habilidade leitora do aluno, facultando-lhe o direito de construir sentidos para o texto, numa atitude ativa e relacionada com o meio em que está inserido. E o professor, independentemente da série, precisa levar o aluno ao desenvolvimento da habilidade leitora, para que ele possa ler o mundo e agir no/sobre este. Não se concebe um professor não leitor. E ele é o referencial para seu aluno, referencial que irá refletir no desenvolvimento de sua prática docente no dia a dia da sala de aula.

Recorrendo mais uma vez a Schneuwly & Dolz (2004), ressaltamos que eles propõem que se organize, primeiramente, um modelo didático de gênero, ou seja, um levantamento de suas características, a fim de chegar às dimensões ensináveis. Nesse sentido, a partir dos gêneros é possível articular uma série de atividades que levem os alunos a lerem o texto, partindo da verificação do conhecimento prévio sobre o gênero, além de proporcionar o conhecimento da situação de produção, a organização textual, os elementos linguísticos e os não linguísticos, promovendo nos alunos não só a competência leitora, como também o desenvolvimento das capacidades de linguagem que lhes permitirão agir nas variadas situações de comunicação de que venham participar.

No processo de ensino-aprendizagem da leitura, o professor, como mediador, explicita estratégias de leitura (Solé, 1998) que levem o aluno a ativar o conhecimento prévio, a distinguir o essencial do que é pouco relevante no texto e, sobretudo, explicitar o objetivo da leitura. O professor precisa fazer com que seu aluno articule todo o seu repertório, a fim de tornar a leitura algo significativo no seu dia a dia. Além disso, faz-se necessário pensar em estratégias que possibilitem ao discente criar expectativas e fazer previsões daquilo que está(rá) lendo. Pensar em estratégias de leitura é levar o leitor a interiorizar

Capítulo 13 - A leitura nos caminhos da formação inicial do professor de língua portuguesa

o processo do ato de ler e socializá-lo com seus pares, suscitando ao aluno descobrir as diversas utilidades/finalidades da leitura e proporcionar a ele recursos naturais para que se transforme em um leitor crítico.

PROCEDIMENTOS METODOLÓGICOS E CENÁRIO DA PESQUISA

A preocupação em verificar as atividades de leitura usadas na formação de um professor reflexivo, considerando as atividades de leitura que ocorrem no processo de ensino-aprendizagem, definiu o nosso percurso para coletar, analisar e interpretar os dados obtidos por meio de um questionário em confronto com o referencial teórico e com a análise dos Projetos Pedagógicos dos Cursos de Letras, objetos de pesquisa deste trabalho.

Procuramos refletir sobre o discurso apresentado pelos informantes da pesquisa, analisado por meio das respostas ao questionário – com 04 questões abertas relativas à formação acadêmica, exercício profissional e em relação às atividades de leitura desenvolvidas em aula. O questionário foi enviado, por e-mail, para professores de Língua Portuguesa, prática de ensino de língua materna e de didática da Língua Portuguesa de três IES no Estado de São Paulo: duas na região do grande ABC – IES A e IES B e uma no interior, IES C[22].

22: Por questão de ordem ética, optamos por omitir o nome das IES, que serão designadas como A, B e C, conforme apontamos no texto.

Na IES A, o processo para coleta de dados foi muito complexo. O primeiro contato foi em outubro de 2006, mas somente em junho de 2007 foi possível estabelecer uma comunicação direta com 7 professores envolvidos no curso de Letras, dos quais 4 nos enviaram resposta. A Instituição vivenciou 55 dias de greve, problemas administrativos e reestruturação pedagógica, que dificultaram a devolutiva do questionário.

Durante o mês de fevereiro de 2007, na IES B, foram convidados a responder ao questionário 6 professores que ministravam uma das disciplinas da área. Somente 3 devolveram o questionário, fato que ocorreu na semana seguinte.

No mesmo período, conversamos pessoalmente com 8 docentes da IES C e, posteriormente, foram enviadas as perguntas. Dentre eles, 5 deram devolutiva. Dois justificaram a não entrega; um alegando acúmulo de trabalho e outro, problemas pessoais.

Foram eleitos aleatoriamente 3 informantes de cada uma das IES. Evidentemente que esta pesquisa não traduz com exatidão o trabalho que se realiza com as atividades de leitura na formação inicial do professor de Língua Portuguesa. Nem tínhamos essa pretensão. Mas, sem dúvida, este estudo aponta para alguns indícios de como as práticas de leitura são realizadas (quando realizadas) na graduação em Letras.

Optamos pela pesquisa qualitativa, tendo em vista que o informante/professor é considerado um elemento ativo e determinante no processo de investigação e, ainda, pelo fato de que há maior envolvimento entre os sujeitos da pesquisa.

Por meio dos questionários, buscamos, então, analisar o discurso dos informantes, a partir da seguinte indagação: O estudante de Letras, futuro professor de Língua Portuguesa, tem recebido formação teórica em relação à Leitura para atuar na escola básica? E, ainda, em sua formação, tem sido levada em conta a articulação teoria e prática, gêneros textuais diversos no processo de leitura?

Pretendemos, assim, trazer à baila algumas reflexões sobre as práticas de leitura dos professores formadores, cujo papel desempenhado por eles no curso superior se reflete na docência do professor da escola básica e, ainda, considerar as condições concretas nas quais se efetua o trabalho com a leitura na formação inicial do professor de Língua Portuguesa.

O PROFESSOR FORMADOR EM CENA

A análise do questionário respondido pelos informantes nos permitiu confrontar os discursos deles com os documentos institucionais e oficiais e, a partir daí, registrar, em alguns momentos, os contrastes entre a teoria e prática tão exigidas na formação inicial de um professor reflexivo. Constatamos, ainda, algumas (in)coerências nas práticas pedagógicas dos professores formadores na graduação do curso de Letras, em relação às atividades de leitura.

Na Introdução das Diretrizes Curriculares do Curso de Letras (CNE/CES 492/2001), evidencia-se a função social e transformadora da universidade, em especial, na formação inicial do professor. Este documento reforça, ainda, a necessidade de que sejam desenvolvidas habilidades e competências que levem o estudante a intervir ativamente na sociedade.

Em consonância com Silva (2005) dizemos que a atividade de leitura não pode se resumir a atividades livrescas, longe das expectativas e do conhecimento prévio do aluno, distante de tornar o conhecimento (o desejo por este e sua descoberta) algo significativo no cotidiano do ser humano. A Universidade, em face do compromisso que tem com a sociedade, precisa criar uma política de leitura para a formação inicial do professor de português, a fim de que este se torne, de fato, um leitor e não simplesmente um ledor.

É a ação do professor-formador que conduzirá todo este processo, que vislumbrará caminhos a serem percorridos pelo futuro docente de Língua Portuguesa, desenvolvendo neste competências necessárias para que ele possa ter em seu projeto profissional, o compromisso de despertar o prazer e o envolvimento de seu discente com o ato de leitura.

Com a palavra, o informante formador, o sujeito da pesquisa

Quanto à sua formação e ao exercício profissional

Foram sujeitos desta pesquisa nove professores universitários, dos quais apenas um não tem formação inicial no curso de Letras. Sua formação é em Jornalismo. Quanto à pós-graduação, um possui pós-doutorado na área de Letras, quatro são doutores, um é mestre e os demais possuem especialização na área de Língua Portuguesa. Na IES C, por ser Instituição pública e exigir o ingresso por meio de concurso com o título de doutor, os três informantes são doutores, com dedicação exclusiva, o que já torna o trabalho deles diferenciado em relação aos outros informantes, que trabalham entre 04 e 12 horas semanais na IES. Na IES A apenas um informante é doutor e na IES B todos são especialistas.

Um ponto que nos chama a atenção quanto à formação e ao exercício profissional é a atuação na escola básica desses informantes das IES. Dois informantes do IES C não têm experiência no Ensino Fundamental e Médio. Aquele que vivenciou a docência na escola básica mostra-se mais sensível à necessidade de se levar para a sala de aula suas experiências, evidenciando para os futuros professores a importância de se conciliar teoria e prática, o que torna o processo de ensino-aprendizagem significativo para os sujeitos. A todo momento, verificamos no discurso do informante a preocupação em chamar a atenção para a relação que há entre trabalhar com os alunos do curso superior, em especial com os da Licenciatura e o exercício da docência que esses futuros professores terão no Ensino Fundamental e Médio. É exatamente esta prática que o curso superior necessita, para que não haja um distanciamento entre esses dois níveis de aprendizagem. Ao levar para sala de aula experiências vivenciadas no ensino médio e fundamental, leituras de diferentes realidades em diversas perspectivas, despertam, nos alunos, o interesse em colocar-se (ou imaginar-se) diante de determinadas situações em sala de aula que precisarão ser resolvidas. Para isso, requer mudança de ação e a apreensão de conteúdos para que sejam desenvolvidas determinadas habilidades e os professores possam exercer competentemente a docência e levar seus alunos à transformação tão almejada pela Educação.

Os informantes da IES A têm condutas diferentes entre si em relação a esse ponto. Um deles, ao se referir sobre a relação que faz entre a formação do futuro professor e a prática docente, afirma: "Em geral, são assuntos relacionados à indisciplina ou às dificuldades de aprendizagem dos alunos." Outro responde: "Com mais frequência, uma vez que os alunos na grande maioria são professores da escola básica e trazem para a sala de aula os anseios e duvidas da profissão." No entanto, há um informante que não exercita tal prática, que é tão relevante no cotidiano da sala de aula do curso de formação inicial.

Os informantes da IES B apresentam um discurso contraditório, uma vez que, neste primeiro momento do questionário, dizem não ser comum introduzirem em sua prática docente a relação entre a sala de aula do curso superior e a escola básica. No entanto, como veremos adiante, levam os alunos a refletirem sobre a prática de leitura na Ensino Fundamental e Médio. Um deles alerta os futuros professores para o fato de que enfrentarão vários problemas no Ensino Fundamental e Médio. Entre eles, "o problema de indisciplina dos alunos aliada à ausência da família na escola". Os outros informantes afirmam não terem contato com essa realidade. Um deles ressalta apenas o fato de que, às vezes, "em determinada turma, existem alunos que já atuam como docentes e estes relatam algumas situações por que passam no processo de ensino-aprendizagem, como professores", mas não aprofunda o assunto nem abre espaço para discussão.

A PRÁTICA PEDAGÓGICA E O TRABALHO COM A LEITURA

O primeiro ponto a se considerar quanto à prática pedagógica é que as três IES apresentam como objetivo primeiro, em seus Projetos Pedagógicos de Curso (PPC), a formação de professores de Língua Portuguesa e respectiva literatura para a escola básica. Tendo em vista essa consideração, seria desejável que os cursos de Letras das IES destinassem um espaço para atividades de leitura que visassem ao trabalho na escola básica.

Atividades com a leitura na sala de aula, hoje, possibilitam ao professor propor os mais variados exercícios, levando os alunos a terem contato com os diferentes gêneros textuais. Trabalhar com a leitura, a partir dos gêneros textuais, abre um leque de opções que levam o aluno a descobrir o mundo, a deslocar-se para espaços inimagináveis e perceber detalhes que estão presentes em seu dia a dia e que nunca percebera.

O sucesso do processo de ensino-aprendizagem depende da intencionalidade, da contextualização, da valorização do conhecimento prévio do aluno e da adoção de estratégias que atendam adequadamente às exigências do contexto atual dos atores nele envolvidos. A leitura faz parte do novo cenário do ensino de linguagem, e a ausência de espaço significativo para o trabalho com a leitura na formação inicial do professor de Língua Portuguesa faz com que a escola não consiga formar um aluno com capaz de ler, de fazer leitura crítica de um texto, seja de qual gênero textual for.

Trabalhar a leitura no curso de formação inicial de professores exige a articulação da competência textual, linguística, temática e pragmática. Só assim, o futuro professor levará seus alunos a exercitar a leitura como uma forma crítica de entender o mundo, criando sentido para o texto lido. Sem dúvida, como aponta Rösing (2003, p. 63),

> *Pressupondo que o texto pode designar uma unidade semântica expressa em diferentes linguagens, o texto escrito, no âmbito das sociedades letradas,*

reveste-se de importância singular. É objeto da leitura, local da prática de interação entre autor e leitor, na busca da construção do significado, ressalvadas as peculiaridades de cada pólo envolvido e as características do próprio texto.

É necessário (re)pensar o "como" trabalhar o texto na formação inicial do professor de Língua Portuguesa, para que se tenha um professor competente no exercício de suas funções docentes. Oportunizar os diferentes gêneros textuais é condição *sine qua non* para que os alunos vejam o texto como um elemento integrador dele (aluno) na comunidade da qual faz parte.

Kaufman & Rodríguez (1995, p. 45) afirmam:

A tarefa de selecionar materiais de leitura para os alunos é, em todos os níveis e modalidades da educação, uma das tarefas mais árduas que o professor tem de assumir em sua atividade pedagógica. Selecionar implica avaliar e, portanto, acatar o caráter de objeto passível de avaliação de todos os materiais de leitura: os objetos a selecionar passam a estar sujeitos a juízos racionais em função de diversos critérios a determinar.

Pelas palavras das autoras, percebemos a necessidade de se desenvolver essa habilidade nos futuros professores de Língua Portuguesa. É responsabilidade do professor formador esse trabalho. Cabe a ele iniciar essa prática, levando seu aluno a vislumbrar as possíveis estratégias de leitura e de sua avaliação no exercício da docência. O professor formador não pode ser omisso a essa tarefa pedagógica.

No tocante às atividades de leitura que realizam na sala de aula, há uma diversidade muito grande na prática adotada pelos informantes das três IES.

Embora somente um dos informantes do curso de Letras do IES C ministre disciplinas que estejam voltadas especificamente para a leitura e gêneros textuais, observa-se pelas respostas aos questionários que, também, outro informante procura promover a interação entre os alunos, por meio da leitura de textos de variados gêneros, visando à formação e à preparação de um profissional para a escola básica, com "resultados bastante satisfatórios", como ele afirma.

O informante cujo trabalho é específico com a leitura e com os gêneros textuais diz: "Solicito aos alunos a leitura e o fichamento dos textos teóricos, para a discussão dos conceitos em sala de aula". E completa:

Procuro trabalhar o conteúdo do programa com base em textos teóricos da área de Linguística e de Língua Portuguesa. Em seguida à discussão de um texto teórico, há a proposta de produção de texto. Em geral, o aluno é colocado em situação de reflexão sobre a relação entre o texto teórico, a formação acadêmica e a prática social da profissão. As propostas de produção de texto apresentam, com frequência, mais de um texto de apoio, no(s) qual(is) o aluno deve se fundar para construir seu lugar de reflexão. Desse modo, acredito, trabalho com determinada noção de autoria em textos acadêmicos, segundo a qual o aluno deve reconhecer que é ele que "orquestra" diferentes "vozes" para a produção textual (escrita ou falada). De uma perspectiva dos estudos sobre gênero, procuro mostrar que a constituição de um texto se dá muito mais por características que são intergenéricas do que por aquelas que são tomadas como exclusivas de determinado texto.

O trabalho desenvolvido pelo informante desencadeia uma série de observações. Ele demonstra a preocupação em associar teoria e prática, o que sinaliza para o atendimento de algo em que acreditamos: não é possível formar competentemente um profissional sem que ele consiga articular teoria e prática, além de conhecer o todo do assunto tratado e saber organizá-lo em partes, com objetivos determinados.

A manifestação deste informante ainda evidencia um exercício constante para que o aluno reconheça as diferentes vozes presentes em um texto e saiba utilizá-las na leitura e na escrita de um texto, sem perder de vista a presença de traços de sua autoria no texto produzido. Na verdade, exercita-se o diálogo intertextual que desperta no aluno a criticidade, o pensar, o refletir, o associar diferentes discursos, em diferentes perspectivas, a partir de um mesmo evento.

O terceiro informante não tem a preocupação em trabalhar com leitura em suas aulas. Na verdade, seu trabalho volta-se para a "pesquisa linguística", sem fazer qualquer referência à formação do estudante para o desempenho das atividades em sala de aula como docente. Na verdade, em nenhum momento, este informante evidencia seu olhar para a formação do professor como um leitor e formador de leitores na escola básica. Privilegia a formação de um pesquisador. Segundo ele, "Não realizo trabalho que esteja voltado para interação 'com' e 'dos alunos, no tocante à leitura e aos gêneros textuais, tampouco estratégias que visem à formação inicial do professor de Língua Portuguesa para a escola básica."

Na IES A, um informante explicita, em relação ao trabalho com a leitura na sala de aula do curso superior:

Por ter sido minha primeira experiência, não foi muito fácil no início. Precisei de algumas aulas para me adaptar à Instituição, aos alunos e ao próprio curso. Após esse período, priorizei em meu planejamento questões relacionadas ao ensino da Língua Inglesa e da Língua Portuguesa, seguindo as diretrizes dos PCNs.

Capítulo 13 - A leitura nos caminhos da formação inicial do professor de língua portuguesa **175**

Importante ressaltar que ele tem a preocupação de preparar os futuros profissionais a trabalhar com as propostas dos PCNs; leva as diretrizes desse documento para o curso de formação inicial, tornando-o familiar aos alunos. Nesse sentido, este informante mostra-se preocupado em proporcionar uma formação inicial que proporcione a sua autonomia, a deparar-se com diferentes documentos que norteiam o ensino da língua, para que, a partir deles, o futuro professor construa uma identidade como docente.

Da fala do outro informante, depreende-se a prática de um trabalho que visa à formação de alunos reflexivos, uma prática capaz de levar o aluno a construir conhecimentos, vislumbrar os caminhos por que pretende trilhar no magistério. Ele enfatiza um trabalho marcado por "Leituras, reflexões, exercícios e textos que os levem a pensar sobre possíveis estratégias para sua prática docente".

Por ter maior experiência na Educação, o terceiro informante pôde traçar reflexão sobre o trabalho que desenvolve durante o exercício da prática docente. Segundo ele,

> *Ao longo do tempo que lecionei e leciono, percebo que há uma dinâmica interessante entre a questão teórica e a prática, sendo docente de didática procuro criar situações de aprendizagem onde existe a possibilidade de fazer a relação teoria e prática e interagir com os alunos através de um currículo dinâmico, dialógico em que a leitura seja o elemento interdisciplinar que norteie o curso.*

Dessa fala, apreendemos que sua prática pedagógica tenta criar condições concretas e efetivas para a realização dos propósitos que se anunciam no curso de Letras da IES A: formar professores para a escola básica, oferecendo a eles a possibilidade de conviver, na realidade, com múltiplos olhares que um professor precisa ter para seu aluno, para a escola, para o mundo.

O discurso desse informante vai ao encontro do proposto nas Diretrizes Curriculares do Curso de Letras, sobretudo nos aspectos relativos à necessidade de que sejam articuladas habilidades e competências cujo objetivo seja o desenvolvimento de atividades crítico-reflexivas durante a integralização do curso, por meio de trabalho com os diferentes saberes, para uma formação inicial competente. Ele evidencia, ainda, a questão da interdisciplinaridade.

Se for destinado um momento de leitura durante essa formação, o desenvolvimento de habilidades que o professor promove conseguirá a ampliação de repertório do aluno, a possibilidade de despertar nele o interesse por diferentes saberes e aí sim, concretizar a leitura como prática social múltipla. A leitura, entendida como uma prática social, constitui-se em uma atividade que, nas palavras de Silva (2005, p. 47),

> *Não pode prescindir de situações vividas socialmente, no contexto da família, da escola, do trabalho etc. [...] Todos os seres humanos podem se transformar em leitores da palavra e dos outros códigos que expressam a cultura, mesmo porque carregam consigo o referido potencial biopsíquico (aparato sensorial + consciência que tende à compreensão dos fenômenos).*

A leitura com fichamentos e debates, reescrita de textos, criação de "estratégias que os leitores proficientes lançam mão, tais como levantar hipóteses sobre o que o texto vai falar, verificar se tais hipóteses são confirmadas ou refutadas e construir sentido para o que foi lido" constituem algumas das atividades desenvolvidas durante as aulas que os professores formadores ministram no curso de Letras da IES A.

Quanto à IES B, em relação ao trabalho com os gêneros textuais e a leitura, os três informantes veem suas propostas como "satisfatórias e razoáveis." Um deles, em relação às estratégias de leitura, afirma que procura analisar os aspectos estruturais e temáticos de cada texto visto em aula com os alunos. Considera um trabalho árduo, pois os alunos não conseguem, na maioria das vezes, fazer inferências nos textos; limitam-se a uma leitura no plano superficial. E completa, "Insisto em colocar 'temas' para desenvolver linguagem oral". Afirma ainda que há "exigência de leitura e questionamentos temáticos acerca das obras lidas."

Ele salienta: "Entendendo que a leitura constitui-se em um dos modos do homem interagir com o mundo em que está inserido. Num curso de Letras, em que se formam professores de Língua Portuguesa, o trabalho com a leitura há de desenvolver habilidades necessárias para que este futuro docente não se limite à decodificação do texto." No entanto, não evidencia quais são as estratégias que levam o seu aluno a atingir este objetivo.

O segundo informante se atém à seguinte fala: "Sempre chamo a atenção dos alunos para a questão da leitura no Ensino Médio e no Fundamental. Digo a eles que é preciso muito cuidado na escolha do texto e nos procedimentos a serem adotados" e não faz quaisquer outras considerações. Não menciona estratégias que utiliza para levar o futuro professor a essa reflexão.

"Nunca chamar para ler um texto oralmente sem fazer leitura silenciosa. Evitar a leitura de trechos longos e passar para o colega próximo" são as orientações que o terceiro informante passa para seus alunos. Percebe-se pelo seu discurso que ele entende a leitura como um processo mediado pela compreensão oral. Não entra nos aspectos cognitivos necessários ao ler um texto. Não considera o fato de que a leitura é um processo no qual o leitor adapta determinadas estratégias, dependendo dos propósitos que objetiva.

Considerações Finais

Uma concepção esclarecedora sobre os objetivos que pretendem a formação inicial do professor de Língua Portuguesa no tocante ao trabalho com a leitura dos diferentes gêneros textuais é indispensável a qualquer IES.

Pode-se constatar que os informantes, ao serem questionados sobre o trabalho com a leitura no curso superior, não fizeram referência a uma base teórica, a um estudo que sustentasse uma perspectiva do desenvolvimento dessa habilidade, tampouco sobre uma abordagem relativa aos gêneros textuais. Os documentos institucionais e os oficiais, além dos diversos estudos sobre a formação inicial do professor de Língua Portuguesa, apontam a necessidade de se conciliar teoria e prática. E, em princípio, isso tem ficado apenas no papel. A prática no curso superior tem se mostrado bastante distante deste ideal, como pudemos observar nas respostas apresentadas pelos professores. Não adianta reclamarmos que nossos alunos não sabem ler se os nossos professores não criam práticas educativas e estratégias de leitura para esse fim, ou até mesmo não estão preparados para esse exercício.

Nesse sentido, há necessidade de se repensar no trabalho com a leitura que se realiza no curso Letras. Como vimos, as Propostas das Diretrizes do Curso de Letras, por exemplo, oferecem oportunidade para a elaboração de um currículo flexível, que favoreça os estudos da língua fundamentados numa ação social, articulando teoria e prática. No entanto, para que isso se efetive, é necessário que os professores formadores conheçam esse documento e coloquem-no em prática durante suas aulas.

É preciso que seja criado na Instituição Escola um espaço para o trabalho efetivo com uma leitura significativa, o qual seja capaz de construir sentidos para os sujeitos do processo de ensino-aprendizagem. Mas esse objetivo só será alcançado quando houver uma mudança permeada por questionamento de conceitos enraizados, de parâmetros inflexíveis que, infelizmente, ainda se fazem presentes na nossa escola.

Estabelecer uma relação dialógica, na sala de aula do curso superior, entre os pares e entre esses e a sociedade, a fim de que a escola seja um lugar para a (re) construção crítica e consciente do conhecimento, chegando a estabelecer vínculos com a educação básica, faz-se necessário e urgente. A universidade não pode ser um fim em sim mesma. Os sujeitos envolvidos no processo de formação inicial terão a chance de perceber o sentido do aprender, do fazer, do "para que" e de "como ensinar", quando estiverem conscientes de sua função social.

O diálogo entre Universidade e escola básica abre oportunidade para ouvir expectativas, conhecer as representações sobre a língua, a escrita, a leitura e sobre a própria didática na sala de aula, elementos fundamentais para a construção da identidade do professor como profissional.

O futuro professor que trabalhará com a leitura precisa ser preparado – na teoria e na prática, para projetar e realizar uma pedagogia diferenciada, criando estratégias múltiplas, para que sejam desenvolvidas as habilidades leitoras e possa exercitar a leitura competentemente junto a seus alunos. Estratégias de leitura se constituem em formas de inventividade didática e organizacional, levando o aluno ao autoconhecimento. Não se pode perder de vista que o processo educativo visa a uma transformação no ser humano, por meio da socialização do conhecimento, despertando o senso crítico em cada cidadão que participa do processo educacional. Não se forma cidadão crítico se não houver comprometimento, consciência e constância na prática docente que se realiza.

Mais do que reestruturar os programas, repensar nas estratégias de leitura e na interação Universidade/Escola Básica, é preciso que os professores formadores tenham uma mudança de postura em face do trabalho com a leitura no curso superior, conscientes de sua responsabilidade com a sociedade. Enquanto o professor formador não dimensionar o poder dos efeitos das estratégias que orientam as leituras que realiza em suas aulas para a formação de um professor leitor competente, o ato de ler na escola não atingirá seu objetivo maior, ou seja, ler para transformar, para refletir, para questionar, para (re)construir sentidos para a vida.

Acreditamos que essa mudança de postura do professor formador seja um possível caminho que possibilite o futuro professor a vislumbar que tipo de estratégias precisam ser exercitadas no Ensino Fundamental e Médio e em que gradação são estabelecidas para o desenvolvimento da competência leitora de seus alunos. Esses são pontos a serem revistos pelos cursos de Letras, a fim de que cumpram efetivamente sua missão, ou seja, formar professores leitores, competentes e compromissados com a escola básica, de acordo com as exigências da sociedade em que estão inseridos. Mais que isso: professores conscientes da sua função social para a formação de cidadãos críticos, que saibam ler o texto-mundo. Mas, para encerrar nosso texto, fica uma pergunta que poderá (ou não) motivar uma nova pesquisa: o professor formador, em geral, tem recebido uma formação adequada para fazer com que mudanças ocorram na formação inicial do futuro professor de Língua Portuguesa?

REFERÊNCIAS

BRASIL, **Diretrizes Curriculares do Curso de Letras.** CNE/CES 492/2001.

BRASIL, **Parecer 09/2001**.

BRASIL, **Lei de Diretrizes e Bases**, 1996.

KAUFMAN, A. M. & RODRÍGUEZ, M. H. **Escola, leitura e produção de textos.** Porto Alegre: Artmed Editora, 1995

KLEIMAN, A. **Texto e leitor – aspectos cognitivos da leitura.** 2ª ed., São Paulo: Pontes, 1989.

Capítulo 13 - A leitura nos caminhos da formação inicial do professor de língua portuguesa **179**

_____. **Leitura – ensino e pesquisa.** 2. ed., Campinas: Pontes, 2001.

LORIERI, M. _et al._ "Que professor formar para as séries iniciais do Ensino Fundamental?" _In:_ **IV Congresso Estadual Paulista sobre Formação de Educadores** (textos geradores e resumos). São Paulo: UNESP, 1996, p. 17-26.

MARCUSCHI, L. A. Gênero textual: definição e funcionalidade. _In:_ DIONISIO, A. P., MACHADO, A.R. & BEZERRA, M A. **Gêneros textuais e ensino.** Rio de Janeiro: Lucerna, 2003.

PERRENOUD, P. **Construir competências desde a escola.** Trad. Bruno Charles Magno. Porto Alegre: Artmed, 1999.

PIMENTA, S. G. & ANASTASIOU, L. G. C. **Docência no ensino superior.** São Paulo: Cortez, 2002.

PIMENTEL, M. G. **O professor em construção.** Campinas: Papirus, 1993.

ROSING, T. M. K. **A formação do professor e a questão da leitura.** Passo Fundo: Editora da UFP, 2003.

SCHNEUWLY, B. & DOLZ, J. **Gêneros Orais e Escritos na escola.** Trad. Roxane Rojo & Glais S. Cordeiro. Campinas: Mercado de Letras, 2004.

_____. **Conferências sobre leitura**. 2ª ed., Campinas: Autores Associados, 2005.

_____. **Elementos de pedagogia da leitura.** 3ª ed., São Paulo: Martins Fontes, 2005.

SOLÉ, I. **Estratégias de leitura**. Trad. Claudia Schilling. Porto Alegre: Artmed, 1998.

VEIGA, I. P. (org.). **Projeto Político-Pedagógico da Escola – uma construção possível.** 22ª ed., Campinas: Papirus Editora, 1998.

14

Literatura infantil e formação do leitor: percursos e experiências

Cristiano Rogério Alcântara

Muitos são os manuais que tentam apresentar um roteiro de leitura ou de práticas didáticas que conduziriam seus leitores ao nirvana da leitura. Infelizmente, não temos respostas para serem dadas de maneira tão direta e facilitada. Porém nossas experiências nos apontam caminhos passíveis de serem percorridos e possibilidades de problematizações que podem conduzir ao protagonismo.

O primeiro dado a ponderar é o aspecto de não tratar a leitura de forma isolada na escola. Não há leitura significativamente constituída que ocorra desconectada de uma realidade. Não desejamos com este apontamento recorrer a um clichê educacional de que é importante trabalhar com a realidade do aluno ou coisa parecida e, sim, enfatizar que um material a ser apropriado necessita, obrigatoriamente, passar pela **significação do sujeito** leitor.

182 A pesquisa e o ensino em Língua Portuguesa sob diferentes olhares

Trata-se, pois, de colocar em campo uma pedagogia também reticular, que considere, em sua complexidade o fenômeno da aprendizagem e da construção dos sentidos. Trata-se de se reinventar uma *pedagogia cultural* (PERROTTI, 2004), como forma de superação de formatos simplistas e lineares que supõem existir uma relação direta entre textos e leitores, independentemente das mediações socioculturais.

Como isto ocorre? Sem dúvida, pela possibilidade de diálogo do texto com as experiências do leitor, sejam elas provenientes de sua realidade social, de seu brincar, de seu gostar, de seus programas televisivos, de seus filmes prediletos, de suas músicas etc.

Os aspectos que são utilizados nesse processo ficam a critério do **mediador de leitura** (CINTRA, 2008, p. 40)[23], que sentindo-se seguro do caminho escolhido e tendo muito claros os desdobramentos possíveis de acontecerem no processo, é capaz de conduzir a leitura na direção do(s) objetivo(s) traçado(s). Assim vemos a leitura como atividade, escolar mediada, cabendo ao mediador saber o que deseja, onde e como quer chegar para realizar o trajeto da melhor forma.

Por isso, como professores, quanto mais amplas forem as **redes de significações**[24] possíveis de serem estabelecidas entre o que oferecemos como leitura e as experiências dos indivíduos, maiores serão as possibilidades de conexões e de **apropriação,** afinal uma rede de leitura pode favorecer a apropriação de diversas habilidades, competências, atitudes e valores que alteram a qualidade das relações e das representações das crianças com a escrita.

Sabemos que não há leitores sem livros, mas também sabemos que não pode ser qualquer livro colocado nas mãos dos estudantes. Além da adequação dos livros ao público, há que se observar, muitas vezes o preparo do leitor para iniciar determinadas leituras. Mas o que parece indiscutível é que precisamos de boas obras. E o que define uma obra como boa não pode ser o gosto pessoal do mediador, o encantamento momentâneo com um determinado livro, a recordação de que, quando era criança gostei muito de tal leitura, nem o argumento de que ela figura na lista dos dez mais vendidos.

Ao pensar num trabalho que visa à formação de leitores, o professor tem de ter claros os critérios que subjazem as escolhas, para que, de forma objetiva e segura, saiba onde quer chegar com cada leitura, sempre considerando as possibilidades dos alunos. Por isso acreditamos no diálogo do professor com a classe.

O diálogo pressupõe que as partes que o constituem possam ter voz e vez. Desse modo, sempre tivemos o cuidado de evitar atitudes de superioridade ou de aceitação passiva dos valores culturais, frente às crianças. Nunca encaramos seus conhecimentos e preferências como dados de uma cultura menor que deveria ser "higienizada" ou "aprimorada" e, sim, que essa

23: Compartilhamos com a definição da autora: *É a interlocução do professor com o texto e com a classe, para que se evidencie como impossível determinar um sentido único para o texto, mas impõem ao professor preparo teórico-metodológico sobre leitura, como suporte para a utilização de estratégias adequadas ao texto e à finalidade da leitura, tendo em vista levar o estudante a descobrir o livro e a leitura como algo interessante e prazeroso.*

24: São as interfaces possíveis de serem efetuadas entre diferentes portadores como jornal X livro; linguagens musicais X escrita; visitas a museus X matérias de jornais. Em suma a rede está formada quando são usados elementos culturais distintos que possam estabelecer um diálogo capaz de ampliar as interpretações dos alunos.

cultura poderia e deveria entrar em contato com outras formas de expressão. A partir desse confronto, da negociação simbólica entre o conhecido e o desconhecido, dá-se a apropriação, constroem-se significados e vínculos dos sujeitos com os objetos culturais. (ALCÂNTARA, 2009, p. 35)

É em função da dialogia que vemos o papel da obra literária possível de ser apresentada a crianças, não por meio de edições resumidas ou simplificadas, mas de textos autênticos. A nosso ver, não há idade muito bem definida para se encantar, por exemplo, com o poemas *José*, de Carlos Drummond de Andrade, para emocionar-se com *Ismália*, de Alphonsus de Guimaraens, ou para sentir--se seduzido pelo jogo rítmico de *Essa negra Fulô*, de Jorge de Lima.

Parece óbvio que as possibilidades de leitura e interpretação desses textos ficam condicionadas às experiências já vivenciadas pelas crianças, pois não há sentido em esperar que elas leiam as obras com o olhar, a interpretação do adulto. O que se espera é que, pelo diálogo com o professor elas leiam e signifiquem o que leem com seus olhares de crianças.

Algumas obras, de forma, natural, impressionarão pela boa escrita, pela originalidade, pelo jogo rítmico etc. E as crianças, instigadas pelo professor mediador poderão tentar estabelecer com seus próprios repertórios um "diálogo" com o que lê, construindo, pouco a pouco estruturações mais elaboradas.

Como pontua Isaias (1998),

*Dentro de uma perspectiva dialética de cunho sociocultural, salientamos a primazia da **cognição social** ou mais especificamente, **interpessoal**, sobre a individual. Assim contextualizada, a produção de conhecimento depende da interação com outras mentes, viabilizada pela mediação de sistemas simbólicos, construídos ao longo da história da humanidade. (ISAIAS, 1998, p. 28)*

Dessa forma, trabalhar apenas textos infantis, escolhidos pelas ilustrações apenas, pela pequeno número de páginas pode ser uma falsa simplificação que leva à formação de leitores. A **significação** deve, pois, ser o primeiro ponto a ser perseguido, quando pensamos numa obra para ser compartilhada com as crianças, mas não se pode deixar de observas que bons autores, boas traduções e excelente material gráfico devem ser pré-requisitos, já que ninguém deseja ler algo mal escrito, nem dá para haver mobilização pessoal diante de algo empobrecido, ou o desejo de ter em mãos uma obra mal editada.

Longe de um receituário de condutas a serem ditadas aos alunos, o cuidado com os procedimentos deve ser vivenciado diariamente.

Também ouvir uma boa história não deixa de ser uma forma de compreender que uma obra literária pode nos comover e, mais do que isto, pode nos dar concretude a sentimentos e pensamentos difusos, pode nos mobiliza para lançar mão de muitos conhecimentos.

Apresentar aos alunos exemplares que impressionam pela beleza, pelo cuidado da impressão, pela qualidade da história pode levar ao desejo de possuir o livro, de manipulá-lo e, o mais importante, pode dar resultados mais significativos do que um rosário de boas técnicas de leitura.

Quanto mais cedo as crianças tiverem acesso ao livro, a procedimentos adequados, maiores serão as possibilidades de terem boas condutas de leitura presentes em suas vidas. Diversos estudos afirmam que filhos de pais leitores (principalmente de mães leitoras) têm maiores possibilidades de se tornarem leitores. Por quê? Basicamente porque estão vivenciando estes procedimentos leitores diária e significativamente em suas casas. As crianças que não possuem experiências leitoras em casa precisam, o quanto antes, serem expostos a elas, pois, ao vivenciarem procedimentos produtivos com a leitura, vai se apropriando de informações, de gestos de leitura, já que não há apropriação possível que não passe pela vivência e significação. Sabemos que nem tudo que é vivenciado será apropriado; porém parece claro que nada que não seja vivenciado poderá ser apropriado.

Muitas vezes o professor reluta em abrir espaços de leitura em suas práticas docentes, por crer que está "perdendo" o tempo que deveria ser dedicado aos conteúdos. Mas que tempo e conteúdo é este afinal? Alerta-nos Perrenoud:

> *Se a escola quisesse criar e manter o desejo de saber e a decisão de aprender, deveria diminuir consideravelmente seus programas, de maneira a integrar em um capítulo tudo o que permita aos alunos dar-lhes sentido e ter vontade de se apropriar deste conhecimento. (PERRENOUD, 2000, p. 69)*

Sem medo de abrir espaço para a leitura, formulamos alguns princípios:

1. A LEITURA DIÁRIA DEVE SER PERSEGUIDA COM OBSESSÃO.

Não podemos nos furtar de ler um livro ou quando for uma obra muito extensa um capítulo diariamente para as crianças. Essa leitura tem ser de um material de reconhecida qualidade, como já mencionado. E sempre que possível envolver os alunos na escolha do que será lido, na decisão do momento em que será realizada a leitura, além de quanto será lido por dia.

2. FUNDAMENTAL DESENVOLVER CRITÉRIOS PARA A SELEÇÃO DO TEXTO A SER LIDO.

Os livros selecionados devem ser, preferencialmente, aqueles que mobilizam as crianças, aguçam seu interesse em querer ouvir a continuação de uma história, provocam a conversa entre eles, ou geram o pedido de "leia mais um pouquinho". Evidentemente o repertório é construído ao longo da prática profissional, a partir da atenção permanente do professor em relação a textos que o mobilizam como mediador e tendem a despertar o interesse das crianças também.

3. O BOM SENSO PEDE QUE A LEITURA SEJA INTERROMPIDA QUANDO OS ALUNOS MOSTRAM SINAIS DE FADIGA.

A rigor, o ideal é que nem cheguem a este ponto. Entretanto, o professor, atento percebe se o grupo mantém ou não interesse. É possível conseguir a manutenção do interesse em tempo até superior a uma hora, embora, geralmente, o tempo de leitura fique ente quinze e vinte minutos. Ler uma obra em capítulos é também uma estratégia muito válida, pois cria-se um clima de "quero mais", de continuidade e rotina muito interessante.

4. A LEITURA NÃO PODE SER DIDATIZADA.

Cabe ao professor mediador perseguir a fruição do texto. Apenas eventualmente pode suscitar momentos de reflexão entre os alunos, diante de assuntos tratados. Mas pode propiciar relações entre o que se está lendo e o que os alunos conhecem. Muitas crianças possuem repertório de desenhos animados e filmes e não imaginam em que obras literárias foram inspirados. Daí ser interessante ler as obras que deram origem, por exemplo, a produções cinematográficas para as crianças, cabendo fazê-las assistir à obra cinematográfica ao término da leitura, pois, isso provocará considerações interessantes da parte das crianças. Também importa dar informações das diferenças de linguagem entre a cinematográfica e escrita, retomando tomadas de cenas, recursos gráficos, sons, sequências, para que percebam que existe uma linguagem nos filmes e que nem sempre se pode transpor tudo que está num livro para um filme ou desenho.

Promover conexões entre a leitura e a música também é uma rica possibilidade de explorar caminhos novos e interessantes. A música, em todas as suas manifestações pode oferecer possíveis caminhos a desbravar.

5. A LEITURA PODE SER COMPARTILHADA.

Como ler é, normalmente, encarado como um ato que se faz de forma isolada, para ampliar a possibilidade de compartilhamento do momento de leitura, boa tática é que a leitura em capítulos seja realizada em, no mínimo, duas turmas. Assim, aumenta-se a possibilidade de interlocução sobre o que foi lido.

Outra forma de compartilhamento é o professor conversar com a classe sobre o que está lendo, pois é importante que os alunos o vejam como leitor e saibam até de suas preferências.

Ao propor momentos de leitura na sala, seja com livros do cantinho de leitura, seja indo à biblioteca da escola, cabe ao professor LER também, por mais tentador que seja aproveitar o momento para colocar os documentos escolares em ordem ou corrigir os cadernos dos alunos. Tudo indica que o professor modelo seja essencial, pois, se ler é tão importante, porque o professor/professora nunca lê?

6. A LEITURA NÃO PODE SER UM ATO QUE SE ISOLE EM SI MESMO.

A forma mais adequada de alcançar a significação da leitura é tratá-la de forma reticular. Quanto mais isoladamente ela for abordada, maior é a possibilidade dela não dialogar com os sujeitos. Também não cabem preconceitos sobre artistas e estilos que não pareçam familiares seja aos alunos, seja ao professor. Antes, é possível abrir a oportunidade novos contatos, para a compreensão de coisas novas motivadoras, desde que percebam no professor mediador intenções sinceras de mediação. É provável que ao escutar francamente os alunos, o professor consiga, no mínimo, ser ouvido com a mesma franqueza.

Por mais tentador que pareça, importa evitar posições dogmáticas, uma vez que, no trato com conteúdos culturais, corre-se o risco de ver o outro como ser "aculturado", o que não é desejável, por mais nobre que sejam as motivações.

OUVINDO E VIVENCIANDO[25] *A FANTÁSTICA FÁBRICA DE CHOCOLATE*[26]

À moda de exemplo, apresentamos uma experiência concreta, vivenciada com alunos de quarta série, de uma escola estadual em São Paulo.

A primeira preocupação que nos guiou tanto na escolha dessa obra literária como das três que se seguiram, deveu-se ao fato de ela estar disponível em linguagem audiovisual. Afinal, gostaríamos que as crianças conversassem sobre a obra e a linguagem audiovisual poderia facilitar tal comunicação, por ser um recurso a mais para a vinculação da história a eles exposta. Além disso, a duplicidade de linguagens seria uma rica oportunidade para que percebessem as especificidades, possibilidades e limitações dos diferentes códigos.

Como a obra *A fantástica fábrica de chocolate* possui duas versões cinematográficas, uma de 1971 e outra de 2005, teríamos, também, a chance de comparar a obra escrita com duas versões e discutirmos a fidelidade ao texto escrito, as intervenções na obra e as limitações tecnológicas. Ler com duas salas, a nosso ver, possibilitaria aumento de pessoas para a interlocução, abrindo, desta forma, um maior leque de opiniões e pontos de vistas, que aumentaria a trama de sentidos que estávamos construindo.

O fato de estarmos alternando os grupos que ouviriam as histórias com nossa sala de aula foi uma estratégia de avaliação que percebemos como muito válida para verificar se as crianças estavam se apropriando de um comportamento de ouvintes de histórias e se seriam capazes de solicitar aos novos parceiros de cada nova leitura tal comportamento. Não esperávamos crianças estáticas, porém sabíamos que, para ouvir uma história se faz necessário um comportamento de escuta e participação que a prática de ouvir histórias ajuda a adquirir. O que diferia nossa prática do simples hábito era o fato de que

---

25: Procurando colocar de forma clara os pressupostos elencados no texto descreveremos de forma suscita um trecho da nossa pesquisa de mestrado "Redes de leitura: uma abordagem sociocultural do ato de ler", caso sintam necessidade e desejem aprofundar-se acessem a dissertação in www.eca.usp.br

26: DAHL, R. *A fantástica fabrica de chocolate*. São Paulo: Martins Fontes, 2000.

esperávamos que nossas crianças fossem capazes de explicar a necessidade do silêncio para ouvir a história, como algo fundamental para apropriar-se dela e não por que o professor necessitava do silêncio para efetuar a leitura.[27]

27: A nosso ver, demonstrar aquisição de uma competência é também conseguir verbalizá-la e argumentar em seu favor.

É verdade que ler apenas para nossa sala ou escolher uma única sala para realizar essas leituras teria nos "poupado tempo" de interrupções para pedir silêncio, atenção, para a retomada da leitura etc. Porém, também teríamos perdido em pluralidade e diversidade de pontos de vista. Contarmos com múltiplos interlocutores era a chance de ampliar opiniões, de incorporar a dialogia como componente fundamental de nossos processos de mediação da leitura.

Iniciamos a leitura do livro de Dahl e convidamos, portanto, uma turma de segunda série para partilhar a leitura conosco. Líamos no pátio da escola dois capítulos por dia. Antes de cada leitura retomávamos as leituras já efetuadas, tanto para avaliar como os alunos estavam se apropriando da história, como para dar a oportunidade das crianças que faltaram no dia anterior entrarem em contato com o que tínhamos lido. Como as crianças sabiam da preocupação de resgatar a narrativa para quem havia faltado, sempre foram muito cuidadosas na retomada do texto, chegando a ser minuciosas nos detalhes, tais como quais das avós que havia feito as intervenções, quais alimentos haviam sido consumidos pela família do protagonista. Assim a retomada da leitura sempre se dava de modo que todos tinham a oportunidade de saber onde havíamos parado.

Levamos 20 dias para efetuar a leitura completa do livro e pudemos perceber que a história foi muito bem recebida por eles. Assim, pediam e esperavam a realização da leitura no pátio e, por diversas vezes, alunos da segunda série, querendo se certificar de que haveria leitura em determinado dia, nos interpelavam nos corredores.

Até aqui nosso trabalho pouco se diferenciava do que mediadores de leitura imbuídos de boa vontade e alguma sensibilidade poderiam fazer. Realizávamos intervenções pontuais e tentávamos fazer com que as crianças conversassem sobre suas impressões acerca do livro.

O passo adiante se deu, quando colocamos à prova esse diálogo entre eles, assim como com a obra, ao exibir o primeiro filme baseado, ou seja, ao articular a produção literária à cinematográfica, estabelecendo interconexões entre os códigos culturais. A trama entre as linguagens colocava novas questões, enriquecendo e abrindo o olhar para novas direções. As crianças durante, a exibição do filme, pontuavam diversos aspectos que percebiam diferentes entre os dois suportes.

— *Olha! Aqui está diferente do livro, professor!* (aluno do 2º E, apontando para a TV)

— *No filme, a mãe do Charles é sozinha! O pai não aparece! Por quê?* (aluna do 2º E)

Propositalmente, assistimos ao filme sem interromper a exibição. Queríamos saber se, ao final, eles desejavam ir embora sem nada comentar, ou se, ao contrário, desejavam conversar, estabelecer contatos, falar das diferenças entre o filme e o livro.

Um dos maiores, senão o maior obstáculo que vivenciamos no trabalho com a leitura em nossa sociedade, é a falta de diálogo acerca dela. Não há um circuito em que as descobertas efetuadas pelas crianças possam se propagar. A leitura ainda é um ato muito isolado, sem conexão com o cotidiano, com a sociabilidade dos leitores.

Incentivar, portanto, que conversem entre si e em casa sobre as experiências despertadas pela exibição do filme e pela leitura do livro foi uma estratégia pensada por nós para que as crianças começassem a perceber a possibilidade de criar novos interlocutores para suas conquistas. Ao sairmos da sala de vídeo, já percebíamos como estavam ansiosas para conversarem. Falavam coisas do tipo:

— Você viu como as roupas deles eram estranhas?

— Eu imaginava o Sr. Wonka mais alegre.

— Os umpa-lumpas eram maiores no filme do que no livro.

— A roupa deles também era diferente no livro, era pele de alguma coisa, não roupa.

Alguém entra na conversa:

— Era pele de veado.

— Verdade! Obrigado.

No dia seguinte, na hora da entrada, reunimos as duas salas para exibir o segundo filme. A primeira coisa que eles disseram foi que haviam desejado falar sobre o filme no dia anterior. Perguntamos, então, se eles tinham falado com alguém a respeito. Vários responderam que sim – com os pais e irmãos mais velhos. Três crianças relataram que seus irmãos mais velhos haviam lido o livro e, portanto, conheciam detalhes importantes. Alguns pais haviam assistido à versão de 1971 do filme e não conheciam o livro. Algumas crianças tentaram retomá-lo com seus pais, servindo como mediadores de leitura em casa. Outras narraram que só conseguiram falar com seus amigos de série; outras, ainda, disseram que seus colegas de outra sala queriam que a professora deles lesse essa história para eles.

Com as crianças de nossa turma, pontuamos as diferenças entre o livro e o filme, levantamos as vantagens e desvantagens das linguagens audiovisual e escrita. Perguntamos se viam de forma diferente o filme depois de terem lido o livro. Mais de quatro alunos narraram que já haviam visto o filme, porém que, depois de ouvirem a história, passaram a ter outra opinião sobre ele.

Capítulo 14 - Literatura Infantil e Formação do Leitor: Percursos e Experiências **189**

Voltamos para a sala de aula e, mais tarde, assistimos à segunda versão cinematográfica da obra. Era sexta-feira e calculamos o tempo de tal modo que, ao terminar a exibição, os alunos teriam de ir para suas casas. Desse modo, trabalhávamos para que se sentissem estimuladas a conversar em casa sobre o que haviam assistido e lido, já que haviam demonstrado interesse em compartilhar a experiência do filme. Esperávamos que as crianças que não haviam feito isso, ao ouvirem os relatos de seus amigos, agora o fizessem.

Foi uma surpresa muito agradável quando juntamos as salas, na segunda-feira, para retomarmos a discussão. Ouvimos relatos do tipo:

— *Conversei com minha mãe, ela ficou tão curiosa que alugamos o filme para ver em casa. Eu assisti umas três vezes.* (aluno do 4º B)

— *Minha irmã está lendo esse livro na escola dela, ela está na 7ª série! Ela me perguntou sobre coisas que não estava entendendo!* (aluna do 2º E)

— *Meu pai falou que vai ver se no sebo perto de onde ele trabalha tem esse livro para ele me dar! (*aluno do 4º B*)*

Todas as intervenções receberam apartes nossos, contudo a fala do Fábio necessitava de uma intervenção mais precisa. Nela estava contida uma possibilidade de acesso ao material escrito, que seria por muitas crianças o único meio de ter um material impresso:

— *Todos aqui sabem o que é um sebo?*

Havia crianças que não sabiam. Pedimos às que soubessem que esclarecessem para os amigos. Apenas três crianças frequentavam um sebo com certa regularidade, duas delas por morarem praticamente ao lado. Disse que marcaríamos uma visita a um sebo e que poderíamos escolher um livro lá para ser lido pela sala.

Foi muito gratificante conseguir fazer os alunos perceberem que podem conversar sobre o que leram com seus responsáveis, irmãos e outros familiares ou pessoas não próximas a eles. Retirar a criança de seu confinamento é um passo decisivo para seu protagonismo. Outro ponto muito interessante a ser ressaltado foi a calorosa acolhida das crianças para o livro escolhido. Nesse sentido, contou o trabalho prévio de planejamento, de escolha do material, feita a partir de considerações sobre os conhecimentos prévios dos alunos, contudo jamais restrito ao imediatismo do reconhecimento fácil, sem novos desafios cognitivos, afetivos e sensoriais. Tínhamos o claro intuito de irmos muito além da dimensão do prazer fácil, ocasionado pelo apelo a mensagens de grande circulação e imediatamente reconhecíveis, mas desprovidas de significados ricos e plurais. Enfim, buscávamos um equilíbrio entre o que podia ser apreendido pelas crianças e o necessário desafio do qual a inovação e o desconhecido são sempre portadores.

Referências

ALCÂNTARA, C. R. Redes de leitura: uma abordagem sociocultural do ato de ler. Dissertação de mestrado. ECA/USP, 2009.

CINTRA, A.M.M. A leitura na educação continuada: uma reflexão. In: CINTRA, A.M.M. (org.). **Ensino de Língua Portuguesa reflexão.** São Paulo: EDUC, 2008, p. 35-49.

ISAIAS, S. Contribuições da Teoria Vygotskiana para uma fundamentação psicoepistemológica da Educação. In: FREITAS, M. (org.). **Vygotsky um século depois.** Juiz de Fora: Editora da UFJF: 1998.

PERRENOUD, P. **10 novas competências para ensinar**. Porto Alegre: Artmed, 2000.

PERROTTI, E. Pour une Pédagogie Culturelle: La littérature d'enfant et l'enseignement au Brésil: de l'ambiguité aux complexités. Texto apresentado em Seminário de Pesquisa, na Universidade de Sherbrooke, Canadá, 2004.

15

O leitor: sujeito ativo

Renata Ferreira Tacini

Sabemos que mais intensamente os alunos são colocados à frente de uma diversidade de gêneros textuais e necessariamente precisam demonstrar habilidades específicas para compreendê-los. Assim, a escola vem criando situações para que os alunos sejam capazes de inferir, pesquisar, buscar informações, além de analisá-las e selecioná-las. As exigências para o desenvolvimento dessas habilidades não é específica da escola, mas da sociedade que exige leitores competentes para lidar com os diferentes tipos de textos que circulam socialmente.

Essas exigências mantêm-se nos exames nacionais que avaliam a capacidade do aluno de ler e interpretar textos de linguagem verbal e visual (fotos, mapas, pinturas, gráficos, infográficos), além de inferir informações, temas, assuntos, contextos; analisar elementos constitutivos dos textos, de acordo com a sua organização e identificar informações centrais e periféricas.

Diante desses desafios, os professores assumem o papel de sujeitos *ordinários* (CERTEAU, 2007) que são capazes de inventar e reinventar o cotidiano e não estão reduzidos à passividade, especialmente são capazes de construir práticas cotidianas e obter resultados significativos. Esses, por sua vez, conseguem compartilhar suas impressões de leitura construindo saberes e potencializando a criticidade dos alunos.

Em entrevista concedida à *Revista Pátio,* Solé (2000) propôs formas de conduzir o ensino da leitura na escola. A autora revela que esse ensino deve ser considerado um projeto escolar, de forma que em cada ciclo e em cada nível, da Educação Infantil até o Ensino Médio, sejam contemplados conteúdos específicos de leitura. Na visão da autora, os leitores em formação devem encontrar múltiplas oportunidades de desfrutar da leitura, seja aquela que os outros fazem para ele ou que busca por interesse ou vinculada à variedade de gêneros textuais que circulam socialmente. Por esse motivo, a escola não deve ensinar "somente a ler, mas também maneiras de ser leitor".

Inseridos nesse contexto e voltados ao ensino da Língua Portuguesa somos compelidos a pensar em *maneiras de fazer* (CERTEAU, 2007) que nos conduzam a práticas da leitura mais eficazes. A eficácia, no caso dessa investigação, está em estimular leitura de textos que permitam ao aluno relacionar conhecimentos armazenados na memória, provenientes de experiências vividas e aqueles adquiridos pela escolarização com os conhecimentos trazidos pelos textos. Acreditamos que essa formação pode conceder ao aluno uma postura de leitor ativo que invade o texto, dando-lhe novas formas em busca das intenções que ficam, por vezes, às escuras para conseguir criar e recriar no próprio cotidiano. O resultado esperado é uma formação cultural e a manifestação de uma identidade local.

Nesse sentido, pensamos que os alunos precisam apresentar uma ação mais extensiva na leitura. De acordo com Chartier (2003), o leitor *extensivo* é aquele que discorda da passividade, peregrina por um sistema imposto, exerce uma atividade crítica e combina com as novas maneiras de ler, com as novas relações com o escrito, com as novas técnicas intelectuais. Deve peregrinar pelos textos literários, didáticos e também pelos de circulação social, explorando significativamente os elementos linguísticos, textuais, imagéticos, contextuais numa relação de completa produção de sentido.

Pelos desafios que essas atividades exigem e pensando em favorecer esse desenvolvimento a partir de um estudo bibliográfico, investimos nesse artigo procurando entrelaçar as recentes teorias que abordam o conceito de leitura como resultado da interação entre autor, texto e leitor; procurando perceber o papel do leitor como sujeito ativo valendo-se dos estudos historiográficos de Manguel (1997) e Fischer (2006), além de autores que dedicam-se aos processos de compreensão do texto, Marcuschi (2008) e Kleiman (2004).

A CONSTRUÇÃO DO SUJEITO LEITOR

Discorrendo sobre a construção do sujeito leitor, recorremos aos estudos de Fischer (2006) e Manguel (1997) que contribuem com aspectos historiográficos na formação do leitor; Kleiman (2004) que aponta para as abordagens no ensino da leitura a partir da década de 1970; Marcuschi (2008) que contribui com base teórica sobre o papel do leitor e os processos de compreensão e Kato (1999) que aponta para as diversas formas de ser leitor.

Retrocedendo no tempo, por volta do século VII, a prática da leitura em ambientes comunitários era frequente, predominantemente, nos mosteiros. Manguel (1997) apresenta narrações sobre práticas de leituras realizadas nos mosteiros fundados por São Bento de Núrsia, o qual estabelecia para seus frades uma série de regras que correspondiam à vontade absoluta do superior do mosteiro.

A leitura deveria ser parte essencial na vida diária dos discípulos de São Bento e as escolhas dos títulos deveriam ser realizadas pelas autoridades da comunidade. Para esses discípulos era proibida a posse íntima da leitura, ou seja, era preciso evitar exaltação, prazer pessoal e orgulho, "pois a fruição do texto deveria ser comunitária, não individual". O texto, para São Bento de Núrsia, estava acima do gosto pessoal e acima da compreensão; "o texto era imutável e o Autor, a autoridade definitiva". (MANGUEL, 1997, p.138)

As mesmas regras foram adotadas pelos demais mosteiros fundados na Europa a partir do século XII. A solidão e a privacidade eram consideradas punições e "as buscas individuais de qualquer tipo, intelectuais ou não, eram firmemente desestimuladas" (p. 138).

De acordo com Fischer (2006), até o final do século XV, ainda predominava a hierarquia "autor-comentador-bispo-mestre-discípulo", caracterizando o papel passivo do leitor, que recebia ordens superiores do que deveria ler e como interpretar cada texto, "seguindo uma ortodoxia predeterminada". O leitor, nesse contexto, era aquele que obedecia estritamente à lei, à religião, ou melhor, à ideologia política vigente nesse período.

Até o final do século XV, a prática de leitura se restringia ao ler e escutar. O texto escrito era declamado, difundido, anunciado pelo *lector* – responsável pela preparação e dramatização do escrito Os demais compartilhavam a leitura em uma posição de escuta. Fischer (2006) afirma, pois, que, naquela época, os leitores eram aqueles que escutavam a leitura.

Vários fatores contribuíam para essa organização: a maioria da população era analfabeta; os livros eram raros, pois eram propriedade dos ricos e privilégio de um grupo seleto de leitores; e a vida em comunidade era predominante, o que restringia, de certa forma, a leitura individual. A maioria da população tinha acesso ao livro apenas por meio de contadores de histórias populares, e aqueles que demonstravam interesse em uma leitura específica, eram obrigados a ouvir o texto recitado ou lido em voz alta. Portanto, ler estava vinculado à expressividade oral do *lector*.

Entretanto, a partir da metade do século XV, com o advento da chamada Era do papel e da invenção das marcas de impressão por Gutenberg, não só a sociedade europeia se transformou política e ideologicamente, mas as práticas de leitura tiveram grandes modificações. Assiste-se, nesse momento, ao surgimento de um perfil de leitor recluso e solitário, capaz de avaliar e interpretar suas leituras segundo critérios pessoais, embora com marcas da educação cristã de caráter clássico. Gradativamente, ocorre a formação dos denominados leitores ativos.

No contexto do Humanismo, esses leitores se tornaram mais independentes, pois questionavam o conhecimento transmitido por professores e percebiam, por meio da leitura, novas alternativas para a sociedade. Dessas transformações surgiram novos leitores, muitos deles enraizados em nossa história, como Lutero e Calvino. Esses, por sinal, leitores ativos que não apenas decifravam, mas eram capazes de atribuir sentidos às inúmeras leituras que lhes eram impostas e relacioná-las aos contextos significativos de mundo.

Dando um salto cronológico, encontramos nos estudos de Kleiman (2004) que, a partir da metade da década de 1970, a influência das teorias da psicologia cognitiva e da linguística de texto notabilizou o papel do leitor. Nesses estudos iniciais, interessa o funcionamento do aspecto cognitivo do leitor durante o processamento e compreensão do texto escrito. O leitor é visto como um sujeito cognitivo, que reage a estímulos, faz hipóteses, inferências, mobiliza saberes em novas e imprevisíveis combinações. Além disso, é um sujeito ativo que mobiliza conhecimentos pessoais para compreender um texto escrito.

No entanto, a partir da década de 90, como já mencionado, com a contribuição das pesquisas sociohistóricas, a leitura é vista como prática social, específica de uma comunidade, na qual diferentes modos de ler mostram-se inseparáveis dos contextos de ação dos leitores, bem como as múltiplas e heterogêneas funções da leitura apresentam-se ligadas aos contextos de ação dos sujeitos leitores. (KLEIMAN 2004, p. 15).

De acordo com Marcuschi (2008, p. 232), o interesse da pesquisa de leitura "desloca-se da ação do indivíduo sobre o texto para a inserção do sujeito na sociedade e no contexto de interpretação ligado à realidade sociocultural". O leitor está inserido em uma realidade social e tem que operar sobre conteúdos e contextos socioculturais com os quais lida permanentemente.

Para Kato (1999), a figura do leitor pode ser vista em três formas: construtor-analisador, cooperativo e reconstrutor. O leitor **construtor-analisador** é aquele que se configura diante de um processo que envolve interação entre o leitor e o texto. Realiza a leitura considerando os processos ascendentes e descendentes como complementares, isto é, não privilegia ou deprecia os valores dos dados linguísticos, que teriam, entre outras, uma função restritiva em relação ao uso excessivo de predições. O **leitor cooperativo,** por sua vez**,** é aquele que realiza a leitura como um contrato de cooperativismo. Isso revela a preocupação do leitor em perceber a figura do autor e suas intenções. Esse leitor deve compreender o objetivo do autor e procurar a relevância do texto expressa por meio de recursos linguísticos mais simples. O papel do leitor cooperativo é fundamental, pois é pela leitura no sentido restrito apresentado pelo autor que partirá para uma compreensão mais aprofundada do texto.

Kato (1999) sob a perspectiva dos estudos de Levy[28](1979) considera a leitura do **leitor reconstrutor** um ato de reconstrução, isto é, ao ler o leitor acompanha com minúcias o pensamento do autor. Assim, o texto final é visto como um conjunto de pegadas a serem utilizadas para decifrar as estratégias do autor e por meio delas chegar aos seus objetivos.

28: LEVY, D. *"Communicative goals and strategies"*, in: T. Givón (org.) *Syntax and Semantics 12: Discourse and Syntax.* Nova York. Academic Press, 1979.

E por fim, o **leitor ativo** é descrito por Kato por meio da ação sobre o texto, seja como construtor-analisador, cooperativo ou reconstrutor. Esses diferentes modos de exercer o papel de leitor ativo ocorrem por meio de "táticas e jogos com o texto", de acordo com Certeau, (2007), já que o leitor como sujeito ativo é capaz de fazer usos indefiníveis dos objetos de leitura.

O leitor, portanto, é aquele que produz sentidos num texto e consegue ampliá-los pelas suas capacidades e seus desejos. Manguel (1997, p. 239) lembra que o leitor, ao se colocar diante de um texto, pode transformar as palavras numa mensagem historicamente significativa, não relacionada ao próprio texto ou ao seu autor. Essa transmigração de significado pode, de alguma forma, enriquecer ou empobrecer o texto. Para o autor,

> Por meio de ignorância, fé, inteligência, trapaça, astúcia, iluminação, o leitor reescreve o texto com as mesmas palavras do original, mas sob outro título, recriando-o, por assim dizer, no próprio ato de trazê-lo à existência.(p. 239)

Esses diferentes modos de lidar com o texto, desde tempos remotos mostram que a leitura passou por diferentes concepções e nada garante que vá permanecer como a entendemos hoje. No entanto, quando retomamos essas informações nos colocamos, do ponto de vista pedagógico, numa posição mais flexível, mormente na atualidade em que a velocidade da informação e a interveniência de recursos do mundo digital propiciam mudanças relativamente rápidas.

No entanto, essa espécie de prontidão para a mudança que, de certa forma, se impõe ao profissional na sociedade contemporânea, não nos impede de, utilizando de raciocínio lógico, prático e crítico, delinear a participação ativa do leitor durante o ato da leitura, na busca de ações capazes de conduzir o leitor à produção de inferências como resultado de um movimento interativo e negociado com o texto, com a finalidade de compreendê-lo melhor e, como afirma Manguel (1997, p.239) "trazê-lo à existência".

As inferências e a compreensão textual

Consideradas como fundamentais para a leitura, as inferências contribuem na compreensão de todo texto porque funcionam como delimitadoras de contextos e porque cooperam com a continuidade do texto, estabelecendo coerência. Há muitos fatores envolvidos nesse processamento, o que a torna uma questão complexa. Dada essa característica, a atividade inferencial não é vista como uma ação espontânea e natural, cabendo desenvolver, junto aos leitores com fraca experiência leitora, estratégias que se mostram, em determinados momentos, mais eficazes do que outras para motivar a operação inferencial.

Alguns estudos procuram discutir como questão central qual o momento em que se inicia o processo inferencial. Entre eles, Koch (1993) afirma que o processo inferencial ocorre num lapso de tempo em que um estado inicial de representação mental se transforma em outro, automaticamente ou controlado pela atenção.

Os estudos de Coscarelli (2003), por seu turno, demonstram que as inferências são realizadas no decorrer da leitura visto que para se chegar à compreensão o leitor pode relacionar informações presentes no texto. Essa forma de pensar de muitos estudiosos dos anos 70 põe em evidência que se o leitor não produzir sentido durante o contato com o texto, ele não poderá fazê-lo com a ausência dele.

Outros experimentos mostram que determinadas partes do texto exigem mais processamento que outras e, por isso, demandam mais tempo para sua leitura. Os estudos recentes sobre leitura mostram que o tempo no processamento está associado ao objetivo de leitura. "O leitor varia a sua velocidade de leitura de acordo com os objetivos desta. O tempo de leitura tende a ser mais longo quando a tarefa a ser realizada requer compreensão mais profunda do texto e quando requer a recuperação de detalhes dele." (COSCARELLI, 2003, p. 45)

Outro experimento que merece nossa atenção é o de Kintsch (1974 *apud* COSCARELLI, p. 2003). Nele o autor demonstra que há um tempo necessário para que o leitor reconheça a superfície do texto, e que esse tempo fica em torno de 15 a 20 minutos. Dito de outra forma, esse é o tempo necessário para que o texto se torne acessível ao leitor e ele possa realizar a verificação das informações explícitas e implícitas no texto. Acrescenta, ainda, que o leitor não tem ciência das inferências que está gerando ao ler um texto, porque essas inferências são geradas em milésimos de segundos.

Portanto, vários fatores influenciam a produção de inferências, entre eles os objetivos do leitor e o contexto traçado pelo texto, que vão possibilitar a seleção das inferências a serem feitas, de critério para limitá-las ou restringi-las. O tipo de inferência também vai influenciar o processo de produção porque tipos diferentes de inferências geralmente têm diferentes graus de automatismo e envolvem diferentes tipos de operações cognitivas. Durante a leitura, o leitor pode escolher a quantidade de informação que deseja decodificar e realizar a releitura a qualquer momento. Além disso, o leitor tem a possibilidade de rever o texto quando surgem dificuldades de compreensão.

A habilidade do leitor em realizar inferências a partir do significado do texto, por vezes está vinculada às marcas textuais deixadas pelo autor. As marcas podem conduzir à produção de inferências de diversos tipos e graus, como admite Coscarelli (2003), ao demonstrar que o uso de determinadas palavras, as escolhas lexicais e estruturas sintáticas denunciam o posicionamento do autor em relação ao assunto tratado e podem orientar a compreensão do leitor. Nas palavras da autora, "há sempre muitas marcas no texto que sinalizam a leitura orientando a interpretação e as inferências que o leitor faz" (p. 14). Assim, não se podem desprezar os elementos do texto, pois a partir deles que o leitor criará diferentes possibilidades de significação. As informações presentes no texto são a base para a produção de sentidos. Mas como adverte Coscarelli (2003, p. 14), "a lexicalização é apenas uma parte do controle ideológico do significado que se pode criar para o texto". Dessa forma, o leitor precisa buscar informações complementares para chegar a uma compreensão adequada, o que exige esforço para realizar alguns processos cognitivos.

Para Dell'Isola (2001, p. 39), o leitor ao compreender um texto, necessariamente raciocina. Acredita que o leitor organiza redes conceituais e, além disso, busca, extratexto, informações e conhecimentos adquiridos pela experiência de vida, eventualmente por leituras, com os quais preenche os *lacunas* textuais.

Na produção de inferências, o leitor não apenas recebe informações provenientes do texto, mas antecipa as pistas textuais, reconstruindo-as de acordo com os objetivos de leitura. Na verdade, a leitura estabelece uma relação entre leitor e autor em que ambos "devem zelar para que os pontos de contato sejam mantidos, apesar das divergências possíveis em opiniões e objetivos." (KLEIMAN, 2007, p. 65).

O texto em seus diferentes gêneros pode ser um objeto desconhecido para nossos leitores que procuram identificar os elementos constituidores desse "objeto" com a ativação de conhecimentos armazenados na memória, impulsionada pela invenção e criatividade, apoiada em extratos socioculturais. O esforço realizado para identificação do objeto e o encontro entre esses dois mundos, o do texto e do leitor, resultam em produção de sentido e aquisição de conhecimentos.

Considerações Finais

Para que possamos partilhar de tais conceitos num contexto de ensino e aprendizagem, é preciso considerar que compreender um texto trata-se de uma atividade complexa que envolve muitos fatores, tanto o processamento cognitivo das informações presentes no texto como as experiências vivenciadas pelo leitor dentro de uma cultura ou sociedade. Assim, o leitor competente é capaz de captar significados do texto que não aparecem diretamente, mas que são passíveis de dedução, isto significa que no modelo interativo, o sujeito leitor é capaz de utilizar seus conhecimentos para extrair informação do texto e reconstruir os sentidos.

A escola deve articular todos esses conceitos com propostas desafiadoras de leitura e compreensão textual, levando em conta a capacidade de o leitor articular seus conhecimentos e perceber o que se encontra obscuro nas entrelinhas do texto, contribuindo, assim, para a formação de um leitor crítico.

O ambiente escolar deve favorecer o diálogo entre leitor e autor tendo em vista os inúmeros textos que circulam socialmente que podem ser explorados com o objetivo de ampliar as suas possibilidades de interpretação.

Referências

CERTEAU, Michel de. **A invenção do cotidiano:** artes de fazer. Trad. Ephraim Ferreira Alves. 13ª ed., Petrópolis: Vozes, 2007.

CHARTIER, Roger. Formas e sentido. **Cultura escrita:** entre distinção e apropriação. Trad. Maria de Lourdes Meirelles Matencio. Campinas: Mercado de Letras, 2003.

COSCARELLI, Carla Viana. **Inferência:** afinal o que é isso? Belo Horizonte: FALE/UFMG. Maio, 2003. Disponível em: <http://bbs.metalink.com.br/~lcoscarelli/publica.htm>. Acesso em 2012.

DELL´ISOLA, Regina Lúcia Péret. **Leitura:** inferências e contexto sociocultural. Belo Horizonte: Formato Editorial, 2001.

FISCHER, Steven Roger. **História da Leitura**. Trad. Claudia Freire. São Paulo: UNESP, 2006.

KATO, Mary. **O aprendizado da leitura**. São Paulo: Martins Fontes, 1999

KLEIMAN, Angela. **Leitura:** ensino e pesquisa. 2ª ed. Campinas, SP: Pontes, 2004.

_____. **Texto e Leitor:** Aspectos cognitivos da leitura. 10ª ed., Campinas, SP: Pontes, 2007.

KOCH, Ingedore Grunfeld Villaça. **A produção de inferências e sua contribuição na construção do sentido.** D.E.L.T.A, vol. 9, nº especial, 1993.

MANGUEL, Alberto. **Uma história da Leitura.** Trad. Pedro Maia Soares. São Paulo: Companhia das Letras, 1997.

MARCUSCHI, Luiz Antonio. **Produção textual, análise de gêneros e compreensão**. São Paulo: Parábola Editorial, 2008.

SOLÉ, Isabel. **Na escola, não se aprende só a ler, mas também maneiras de ser leitor.** (entrevista). Pátio: Revista Pedagógica, Porto Alegre: v. 4, nº 14, p. 30-32, ago./out., 2000.

16

Leitura: uma abordagem filosófica

Khalil Salem Sugui

Uma das singularidades inerentes à linguagem é sua grandeza abstrata, de sorte que tal presença alia-se, não raro, às figurações, que trazem em sua semântica uma ilação não relacionada ao caráter plenamente concreto das palavras, mas a seus subjetivos desdobramentos. Eis por que enxergamos, na língua, um feixe tácito de ideias e inferências, cujos núcleos dependem não somente da mensagem emitida, mas de como o receptor essencialmente a compreende. Em verdade, portanto, muito complexo é o trabalho com as grandezas tácitas da língua, uma vez que essas manifestações nascem de um paradigma naturalmente pessoal. Com efeito, mister é compreender não somente a língua, mas semelhantemente os fulcros que englobam o conhecimento formal linguístico e o conhecimento pessoal do ser, já que uma realidade cognitiva simbiótica edifica-se neste encontro entre a formalidade de uma via entreposta à imparidade de outra.

A expressiva e marcante referência à linguagem e à palavra é uma presença já consolidada nas travessias humanas desde os seus primórdios. Com efeito, a Filosofia Antiga já identificou a língua, em seus níveis mais subjetivos, como um elemento crucial no processo de compreensão da essência humana, nascida segundo os numerosos reflexos das palavras, que se vivificavam como o espírito da "verdade" nas existências. Passa, pois, a língua a adquirir um espectro não somente subjetivo, mas até mesmo sagrado, visto que o Verbo semelhantemente é o "Firmamento" das crenças e percepções cristãs, as quais assim se expressam:

No princípio era o Verbo

e o Verbo estava com Deus

e o Verbo era Deus.

No princípio, ele estava com Deus.

Tudo foi feito por meio dele

e sem ele nada foi feito.

No supracitado trecho bíblico de João (1, 1-3), o "Verbo" prefigura toda a sabedoria humana, pois que tal entendimento é essencialmente por ele expresso e, sem ele, em suas numerosas dimensões comunicacionais, nada poderia ser criado. Neste sentido, é a criação, portanto, a existência, simultaneamente fruto e semente do significado, o qual traz em si o dom de designar não somente a própria existência, mas até mesmo a essência que pode conformá-la.

Ora, as designações da língua, a qual se desdobra pelos percursos de leitura e escrita, complexam-se segundo as gradações também complexas do ser, uma vez que a poliedricidade inerente ao homem requer concepções linguísticas cada vez mais ricas e conseguintemente subjetivas, capazes de compreender as dimensões tanto concretas quanto abstratas da existência humana.

Numerosos filósofos, à luz de uma lógica essencialmente universal, elucidam o melhoramento progressivo do ser, de sorte que tais progressos ocorrem tanto em intelecto quanto em moral – eis por que progressivamente se erguem aos olhos da civilização inúmeros avanços científicos, aliados a noções cada vez mais perfeitas das leis e dos direitos humanos. E, conquanto tal progresso seja lento, tais progressivas mudanças são muito nítidas quando enxergas sob o prisma do longo prazo. O ser humano, dotado de tendências essencialmente cada vez mais elevadas em moral e em intelectualidade, carece de uma linguagem também mais quintessenciada, cuja alma possa espelhar as mesmas quintessências que o próprio ser alcançou ao longo de séculos e milênios, burilando-se em todas as suas tendências até então não tão lapidadas.

Percebe-se que as próprias alianças entre o "Verbo" e o "ser", já entrevistas biblicamente pelo apóstolo João, ganham verdadeiramente um reconhecimento científico-filosófico, aproximando a divindade e a perfeição do "Verbo", o verbo em seu espírito mais quintessenciado, ou seja, cada vez mais congruente com os contínuos progressos gnosiológicos do ser. A entrevisão do melhoramento progressivo de todas as essências humanas é, portanto, que pode permitir a afirmação de Jesus: "Sede vós pois perfeitos, como é perfeito o vosso Pai que está nos céus" (Mateus, 5:48), pois que um dos reflexos de tal perfeição dá-se pela linguagem (o verbo), aprimorada segundo noções cada vez mais puras, precisas e igualitárias no que tange ao julgamento do próximos e conseguintemente de todo universo exterior.

Compreendendo que a grandeza cognitiva tácita da língua não somente se limita aos âmbitos conscientemente subjetivos, ruma-se a um axioma epistemológico-linguístico que divisa, na sua própria tessitura fundamental de entidade linguística, as numerosas regras que a conformam logicamente dentro de um parâmetro preestabelecido. Assim, basta aprender o conceito fundamental de conjugação verbal, por exemplo, para que o usuário da língua construa naturalmente todas as outras formas que comunguem do mesmo princípio – tais inferências concretizam-se naturalmente segundo um arquétipo linguístico já incorporado e relativamente estabelecido cognitivamente. À luz deste raciocínio, o filósofo da ciência Michael Polanyi, precursor de teorias epistemológicas que estudam o conhecimento tácito, esclarece que sabemos muito mais do que podemos expressar (1967).

Revela-se como fato lógico que todo conhecimento, fruto das sucessivas presenças empíricas, é conseguintemente pessoal, porquanto ele não se aporta à mente mediante bases estáticas, mas por meio das transformações, das vivências, ainda que sejam tais presenças somente breves reflexões, pois que se deve considerar que a essência humana é predominantemente reflexiva, de modo que o ser está sempre raciocinando, independentemente de quaisquer outras tarefas que esteja desenvolvendo simultaneamente. Esta riqueza tácita de conhecimentos evidencia-se como base primordial no tocante à compreensão da complexidade humana, incluindo sua natureza mais inconsciente.

No tocante à língua, Michael Polanyi, químico e filósofo da ciência afirma que há um contínuo intercâmbio entre os saberes prévios e as novas aquisições linguísticas, de modo que tal comunicação aliança-se segundo as próprias necessidades do ser, relacionando, pois, as novas aquisições não somente aos teores propriamente semânticos, mas aos contextos inerentes à existência. Destarte, tal nova composição aflui não somente mediante sua presença linguística formal, mas também por meio dos espectros epistemológicos inerentes a cada ser.

Conhecendo os vieses mais ou menos abstratos da ciência, Polanyi clarifica que o estudo da linguagem não obedece a tradicional dicotomia entre análises puramente objetivas ou puramente subjetivas. Ora, os mesmos quadros abstratos das Ciências Exatas podem ilustrar pontos muito significativos das Humanidades. Com efeito, passa-se a enxergar a epistemologia sob uma ótica transcendental, cujas bases não se preocupam somente com o conceito em si, mas, sim, com as interfaces progressivas entre ciências formais até então ditas antitéticas.

Tal transcendência desponta-se nas irrestritas realidades e conexões cognitivas, evidenciando, logo, que numerosos são os diálogos propiciados pela mente humana, que não essencialmente se alinham aos saberes estáticos. Com efeito, são as novas aprendências (aprendizagens consoantes às nossas vivências) que empiricamente conformam o dinamismo cognitivo, delineando continuamente o imutável espírito gnosiológico do ser, cujos regozijos nascem não somente dos aprendizados já estabilizados em seu interior, mas principalmente das descobertas que se lhe desvelam a cada dia.

Na obra *The Tacit Dimension*, Polanyi evidencia que a harmonia existente entre os diálogos mais explícitos e mais tácitos ocorre em virtude justamente de a dimensão tácita ser mais abrangente e encontrar-se em maior grau no interior dos saberes humanos (1983, p. 95), de forma que sua manifestação desponta-se como um conhecimento que esteve até então dormente ou como uma consciência que fora considerada até então inconsciente. Polanyi aproveita para ilustrar tal verdade mediante uma analogia – a "metáfora do iceberg". Ele sustenta que a parte visível do iceberg equivale ao conhecimento explícito, "visível" ao entendimento humano num nível mais consciente, mas que outra parte muitíssimo maior, "invisível" à consciência pura do ser, encontra-se submersa no oceano; assim, o horizonte de águas representa os limites do que se conhece (havendo consciência de tal saber) e do que se conhece, mas não se sabe explicitamente que conhece. A metáfora de Polanyi é rica em sentido, porque também elucida claramente que todo saber explícito (ponta visível do iceberg) depende totalmente da existência dos conhecimentos tácitos (parte submersa do iceberg).

Compreende-se, logo, que numerosas aquisições cognitivas aportam implicitamente, seja pela reflexão, seja pela vivência, conforme clarifica Isaac Newton em seus *Princípios Fundamentais*, revelando que grande parte dos saberes está em consonância com o processo empírico, sendo tal presença o reflexo de como tudo se orquestra numa causa maior, a própria Natureza:

> *É óbvio que não devem cultivar-se temerárias fantasias contra a evidência das experiências, nem devemos desviarmos da analogia da Natureza, que costuma ser simples e sempre conforme a si própria (2010, p. 649).*

Todavia, pode-se também inferir que nem todas as tendências seguem o processo natural, muito embora sejam trajetórias raras, conhecidas amplamente por leigos e mesmo por teorias consagradas como "acaso" ou "exceção". E, não se contentando em explicar somente os casos comuns, o aprimoramento da Ciência ao longo dos séculos tornou os estudos científicos algumas vezes mais próximos da exceção do que da regra.

Com efeito, grande valor teria o cientista que pudesse entrever os espíritos mais singulares de nossas ações, de nossas tendências e de todos acontecimentos que conformam as numerosas peculiaridade de nosso mundo. Galileu Galilei elaborou um grande diálogo filosófico sobre tal reflexão, demonstrando que, de fato, o cientista deve preparar-se para desvelar o que ainda é oculto ao entendimento humano, isto é, debruçar-se sobre as exceções e sobre as singularidades dos processos existenciais, porquanto todas as trajetórias mais comuns já eram conhecidas não somente pela Ciência, mas pelos saberes humanos mais rasos. Ora, torna-se o ofício do cientista uma obra

> *Admirável e digna de grande louvor, posto que ele não se contenta em pensar nas coisas que poderiam acontecer segundo o curso da Natureza, mas quer precaver-se da ocasião em que acontecem aquelas coisas que se sabe absolutamente que jamais aconteceriam (GALILEU GALILEI, 2011, p. 323).*

Eis por que o filósofo Platão (2007), já entrevendo desde a Antiguidade a complexidade das faculdades intelectuais, afirma que a aquisição (inclusive de natureza linguística) nada "é", mas "vem a ser", porquanto nada essencialmente se revela sem circunstância, tampouco se atribui à potência o nível de ato, pois que toda potência somente como ato ratifica-se mediante um contexto e, na senda linguística, não podemos olvidar que numerosos são os contextos e conseguintemente os atos, a saber, a apropriação cognitivo-linguística em si.

Eis por que assim se expressa o filósofo Platão (2007, p. 210) em seus Diálogos na obra *Sofista* (ou Do Ser):

> *Dizeis que com nossos corpos e através da percepção participamos do 'vir-a-ser', enquanto com nossas almas, através do pensamento, participamos do efetivo 'ser', o qual é sempre imutável e idêntico, ao passo que o 'vir-a-ser' varia no tempo.*

Com efeito, é em virtude da pouca consideração quanto à complexa rede de relações linguístico-epistemológicas que o ensino de língua presentemente se encontra num estágio ainda incipiente do ponto de vista pedagógico, conquanto seja certo inferir que numerosos progressos foram já edificados à luz das perspectivas interdisciplinares, pois tais centelhas já parcialmente iluminam os valores das circunstâncias em nossa civilização, bem como melhor clarificam as dimensões filosóficas de potência e ato, suficientemente plenas para que se bem compreenda a verdadeira função da língua como transmissora e geradora do conhecimento. Eis por que insofismavelmente se deve crer no valor das potências e conseguintemente das esferas tácitas no que tange à língua, já que a presente pedagogia está centrada não em um ato fechado, mas em uma ação que contempla numerosas potências, tais como são os irrestritos contextos em nossa sociedade.

Todas as aquisições linguísticas são, logo, potências que, como elucida Platão, 'vêm-a-ser', de sorte que tal progresso epistemológico ocorre naturalmente mediante os rumos experimentais, os quais, em verdade, transfiguram-se em virtude de seus pretéritos contextos, bem como em razão das novas circunstâncias à que se submetem. À luz deste prisma, as leituras textuais ou mesmo as leituras de mundo são como contínuas edificações que efetivamente se enlaçam às anteriores conformações perceptivas do ser, gerando conseguintemente novos patamares de entendimento. Eis o motivo por que as leituras são práticas defendidas pela Filosofia e, em especial, pela Gramática Filosófica, desde a Antiguidade. Comungando de uma ímpar ilação, os filósofos de distintos períodos clássicos, vulgos gramáticos do antigo tempo, enxergaram no processo de leitura um horizonte de progressiva aprendizagem, já entrevendo o constante intercâmbio pela leitura promovido entre o que potencialmente conhecemos e o que em ato sabemos; deveras, o potencial conhecimento existe e, posto que não seja facilmente explicitado por meio dos dizeres, decerto melhores meios encontra para exprimir-se mediante a suavidade e a subjetividade das interpretações.

A eficiência da leitura no que se refere à aquisição e ao burilamento epistemológico é um tema discutido em profundidade por Aristóteles – frutos de suas conjecturas são os ensaios *Poética* e *Retórica*, verdadeiras produções sobre a Linguística Clássica quanto à sensibilidade da linguagem, ao valor da leitura e à importância do "saber" comunicar-se. Tais percepções linguístico-cognitivas sinalizavam marcantes arestas de ruptura na própria Filosofia, porquanto passaram os pensadores afins a significativamente considerarem o conceito de progresso do ser, compreendendo que, em sua presente existência, ele se alinha a um espírito de progresso e melhoramento ininterrupto, que sempre "vem-a--ser" algo novo, jamais se alinhando aos retrocessos.

Estando semelhantemente o pensamento aristotélico em contínuo progresso, passou-se naqueles tempos a interrogar se também as leituras não seriam como sementes num solo pronto para fertilizar-se por meio das novas interpretações. Instaurava-se, pois, a preocupação de Aristóteles não somente com a leitura, mas também com a produção dos textos, conforme tangencialmente se expressa em *Poética*. E, perscrutando os liames da alma linguística, passou a perquirir os níveis significativos da língua, como se por meio de tais distintas nivelações fosse possível expressar-se mais profundamente por meio dos textos. Ora, assim se consolidaram numerosos olhares críticos sobre o texto, o qual passou a ser investigado como alma humana, uma vez que representaria verbalmente o espírito em corpo. Eis que fora nesta vereda investigativa que

Aristóteles preliminarmente concatenou os primeiros fundamentos racionalistas da linguagem figurativa e, em especial, da "metáfora".

Admirador das meditações espiritualistas (e que futuramente prefiguraria importantes fundamentos teóricos para a consolidação do Espiritismo), Aristóteles inspirou-se em suas próprias propensões espirituais para construir o modelo clássico do que "viria a ser" a metáfora. E eis que assim se proferiu Aristóteles (2004, p. 85) em seu ensaio *Poética*:

> *Espalhar a semente é semear, mas o espalhar a luz pelo Sol não tem designação própria. No entanto, isto está para o Sol como o semear está para a semente; por isso se disse "semeando uma luz divina".*

Compreendendo a linguagem puramente técnica e a linguagem imagética como sendo dimensões coplanares, bastou a Aristóteles, mediante sua própria inferência lógica, expandir o que seria futuramente compreendido como "figuras de linguagem", fundamentais em textos cujos grados teores são de alguma forma conhecidos, mas não encontram meios para explicitar-se.

Destarte, a metáfora pode ser compreendida como uma espécie de viés facilitador entre os conhecimentos tácitos e os conhecimentos explícitos, conquanto se deva considerar que muitos dos vieses divisam preponderantemente as próprias leituras pessoais do ser. Entretanto, fundamental é observar que todo conhecimento é essencialmente pessoal, de sorte que invalidar a figuração linguística pela subjetividade do ser é rumar a uma desorientação gerada pelas sofísticas deduções.

Modificar o fulcro de anteriores ilações é, em verdade, um sinal de sabedoria, pois que revela a humildade do ser, bem como sua propensão ao progresso intelectual e quiçá moral por meio da autocrítica. Descobrir-se, pois, nesse sentido, mediante os processos de leitura e escrita, é um ato louvável, já que assim se ruma ao uno solo, cuja fertilidade provém da aceitação, do consenso e conseguintemente do progressivo melhoramento. No que tange a este entendimento, Descartes expõe:

> *Se querem falar de tudo e adquirir a reputação de doutos, chegarão a isso mais facilmente contentando-se com a verossimilhança, que pode ser encontrada sem dificuldade em todo tipo de matérias, do que buscando a verdade, que só se descobre aos poucos, em algumas, e que obriga, quando se trata de falar das outras, a confessar francamente a ignorância* (DESCARTES, *2008, p. 111*).

Não se pode olvidar que a leitura, erguendo novos arquétipos de recriação do ser no tocante à sua percepção, assemelha-se a uma fértil seara intelectual, desvelando o que se era eclipsado pela ausência de prismas interpretativos;

pode-se, pois, enxergar a obra como insofismável percepção viva do autor, e tê-la como companheira é como ter o próprio autor como companheiro – à luz desta metafórica aresta, os vivos rumos que conectam leitor e autor pelas percepções estreitam-se, maximizando o papel da leitura hoje e em todos os tempos pretéritos e vindouros.

REFERÊNCIAS

ARISTÓTELES. **Poética**. Trad. Ana Maria Valente. Lisboa: Fundação Calouste Gulbenkian, 2004.

BÍBLIA DE JERUSALÉM. Nova edição, revista e ampliada. São Paulo, SP: Paulus. 4ª reimpressão, 2006.

DESCARTES, René. **Discurso do método**. Trad. Paulo Neves. Porto Alegre, RS: L&PM Editores, 2008.

GALILEI, Galileu. **Diálogo sobre os dois máximos sistemas do mundo ptolomaico e copernicano.** Trad. Pablo Rubén Mariconda. São Paulo, SP: Editora 34; São Paulo, SP: Associação Filosófica Scientiae Studia, 2011.

NEWTON, Isaac. **Princípios Fundamentais da Filosofia Natural**. Trad. J. Resina Rodrigues. Lisboa: Fundação Calouste Gulbenkian, 2010.

PLATÃO. **Diálogos I**. Trad. Edson Bini. Bauru, SP: Edipro, 2007.

POLANYI, Michael. **The tacit dimension**. Gloucester, Mass, Peter S.

Nota sobre os Autores

PESQUISA E ENSINO GRAMATICAL

Anna Maria Cintra é professora da Pós-Graduação em Língua Portuguesa da PUC-SP e líder do Grupo de Pesquisa Estudos de Linguagem para Estudos de Português. Aposentada na ECA-USP, permanece no Projeto Biblioteca e Educação coordenando parte do Módulo Linguagem. Exerceu vários cargos acadêmico-administrativos na PUC-SP. Orienta Mestrado, Doutorado e tem trabalhos publicados sobre leitura e ensino.

Leandro Luz é graduado em Letras e especialista em Educação pela Universidade Federal do Mato Grosso do Sul, onde iniciou sua carreira docente em 2001. É mestre em Estudos da Linguagem pela Universidade Estadual de Londrina; doutorando em Língua Portuguesa pela Pontifícia Universidade Católica de São Paulo; Professor efetivo do IFSP – Instituto Federal de São Paulo.

Ligiane Segredo é mestre em Língua Portuguesa pela Pontifícia Universidade Católica de São Paulo. Professora de Português na rede particular de ensino da cidade de Piracicaba-SP, leciona Leitura, Gramática e Redação no colégio Portal do Engenho – Sistema Anglo. Ministra a disciplina Leitura e Produção de Textos para diversos cursos de graduação da Universidade Metodista de Piracicaba.

Édina Maria Pires da Silva é mestre em Língua Portuguesa pela Pontifícia Universidade Católica de São Paulo. Professora de Língua Portuguesa nas redes pública estadual e particular de ensino na cidade de Cajamar – SP, onde é também professora-responsável pelo Projeto Círculos de Leitura do Instituto Unibanco na Escola Tenente Joaquim Marques da Silva Sobrinho.

Vilmária Gil dos Santos é mestranda em Língua Portuguesa na Pontifícia Universidade Católica de São Paulo. Bolsista CNPQ, desenvolve projeto voltado para o ensino de português para fins específicos. Ministra aulas para o preparo do Trabalho de Conclusão de Curso e Linguagem, Trabalho e Tecnologia nos Cursos Técnicos de Administração, Contabilidade e Logística, no Centro Paula Souza – SP.

Flavia Micheletto Xavier é mestre e doutoranda em Língua Portuguesa pela Pontifícia Universidade Católica de São Paulo. Participou, por diversas vezes, como corretora de redação do vestibular da PUC-SP. Já lecionou em colégios da rede particular de ensino na cidade de São Paulo. Atualmente, leciona no Colégio Pueri Domus.

Produção textual e gêneros textuais

Lílian Ghiuro Passarelli é pós-doutora pela UNICAMP e doutora pela PUC-SP, onde leciona na graduação e na Especialização em Língua Portuguesa e orienta pesquisas da especialização e de Iniciação Científica. Coordena as áreas Leitura e Produção Textual da AVALIA Educacional, elabora análises pedagógicas e ministra cursos de elaboração de itens e de correção *on-line* voltados à avaliação educacional em larga escala. É autora de livros e de artigos voltados à educação linguística do professor de língua portuguesa, com enfoque no ensino de produção textual e leitura.

Márcio Rogério de Oliveira Cano é mestre e doutor pelo Programa de Estudos Pós-Graduados em Língua Portuguesa, da Pontifícia Universidade Católica de São Paulo. Desenvolve pesquisa na área do Ensino de Língua Portuguesa e Análise do Discurso. Tem vasta experiência em variados níveis de ensino e, atualmente, dedica-se ao trabalho de formação de professores.

Lígia Colonhesi Berenguel é pedagoga pela Universidade Metodista de São Paulo, onde também se especializou em Psicopedagogia. Atua na direção de escola particular em São Caetano do Sul - SP. Como formadora de professores, já desenvolveu diversos trabalhos nas regiões do ABC Paulista e no Vale do Paraíba, em ações voltadas à prática pedagógica na Educação Infantil e Ensino Fundamental.

Tamara de Oliveira é mestranda em Língua Portuguesa pela Pontifícia Universidade Católica de São Paulo. Ministra aulas de Língua Portuguesa e Literatura na rede particular de ensino no interior de São Paulo. No ensino público, leciona a disciplina de Língua Portuguesa e Literatura para o ensino médio no Centro Paula Souza. Também ministrou aulas na disciplina de Leitura e Produção de Textos na Universidade Metodista de Piracicaba-SP.

Camila Petrasso é mestranda em Língua Portuguesa pela Pontifícia Universidade Católica de São Paulo. Ministra aulas de Língua Portuguesa para o Ensino Fundamental II na rede pública municipal de São Paulo. Também ministra aulas de Leitura e Produção de Textos no Instituto Superior de Educação de São Paulo – Singularidades.

LEITURA

Ernani Terra é doutor em Língua Portuguesa pela Pontifícia Universidade Católica de São Paulo. Foi professor de Língua Portuguesa em diversos colégios da rede particular de ensino na cidade de São Paulo. No ensino superior, lecionou a matéria Práticas de Leitura e Escrita na Faculdade das Américas em São Paulo. É também autor de diversas obras didáticas e paradidáticas nas áreas de Língua Portuguesa, Literatura e Produção de Textos.

Cirlei Izabel da Silva Paiva é doutora em Sociologia pela Pontifícia Universidade Católica de São Paulo e tem experiência docente em Didática, Metodologia da Pesquisa e em Sociologia da Educação. Participação em congressos nacionais e internacionais na área de educação.

Sandro Luis da Silva é doutor em Língua Portuguesa pela Pontifícia Universidade Católica de São Paulo e Professor Adjunto de Língua Portuguesa na Universidade Federal de Lavras. Tem experiência docente em formação de professores e em língua portuguesa para fins específicos e vários trabalhos publicados.

Cristiano Rogério Alcântara é mestre pela Escola de Comunicações e Artes - USP e doutorando em Língua Portuguesa pela PUC-SP. Coordenador pedagógico no sistema de ensino da Prefeitura de São Bernardo do Campo e professor orientador da sala de leitura do sistema de ensino da Prefeitura de São Paulo. Desenvolve estudos na área da apropriação da leitura seja pelos alunos, seja pelos professores.

Renata Ferreira Tacini é mestre em Língua Portuguesa pela Pontifícia Universidade Católica de São Paulo. Graduada e Licenciada com Habilitação em Inglês e Português, possui especialização em Língua Portuguesa – *Lato Sensu* pela Pontifícia Universidade Católica de São Paulo. Atualmente conclui o curso de Pedagogia. Possui trabalhos publicados em periódicos da área. Leciona há mais de 10 anos em escolas de Ensino Fundamental e Médio. No Ensino Superior, há 5 anos ministra disciplinas do núcleo complementar como Comunicação e Expressão, Leitura e Produção Textual e Oficina de Redação. Desenvolve material didático de Língua Portuguesa para cursos EAD, atua em projetos revisão de textos, correção de provas *on-line* e banca de correção de vestibulares.

Khalil Salem Sugui é graduado em Letras, licenciado em Língua Portuguesa, mestre em Educação (com foco de pesquisa em Filosofia da Ciência) e doutorando em Língua Portuguesa pela PUC-SP (com foco de pesquisa em Ensino de Língua Portuguesa). É professor e pesquisador, com expressiva ênfase de produção em Epistemologia, Filosofia da Ciência e Ecumenismo Espiritual. É Diretor-Geral da CAELE/ACSLE (Coletânea Acadêmica de Estudos em Letras e Educação / *Academic Collection of Studies in Language And Education*). Na área de docência ou projetos/eventos afins, obteve vínculo com o Colégio

Marista Arquidiocesano de São Paulo (Arqui, SP) nos níveis de Ensino Fundamental e Médio, e com a Universidade de São Paulo (USP), no Programa de Pós-Graduação de Filologia e Língua Portuguesa da FFLCH-USP.